개정2판

전자무역

이론과 실무

김연동 | 박승민 공저

Electronic Trade

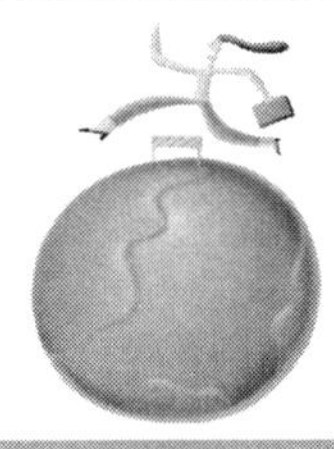

개정2판 머리말

IT의 발달과 인터넷의 확산으로 무역업무의 환경변화는 엄청나게 빠른 속도로 진화를 거듭하고 있다. 기본적인 무역업무의 흐름은 전통적인 방식과 동일하게 진행되나, 그 업무 자체를 보다 쉽고 빠르게 적용하기 위하여 전자무역이 태동되었다. 전자무역이 갑자기 생긴 것은 아니고 과거 무역EDI의 발전 즉, 기술의 발전과 적용업무의 확대, 그리고 의무화 등이 맞물려 계속적으로 진화하고 있는 실정이다. "이러한 변화를 감지하고 빠르게 대처하는 길만이 무역분야에서 살아남을 수 있지 않을까?"라는 생각을 해본다.

5~6년 전에 전자무역 시뮬레이션 시스템을 개발하여 많은 학교와 교육기관에 제공하여 운영을 하였다. 또한 효과적인 활용을 할 수 있도록 강의자료, 교재를 만들어서 배포를 하였지만 체계적인 이론과 실무, 그리고 시뮬레이션이 가능하기에는 어려운 점이 많았다. 이에 좀 더 구체적이고 체계적인 이론과 실무에 대해서 정확히 제시하여 전자무역 환경을 이해하는데 도움을 주고자 한다.

현재 전자무역 실무에 관한 책들은 엄청나게 많다. 그러나 대부분 전자무역의 태동기와 적용 분야에 대해서 개괄적으로 표현이 되어 있고 구체적인 내용은 언급되지 않았다. 즉 실무적인 측면에서 접근을 하고 원리와 세부내용에 대해서는 부족함이 있기에 이 책에서는 보다 실무적이고 체계적인 내용을 담으려고 노력을 하였다. 이 책에는 실무 프로세스 중심의 수출입 동향 및 활동내용 그리고 전자무역과 무역 유관기관의 구체적인 서비스 내용을 보다 실무적이고 활용도가 높은 내용을 구체적으로 담으려고 노력하였다. 또한 무역현장에서 사용하는 프로세스 및 용어를 중심으로 기술하였기에 생생한 무역환경을 이해하는 데 도움이 될 것이다.

이 책은 총 5 Part로 나누어 구성하였다.

첫 번째, 전자무역의 이해 부분은 기존의 무역EDI 소개, 구성요소, 시스템 특징, 거래약정방법 등에 대한 설명과 전자무역의 개념 및 구성요소, 국내 및 국제 추진 현황을 설명을 하며 무역EDI와 전자무역의 유사점 및 차이점에 대하여 정리를 하였다.

또한 전자무역의 요소기술에 대해서 알아보고, 현재 활용 분야에 대해서 실질적인 활용사례를 중심으로 정리하였다.

두 번째, 글로벌B2C의 이해 부분은 무역 분야에서도 B2C부문이 매우 중요하게 자리를 잡고 있다. 이에 이베이, 아마존, 타오바오 등 글로벌 B2C 전자상거래에 대해서 자세히 살펴보고 그중에 중국에 특화된 SNS마케팅 중 왕홍마케팅을 중점적으로 서술하였다.

세 번째 전자무역 프로세스는 계약 전 단계인 마케팅 단계부터 외환, 상역, 통관, 물류 분야에 이르기까지 프로세스별로 전자무역 적용내용을 중심으로 기술하였으며, 최근 이슈인 FTA 관련하여 그 내용과 관련 시스템에 대하여 정리하였다. 또한 각 업무별로 이론과 실무에 대하여 이해력을 높이는데 도움이 될 수 있도록 구성하였으며, 글로벌마케팅부터 수출대금 회수 및 수입대금 지급에 이르기까지를 전자무역의 범위로 삼아 기술하였다.

네 번째, 전자무역의 향후 발전방향에 대해서 대금결제에 대한 모델과 해외로 수출하는 모델을 제시하였다. 현재 무역업무의 개선과 동시에 전자적으로 무역업무처리가 가능토록 계속해서 전자무역의 영역을 확장하고 있는 가운데, 최종적으로는 대금결제 부분이 완성되면 무역의 전 과정이 전자무역으로 적용된다. 이에 이러한 결제 부분에 대해서 확산되고 있는 실제모델을 설명하였고 또한 해외로 수출되고 있는 전자무역 분야 즉, BPR/ISP 및 시스템 구축에 대하여 소개를 하였다. 최근에는 전자무역 및 전자통관을 Single Window라는 용어로 몽골, 우즈베키스탄, 루마니아, 리비아, 칠레, 페루, 도미니카공화국, 필리핀, 에콰도르, 오만 등에 컨설팅 및 시스템 구축이 활발히 진행되고 있다. 이에 따라 보다 전문적이고 체계적인 업무의 흐름과 시스템 적용방안에 대한 전문적인 컨설턴트가 필요로 한 실정이다.

마지막으로 전자무역 시뮬레이션 부분이다. 전자무역은 이론적으로 이해하고 공부하는데 있어 한계가 있다. 과연 어떻게 운용이 되는지? 또한 어떤 분야까지 적용되는지? 등에 대해서 실질적인 실습을 통한 학습효과를 거둘 수 있는 것이 중요하다. 과거의 실습시스템은 실무에서 사용하는 전자문서를 단순히 작성하였고, 출력하는 정도의 실습까지 진행하였다면 본 책에서는 실무와 최대한 동일한 환경에서 적용이 가능토록 수출 및 수입업무의 시나리오를 가지고 직접 수출자 또는 수입자가 되어 체험할 수 있는 시뮬레이션을 제공한다. 또한 시뮬레이션의 진행 현황에 대한 모니터링을 통해서 학습자의 진행사항 및 각 업무별 이해도를 분석하고 평가가 가능하도록 구현되어 있어, 보다 효과적인 학습이 이루어진다. 학습자는 자기주도형 학습이 가능하도록 24시간 365일 장소와 시간에 관계없이 활용할 수 있는 장점이 있다.

이 책을 통해서 다양한 전자무역의 유형과 업무 흐름을 이해하고 실무적으로 적용되는 부분에 대한 학습을 통하여 향후 전자무역 분야에 컨설팅을 할 수 있는 기반을 다지고, 실무 능력을 배양하여 활용하는 좋은 기회가 되었으면 좋겠다.

즉 향후에 전자무역 분야의 컨설팅, 설계, 수행 등 모든 분야에 걸쳐 기초를 다지고 좀 더 관심 분야에 적극적인 참여를 할 수 있도록 기반을 제공하고자 한다.

끝으로 책을 출간하는데 있어 제안을 주신 도서출판 두남의 사장님, 상무님 이하 관계자 분들께 감사를 드리며, 바쁜 시간에도 원고 집필을 하는데 격려와 도움을 주신 이씨플라자㈜ 박인규 사장님, 김근호 전무님, 원고 작성 및 편집하는 데 도움을 준 이씨플라자㈜ 임직원 모든 분께 감사를 드린다.

청명한 하늘의 햇살을 받으며

저자

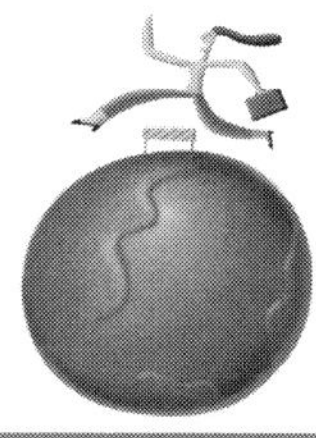

차 례

차 례

I 전자무역의 이해

II 글로벌 전자상거래(B2C)의 이해

III 전자무역 프로세스

IV 전자무역의 진화 및 발전방향

I 전자무역의 이해

1. 무역자동화(EDI) 의미
2. 전자무역이란?
3. 전자무역 활용 분야

무역은 국제간에 물건을 사고파는 행위를 말한다. 즉 국가 간의 거래이기 때문에 국경을 넘어 물건이 이동하고 상대 교역국의 통관 절차를 거친다.

이러한 무역을 좀 더 편리하고, 빠르고, 효율적으로 하기 위해 전자무역이 시작되었다.

전자무역이란 『거래선발굴·상담·계약·원자재조달·운송·통관·대금결제에 이르는 제반 무역업무를 인터넷 등 최신 IT기술을 활용하여 시공의 제약 없이 처리하는 새로운 무역거래형태』로써 이 단원에서는 전지무역의 전반적인 사항에 대해서 알아보고, 향후 어떻게 발전이 진행될 것인지에 대하여 살펴본다.

제1장 무역자동화(EDI)의 의미

1 무역자동화의 개념

오늘날 기업들은 사업수행과 의사소통을 위해 다양한 정보통신수단을 활용하고 있다. 정보통신수단의 발전단계는 인편, 우편에서 전화, 텔렉스, FAX를 거쳐 현재 On-line, E-Mail, EDI 및 인터넷비즈니스에 이르렀다. EDI라는 단어는 1990년대 전까지만해도 생소한 단어였으나 현재는 무역종사자 및 전산 관련자에게 있어서는 이미 잘 알려진 단어가 되었다.

EDI(Electronic Data Interchange)는 전자문서 교환 또는 전자자료교환으로 해석되며, 서로 다른 기업 또는 조직 간에 상업송장, 신용장 등과 같은 표준화된 상거래서식 또는 공공서식을 상호 합의한 표준화된 양식에 맞추어, 컴퓨터 간에 교환하여 재입력 과정 없이 직접 업무에 활용할 수 있도록 하는 새로운 정보전달 방식을 말한다. 다시 말해 EDI는 구조화된 형태의 데이터(Structured format data), 즉 표준전자문서를 통신망을 통해 컴퓨터간에 교환하는 정보전달방식이다.

전통적인 서류방식에 의한 업무처리는 낮은 정확도, 업무처리시간의 지연, 많은 인력소모, 자료의 사장 또는 망실 및 업무수행의 높은 불확실성 등의 문제점을 갖는 반면 EDI가 도입되면 발신인은 수신인에게 데이터통신망을 통해 표준전자문서를 전송하게 되고, 수신인은 전자문서를 접수하여 발신인의 의사를 이해하고 그에 상응하는 조치를 취하게 되므로 번거롭게 종이서류에 의존하지 않고도 거래상대방과 거래를 수행할 수 있게 된다.

▌무역자동화란?▐

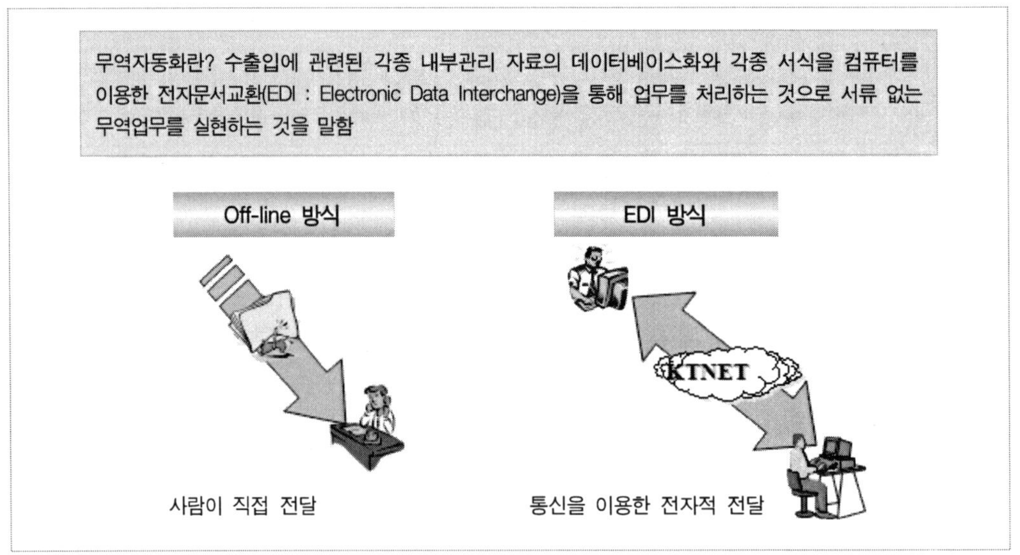

2 구성요소

표준화된 전자문서의 형태로 주고받는 EDI는 일반적으로 EDI표준(Standard), 사용자시스템(User System), 부가통신사업자(VAN) 및 거래약정(Interchange Agreement)으로 구성된다.

▌EDI의 구성요소▐

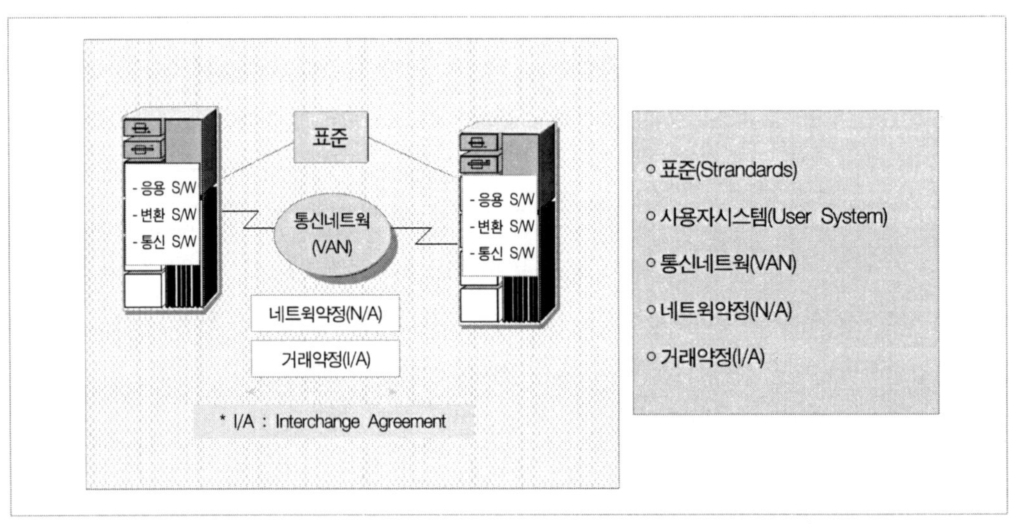

가. 표준(Standard)

표준(Standard)이란 EDI사용자 간에 교환되는 전자문서의 내용과 구조, 통신방법 등에 관한 일련의 규칙 및 지침으로서 상이한 언어, 업무처리방식, 컴퓨터시스템을 보유한 거래당사자간에 전자문서의 자유로운 교환을 보장하는 공통언어라고 정의할 수 있다. 따라서 EDI 표준은 서로 다른 거래당사자간 또는 이들의 내부업무시스템간에 전자문서교환이 이루어지게 하는 가장 핵심적인 역할을 수행한다.

▌무역자동화(EDI)의 표준▐

EDI 표준의 정의

EDI 거래자간에 교환되는 전자문서(메시지)의 내용과 구조, 통신방법 등에 관한 일련의 규칙

	비표준 EDI	표준 EDI
특징	- 소수의 참여자 - 단일업종 - 비상업적 성격 - 국제사회와 무관 - 확장성 제한	- 많은 참여자 - 다양한 업종 - 상업적 성격 - 국제사회와 연관 - 확장성 무한

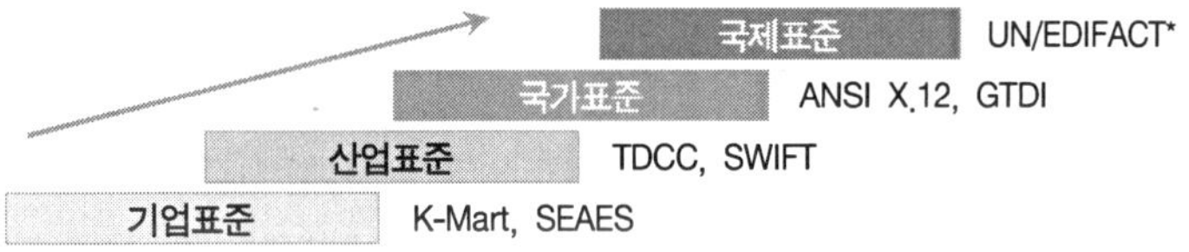

국제표준	UN/EDIFACT*
국가표준	ANSI X.12, GTDI
산업표준	TDCC, SWIFT
기업표준	K-Mart, SEAES

* UN에서 1987년 제정한 행정, 무역 및 운송에 관한 EDI 국제표준
(Electronic Data Interchange for Administration, Commerce & Tranport

우리나라의 경우 UN에서 제정한 UNEDIFACT표준에 준용하여 우리나라 환경에 맞는 내용을 중심으로 KEDIFACT을 제정하여 활용하였다. 즉 UNEDIFACT표준에 부분집합 성격으로 저용하였고 국제표준에 부합되는 표준하를 적용하였다.

ANSI X.12는 미국의 전자상거래 표준이고, SWIFT는 국제금융망에서 적용되는 표준이다. 또한 K-Mart 등은 기업의 상거래로 자체 표준을 의미한다.

용어정의

- TDCC : TRANSFORTATION DATA COORDINAING COMMITTEE
- ANSI X.12 : AMERICAN NATIONAL STANDARDS INSTITUTE
- EDIFACT : ELECTRONIC DATA INTERCHANGE FOR ADMINISTRATION,COMMERCE AND TRANSPORT

또한 우리나라의 전자무역에서는 사용 가능한 문자 및 부호가 정해져 있다. 이 외에는 무역 자동화 및 전자무역에서 활용할 수 없다.

- 사용문자 및 부호(KSC5601-89정보교환용 부호)
  - 한글 : 가 ~ 힝(2350자)
  - 한자 : KSC5601한자(4888자)
  - 낱자 : ㄱ ~ ㅎ
- 로마문자 및 관련 부호(KSC5636-89정보교환용 부호)

▌종이서류 - 수출승인신청서 예시▐

수출승인신청서

처리기간 3일

[별지 제3-1호 서식] (　　용)　　700018 1. 수출자 무역업등록번호 (상호, 주소, 성명) 경기도 안양시 안양동 199번지 주식회사 가나다 대표이사 김갑돌　　14976473259　　(인)	6. 구매자 또는 계약상대자 ADVANCE BROKERS LTD. 201 SUMMER ST., E. BOSTON MA 02128 U.S.A UNITED STATES
2. 위탁자 사업자등록번호　　12481009 (상호, 주소, 성명) 서울시 중구 태평로 2가 120번지 라마바사 주식회사 대표이사 신 을 동	6. 신용장 또는 계약서 번호 LCBA 9048-103-312
3. 원산지 KR Republic of Korea　　4. 도착항 US San Francisco	8. 결제조건 대금결제방법 : 신용장(0) 추심어음(0) 송금환( ) 기타방식( ) 금　액　USD 5,140,000
5. 사후관리은행명 4201 신한은행 본점	결제기간　AT SIGHT L/C
	9. 가격조건　CIF San Francisco, US

10. HS 부호	11. 품명 및 규격	12. 단위 및 수량	13. 단가	14. 금액
PARTS FOR AUDIO DECK				
5911900000	FELT-BLUSH V ; PET, TP0900 24, B3, L30, T4. 5 11123-00181EA	450,000 EA	2.7	USD 1,215,000
8483109000	SHAFT-CAPSTAN ; STS420JS, D2, L43. 5 11150-01000EA	300,000 EA	6.15	USD 1,845,000
	SHAFT-CAPSTAN ; STS420J2 D2, L17. 6 11150-00630 EA	650,000 EA	6.4	USD 2,080,000
	TOTAL :	1,400,000 EA		USD 5,140,000
<REMARKS> 선적항 : PUSAN PORT　선적일자 :2017. 10. 09				

15. 추천기관	19. 승인조건
16. 추천유효기간	20. 승인유효기간
17. 추천번호	21. 승인번호
18. 위의 사실을 확인하고 수출을 추천합니다 20　년　월　일 추천자　　(인)	22. 위의 신청사항은 대외무역법 제19조 제1항 및 동법시행령 제 25조 제1항의 규정에 의하여 승인합니다. 20　년　월　일 추천자　　(인)

▌EDI문서 – 수출승인신청서 예시▐

수출승인(신청)서 표준전자문서

UNB + KECA : 2 + TRADE001 : 57 + BANK001 : 57 + 931116 : 162 8 + 1 + + + A + 1 + + 1' UNG + APPEXP + TRADE001 : ZZ + BAN K001 : ZZ + 931116 : 1628 + 1+ KE + 2 : 911' UNH + 1 + APPEXP : 2 : 911 : KE' BGM + 810 + L9306001E0100' PAI + 10' LOC + 27 + KR : 162 : 5 + : : : Republic of Korea' FTX + AAI + + + 선적항? : PU SAN PORT : 선적 일자? : ?' 17.10.09' FTX + AAW + + + PARTS F OR AUDIO DECK' RFF + AAC : LCBA9048-103-312' NAD + EX + 700018 : 1AA+ + 주식회사 가나다 : 대표이사 김갑돌 : 149764732 599 + 경기도 안양시 안양동 199 번지' NAD + AV + 12481009 : 1AB + + 라마바 주식회사 : 대표이사 신을동: 서울시 중구 태평로2가 12 0번지' NAD + PG + + + ADVANCE BROKERS LTD. + 201SUM MER ST., E. BOSTON MA 02128 U.S. A. + + + + US' PAT + 1AA + 2 AA : : : At Sight L/C' MOA+9 : 5140000 : USD' TOD + + + CIF' LOC + 1 +US : 162 : 5 + : : : San Francisco' LOC + 8 + US : 162 : 5 + : : : San Francisco' UNS +D' LIN + 1' PIA + 1 + 5911900000' IMD + + + 1AA : : : FELTBLUSHV : PET, TP0900' QTY + 1 : 450000 : E A' FTX + AAA + + + 24, B3, L30, T4.5 : 11123=00181EA' MOA + 2 03 : 1215000 :USD' PRI + CAL : 2.7 : PE : CUP : 1: EA' LIN + 2' PI A + 1 + 8483109000' IMD + + + 1AA : : : SHAFT-CAPSTAN : S420 J2,' QTY + 1 : 300000 : EA'FAX - AAA + + + D2, L43.5 : 11150-010 00E A' MOA + 203 : 1845000 : USD' PRI + CAL : 6.15 : PE : CUP : 1 : EA LIN + 3' PIA + 1 + 8483109000' I MD + + + 1AA : : : SHAF T-CA PSAN : STS420J2,' QTY + 1 : 650000 : EA' FAX + AAA + + + D2, L17.6 : 11150-00630EA' MOA + 203 : 2080000 : D' PRI + CA L : 6.4 : PE : CUP : 1 : EA'UNS + S' CNT + 1AA : 140000 0 : EA' M OA + 128 : 5140000 : USD' FII + BF + + 42 : : : 01 : : : 신한은행 본 점' AU T + 6717458432' DTM + 218 : 931116162815 : 20 2' UNT + 44 + I' UNE+1+1'UNZ + 1 + 1

나. 사용자시스템

사용자시스템은 거래당사자간에 데이터통신망을 통해 전자문서를 주고받기 위해 사용자가 갖추어야 할 컴퓨터 하드웨어(PC 등), 소프트웨어(변환 S/W 등) 및 통신장비(모뎀, 인터넷 연결장비 등)을 말하며, 이러한 사용자시스템 구축방식에 따라 EDI 접속방법도 달라진다.

사용자시스템은 크게 응용시스템, 변환시스템, 통신시스템 3가지로 구성된다.

즉 사용자가 전자문서를 작성하고, 조회, 삭제, 출력 등 화면에서 직접 운영하는 응용시스템이 있다.

이러한 응용시스템에서 저장된 정보(전자문서)를 DB에서 꺼내서 EDI표준에 맞게 변환해 주는 변환시스템이 있다. 기업의 내부자료로부터 EDI표준포맷의 자료로 만들어 송신하고, 반대로 수신된 EDI표준 포맷의 자료를 기업 내부에서 처리할 수 있는 자료로 변환시켜주는 S/W이다.

▌응용시스템 : 수입신용장 작성 예시▐

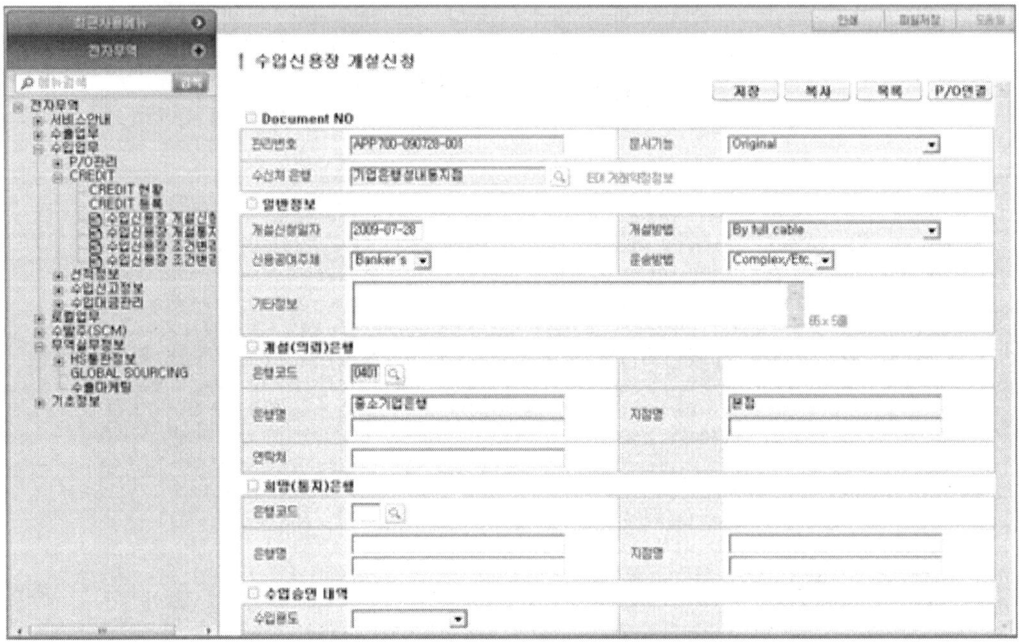

- 변환처리 과정

  MAPPING → STANDARD FORMATTING → COMMUNICATION

- MAPPING : 기업 내부의 응용 S/W 고유 데이타 형태를 상대방에게 송신하기 위하여 표준 데이타 포맷으로 쉽게 변환할 수 있는 포맷, 즉 FLAT-FILE형태로 바꾸고, 역으로 상대방으로부터 수신한 자료를 기업내부 응용S/W에서 처리할 수 있는 포맷으로 변환하는 과정
- STANDARD FORMATTING : MAPPING과정을 거쳐 생성된 FLAT-FILE을 표준 포맷 형태 자료로 변환시켜 주는 기능
- COMMUNICATION : 외부네트워크와 연결되어 송수신하는 기능

그리고 이렇게 변환된 데이터를 송신 및 수신하는 통신 프로그램이 있다.

통신은 과거에는 모뎀을 주로 활용하였고 통신 프로그램은 Z모델 프로토콜, X모뎀 프로토콜을 이용하였고, 전용선의 경우 FTP를 활용하여 통신하였다.

▌사용자시스템의 구성▐

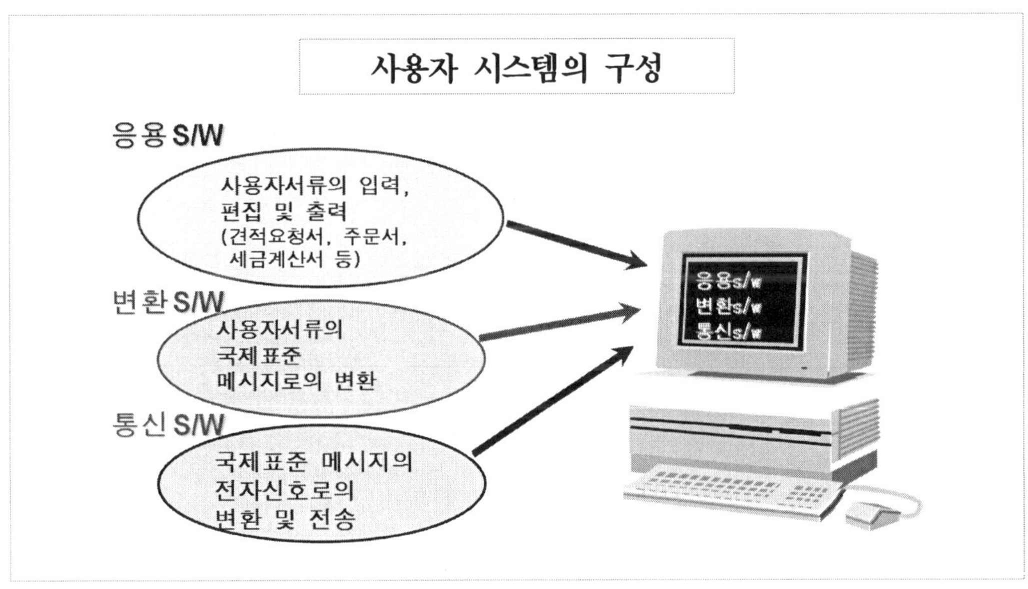

다. VAN

VAN(부가통신사업망)은 각 당사자들이 전자문서를 주고 받는 통신방법, 통신시간, 통신속도 등이 상이하므로 이를 통합관리하여 중간에서 중계 및 전송하고 분쟁이 발생할 경우 이를 해결할 EDI 서비스 제공업자의 데이터를 원본으로 한다.

▌VAN의 서비스 형태▐

라. N/A(네트워크 약정)

네트워크약정(N/A)은 EDI 서비스 제공업자와의 약정을 의미한다. 즉 KTNET, 데이콤 등이 있는데 이 중에 사용할 네트워크 제공업자와의 약정으로 사용자ID, 비밀번호, 수발신인식별자 3가지를 부여 받는다. 과거의 천리안, 하이텔 통신을 이용할 경우를 생각해보면 사용자ID, 비밀번호를 부여 받는 것은 동일하고, 수발신인식별자는 실제 무역자동화를 하기 위해 거래 당사자 간의 식별하는 부호이다.

무역자동화를 통해서 거래하는 모든 거래주체는 N/A를 맺어야 한다. 즉 무역업체(화주), 은행, 보험사, 상공회의소, 관세사, 포워더 등은 N/A를 맺어서 VAN을 활용한다.

▌네트워크 약정▐

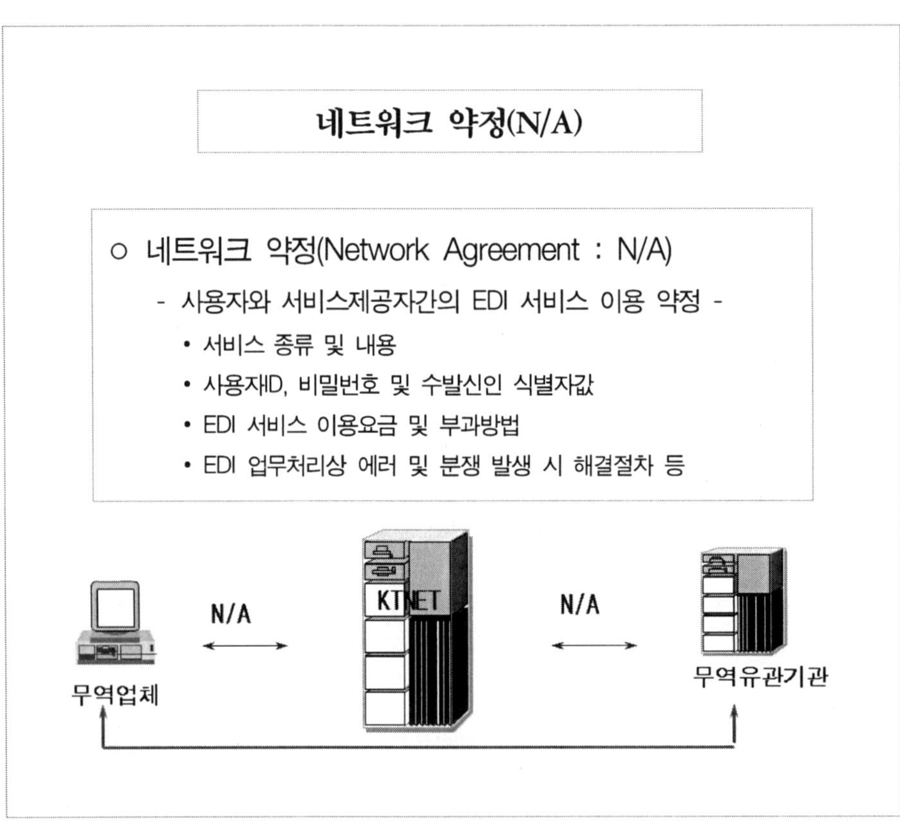

네트워크 약정 시에는 활용하고자 하는 서비스(외환, 상역, 물류, 통관 등) 분야를 선택하고 이에 따른 이용요금 및 업무처리시 문제에 대한 해결 등에 대해서 정의한다.

마. I/A(거래 약정)

거래약정(I/A)은 Interchange Agreement의 약자로 EDI가 법적인 책임이 따르는 거래당사자의 비즈니스를 위한 정보전달 수단이기 때문에 요구된다. 다시 말해 EDI는 단순한 기업 내부의 업무 전산화 및 자동화가 아니라 전혀 다른 업무처리시스템을 가진 거래상대방과의 데이터 통신이다. 따라서 EDI가 본래의 기능을 다하기 위해서는 EDI로 처리할 전자문서와 적용표준, 시스템 운영방법, 오류 또는 분쟁 발생 시 해결절차, 비용부담 등을 규정한 거래당사자간의 약정이 반드시 필요하게 된다.

이러한 EDI 구성요소는 현재 전자무역으로 진행을 하는데 있어 기초가 되는 구조이다. 즉 전자무역을 이용하는데 있어 EDI 사상을 기반으로 진화된 형태로 움직이고 있다.

▌거래약정 내역▐

ㅇ 거래약정(Interchange Agreement : I/A)

- 사용자와 사용자간의 EDI 업무처리 약정 -
  - EDI로 업무를 처리할 전자문서 및 표준에 대한 합의
  - 해당 업무별 사용자 명시 및 수발신인 확정
  - 전자문서 송수신시간 및 비용부담 합의
  - EDI 서비스 제공업자 및 데이터통신망 명시
  - 업무처리상 오류 및 분쟁 발생 시 해결절차 등

* 거래약정(I/A)의 문제점

- 거래당사자 간의 사적인 약정에 불과, 모둔 거래당사자의 합의 필요
- 당사자가 아닌 제3자에 대한 구속력 결여, 계약 관련 거래비용 발생

즉 N/A의 경우 사용하는 VAN을 선택하여 약정을 한 후 실제 거래 상대방이 한국외환은행, 신한은행, 하나은행, 서울세관, 상공회의소, 삼성화재가 있다면 6개의 거래 상대방 모두와 거래약정을 맺어야 한다.

이 때 약정내용은 주고받는 전자문서 종류를 합의하고, 거래 표준을 상호 정의하며 해당 업무의 분쟁 발생 시 해결방법 등에 대해서 약정을 맺는다. 또한 N/A에서 맺은 수발신인식별자를 I/A에서도 적용한다. 수발신인식별자는 종이서류에서 회사의 직인과 같은 역할을 하는 것이므로 매우 중요하다.

제 2 장 전자무역이란?

 1 전자무역의 개념 

전자무역이란 『거래선발굴·상담·계약·원자재조달·운송·통관·대금결제에 이르는 제반 무역업무를 인터넷 등 최신 IT기술을 활용하여 시공의 제약 없이 처리하는 새로운 무역거래형태』를 의미한다.

▌전자무역이란▐

전자무역 (e-Trade) 개념

전자무역은 『거래선발굴.상담.계약.원자재조달.운송.통관.대금결제에 이르는 제반 무역업무를 인터넷 등 최신 IT기술을 활용하여 시공의 제약 없이 처리하는 새로운 무역거래형태』

☞ 무역의 전부 또는 일부가 컴퓨터 등 정보처리능력을 가진 장치와 정보통신망을 이용하여 이루어지는 거래 (대외무역법 제2조)

전자무역은;

기존의 무역 거래방식을 전자화하는 무역자동화의 수준을 넘어, 궁극적으로는 최신 정보기술을 활용하여 무역구조와 프로세스를 근본적으로 개선 도모

『전자무역 프로세스』는 기업이 수출 또는 수입과정에서 수행하는 일련의 활동 (통관/물류, 결제 등)과 수출입 관련 기업들(예컨대 선사, 외국환은행, 포워더 등)과 주고받는 정보(문서)의 흐름으로 정의 되며

『전자무역 인프라』는 이러한 정보(문서)의 교환행위를 전자적 방식으로 처리하는 기능을 제공

『전자무역의 관련산업』은 전자무역인프라와 연계되는 무역프로세스상의 다양한 기업들, 즉 금융·물류·보험·e-MP등을 포괄

대외무역법 제2조에서는 무역의 전부 또는 일부가 컴퓨터 등 정보처리능력을 가진 장치와 정보통신망을 이용하여 이루어지는 거래를 말한다.

즉 기존의 무역 거래방식을 전자화하는 무역자동화의 수준을 넘어, 궁극적으로는 최신 정보기술을 활용하여 무역구조와 프로세스를 근본적으로 개선 및 도모하여 이루어진다.

전자무역 프로세스는 기업이 수출 또는 수입과정에서 수행하는 일련의 활동(통관/물류, 결제 등)과 수출입 관련 기업들(예컨대 선사, 외국환은행, 포워더 등)과 주고받는 정보(문서)의 흐름으로 정의되며, 전자무역 인프라는 이러한 정보(문서)의 교환행위를 전자적 방식으로 처리하는 기능을 제공한다. 또한 전자무역 관련 사업은 전자무역인프라와 연계되는 무역프로세스상의 다양한 기업들, 즉 금융·물류·보험·e-MP 등을 포괄하여 적용된다.

2 전자무역의 비전 및 특징

언제 어디서나(365일×24시간) 인터넷상의 『Single Window』를 통하여 해외 시장조사에서 계약, 외환, 상역, 물류, 통관/결제에 이르는 모든 수출입관련 업무를 가장 효과적이고 빠른 방법으로 수행할 수 있는 시스템으로 우리나라 무역업무의 처리를 정확하고 빠르게 함으로써 무역처리 능력의 향상을 가져온다.

▌전자무역 비전 및 특징▐

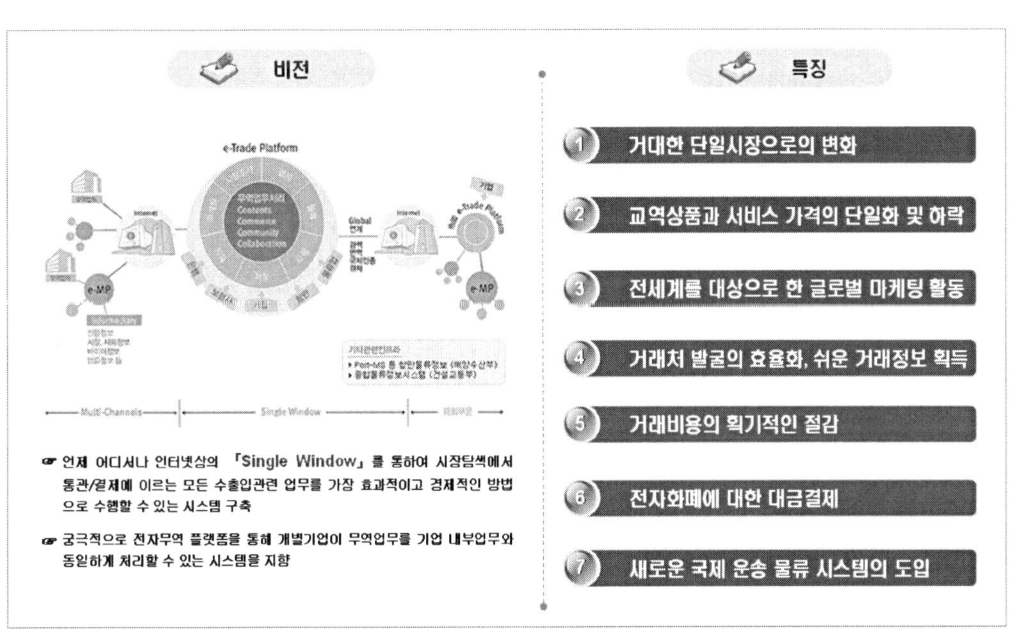

전자무역은 기존의 무역 거래방식을 전자화하는 무역자동화의 수준을 넘어, 궁극적으로는 최신 정보기술을 활용하여 무역구조와 프로세스를 근본적으로 개선하고 도모한다. 또한 전자무역은 무역 프로세스의 근본적인 혁신으로 무역 관련 제비용 등을 절감함으로써 경쟁력 강화에 기여한다.

즉 핵심내용을 살펴보면 1) 인터넷 환경에 맞는 범국가적 전자무역 인프라 조성, 2) 단절없는 전자무역서비스의 실현, 3) 국가간 서류없는무역 실현을 위한 국제협력, 4) 대업계 전자무역 활용 확산 가속화 등을 통하여 국가경쟁력 강화 및 수출업무 능력을 배양하고 글로벌 경쟁시대에 수출경쟁력을 획기적으로 강화할 수 있다. 또한 인터넷 기반의 '24시간 연중무휴 무역체제' 구축과 주요 교역국과의 글로벌 전자무역네트워크 구축을 통하여 새로운 시대의 글로벌 무역의 선두주자로써 HUB 역할을 수행한다.

국가적인 측면에서의 도입효과는 부대비용 절감, 수출확대 기반 제공, 국가경쟁력 제고 등을 통해서 매년 약 1조 6,566억 원의 효과를 기대할 수 있다.

▌전자무역을 통한 기대효과▐

전자무역 추진의 국민 경제적 효과

기업 생산성 강화 : 69억 달러
100대 무역 기업의 완전 전자무역화

무역 부대 비용 절감 : 72.6억 달러
전자문서화에 따른 무역 부대 비용 절감

기업 IT 투자 비용 절감 : 72.6억 달러
인프라 구축으로 개발 투자 비용 절감

총 144.6억 달러 절감
(무역의 3.3%)

가격 경쟁력 제고에 따른 수출 증대 : 44.4억 달러

세계적 GDP 증가에 따른 수출 증대 : 34.4억 달러

수입품 가격 경쟁력 향상에 따른 수입 증대 : 17.5억 달러

수출 증대에 따른 수입 유발 : 31.6억 달러

총 수출 증대 78.8억 달러

↓(+) 15만 7000명

신규 고용 창출 12만 2,600명

↓(-) 3만 5,000명

총 수입 증대 49.1억 달러

- 수출의 가격 경쟁력 향상도 1.6%
- 수출 상대 가격 탄성치 1.268
- 수출의 비용 절감 효과 1.6%
- 수출의 GDP 탄성치 2.389

[자료원 : 산업통상부]

1) 무역 부대비용 절감 효과
2) 수출확대 기반 제공
3) 국가경쟁력 제고

**전자무역의 적극적 추진을 통해,
기업하기 좋은 나라, 무역하기 좋은 나라로서의 국가이미지(National Brand Value) 확립을 이룰 수 있으며 전자무역의 효과적 추진을 통해 우리나라 경제의 구조와 프로세스, 관련 기업과 기관을 가장 생산적이고 효율적인 방향으로 개선 할 수 있음**

무역업체를 위한 수출입업무 단일창구 제공을 통해서 전자무역 단일창구 포탈의 구축으로 사용자의 업무 처리절차를 간소화하여 업무 효율성을 높이고 비용을 절감하고, 무역관련 각 포탈(관세청, 국가물류, KTNET 등)과 상호 효율적 연계를 통해 중복투자를 방지하여 비용대비 효과를 극대화할 수 있다. 또한 전자문서보관소를 기반으로 전자무역문서의 유통성을 보장함으로써, 반복제출업무의 생략 또는 제3자 제출 시 신뢰성 확보로 업무절차 간소화 및 프로

세스를 개선하고, 전자문서의 진정성 및 제3자 유통성 확보를 통해 동일문서 중복제출 및 종이원본제출을 생략함으로써 무역업무프로세스 간소화 및 비용절감을 얻을 수 있다.

무역업체 입장에서는 반복되는 무역서류 및 업무처리의 시간과 비용을 절감하고 대외기관에 제출하는 각종 첨부서류를 생략할 수 있다.

▌업무처리에 따른 기대효과▐

▌수입신용장개설 : 신용장개설 신청 및 응답, 신용장 조건변경신청 및 응답

번호	전자무역 도입 전	전자무역 도입 후
1	신청서 작성 + 첨부서류 제출 - 신용장개설 신청서 - 오파, I/L 등 확인서류	신청서만 작성하여 송신 - 첨부서류 제출면제
2	L/C원본 수령 시 은행 방문	사무실에서 L/C원본 수신
3	법정서식 사용 시 관리상 부담	A4용지에 FREE FORMAT 형태로 출력 - 유관기관에서 유효한 문서로 인정
4	해외 수익자 통지까지 장기간 소요	은행이동시간 및 개설은행에서 재입력 절차가 생략되므로 수익자까지 통지기일이 2~3일 단축

▌신용장 통지 : 신용장(선) 통지, 신용장조건변경 통지, 해외양도신용장통지, 타행통지

번호	전자무역 도입 전	전자무역 도입 후
1	전화, 팩스, TELEX로 L/C 통지 후 은행 방문 후 원본수령	사무실에서 전자무역으로 수령 후 업체가 직접 출력 사용 - FREE FORMAT으로 출력 사용
2	L/C통지 수수료 부과 20,000원	L/C통지 시 통지수수료 경감 10,000원

▌내국신용장 업무 : 오파, 내국신용장개설 및 통지, 세금계산서, 인수증, 네고

번호	전자무역 도입 전	전자무역 도입 후
1	개설 업체를 방문하여 각종 서류 처리 - 오퍼 제출 - 내국신용장 수령 - 세금계산서 전달 - 인수증 수령 - 은행 네고	사무실에서 모든 서류를 전자무역으로 처리 - 개설업체 방문 불필요 - 은행 네고 시 첨부서류를 업체가 직접 출력사용 - EDI 방식으로 은행 네고
2	내국신용장 개설신청서 + 첨부서류 제출 - 개설신청서 - 오퍼 등 첨부서류 제출	전자무역으로 개설신청서만 송신 - 첨부서류 제출 면제
3	내국신용장 원본에 물품명세 입력	대표물품만 입력 - 사무실에서 원본 수신 후 출력 사용 관세환급 시 유효한 문서로 인정(관세청, 세관)

▌구매승인서 : 오파, 구매승인서, 세금계산서, 대금결제

번호	전자무역 도입 전	전자무역 도입 후
1	신청서 + 첨부서류 제출 - 계약서, 소요량증명서, 신용장 등	신청서만 전자무역으로 작성 송신 - 첨부서류제출 면제 - 구매승인서 원본업체가 직접 출력 사용

▌보험업무 : 적하보험 청약, 보험증권발급, 수출보험선적통지, 수출보험결과통지, 신용조사의뢰서, 신용조사통보

번호	전자무역 도입 전	전자무역 도입 후
1	적하보험 부보 후 원본 손보사로부터 수정	적하보험 양식을 업체에 배포 후 증원을 업체가 직접 출력 사용 - 원본 인정
2	수출보험공사 부보 보험 방문부보	전자무역으로 신청 부보 수출보험공사 방문 불필요

▌각종 통지업무 : 계산서, 지급지시, 환어음매입 및 추심업무, 선적서류내도통지, 수입어음할인내역, 내국신용장 어음도착통보, 송금방식업무, 입금통지, 수출환어음처리결과 통지

번호	전자무역 도입 전	전자무역 도입 후
1	무역업무와 관련하여 발생되는 각종 통지업무, 수수료 등의 정산업무 등 은행을 방문하여 처리	전자무역으로 은행에서 업체로 직접 통지 - 수신되는 DATA를 내부회계시스템에 연계하여 회계처리업무 단순, 간편화
2	통지수수료, 환가료 등 각종 수수료납부를 건건마다 정산	각종 수수료 등을 한 달 단위로 정산 - 매월 발생 수수료 등을 익월 10일에 자동이체

3 전자무역 추진동향

가. 국내동향

국내 전자무역 서비스는 과거 무역자동화(EDI)에 발전되어 시대적 환경과 정보 인프라의 환경변화에 의해 지속적으로 발전해 왔으며, 현재 정부 주도하에 전자무역서비스는 BPR/ISP 후 3차년도에 걸쳐 진행되었다. 또한 차세대 ISP수립을 완료하고 향후 전자무역 인프라 및 시스템의 방향에 대한 로드맵을 형성하였다.

• 전자무역 추진현황

전자정부로드맵 과제로 채택('03.8 정부혁신지방분권위원회)

전자무역촉진 3개년 계획(2004~2006) 수립('03.12)

전자무역혁신계획(e-Trade KOREA2007) 확정('04.9) - 4대 혁신전략 33대 과제 선정

무역업무 프로세스혁신 BPR/ISP 수립('03.12~'04.12)

전자정부로드맵 과제로 채택이 되면서 본격적으로 시작하였다.

이에 따라 전략 및 추진과제를 선정하고 위원회가 구성되면서 전반적인 프로세스에 대한 혁신과 정보화전략계획을 수립하여 본격적으로 진행하였다.

• 전자무역 서비스

과제명		주 요 구 축 내 역
'05 (구축 완료)	전자무역서비스(1차)	ㅇ 전자무역문서보관소 구축 - 보관기능, 증명기능 등 핵심기능 구현 - 중계시스템과 e-L/C 유통관리시스템 연계 ㅇ e-L/C유통관리시스템 구축 - 신용장)업무 전자화 추진
'06 (구축 완료)	전자무역서비스(2차)	ㅇ 외환, 결제, 상역 중심 무역업체용 전자무역포탈 구축 ㅇ 전자문서 유통체계 구현 - 전자문서보관소고도화 - e-L/C 고도화 - 전자문서간 유통 및 연계 정의 ※ 사용자 UI는 인터넷기반 구현, 업무프로세스는 기존 EDI 기반
'08 (구축 완료)	전자무역서비스(3차)	ㅇ 전자무역플랫폼 구축 - 통합포탈 GateWay - e-L/C ASP 구축 - e-B/L 유통관리시스템 - e-Nego 시스템 시범 구축 ※ e-Nego 시범 구축은 7종의 전자문서에 한하여 시범 적용 - 추가 전자문서 개발 및 확산 필요
'09 (구축 완료)	차세대 전자무역 구축(1차)	ㅇ e-Nego외부연계시스템 구축 ㅇ e-LC통합한도시스템 ㅇ e-LC ASP고도화 ㅇ 수출입부대비용결제시스템 구축 ㅇ 항공화물운송장유통관리시스템 ※ 사용자 내부시스템을 이용한 매입기능은 일부 업종(현대차)을 대상으로 구현
'10 (구축 완료)	전자무역 신규서비스 구축 및 확산(2차)	ㅇ 전자선하증권시스템의 독립성확보 및 해외파트너 사용자 확대 ㅇ 중견·중소 기업 사용자를 위한 e-Nego 서비스 확대 ㅇ 전자무역문서 서식관리시스템 구축 ※ 중소, 중견기업을 위한 e-Nego 프로세스 확대 구축
'11 (구축 완료)	전자무역 신규서비스 구축 및 확산(3차)	ㅇ 구매확인서 통합정보 시스템 구축
'12	전자무역 신규서비스 구축 및 확산(4차)	ㅇ 로컬거래 통합관리 시스템(uLocal) 구축

참조 : 2012년도 전자정부지원사업 제안요청서

▌전자무역 촉진계획 및 전략▌

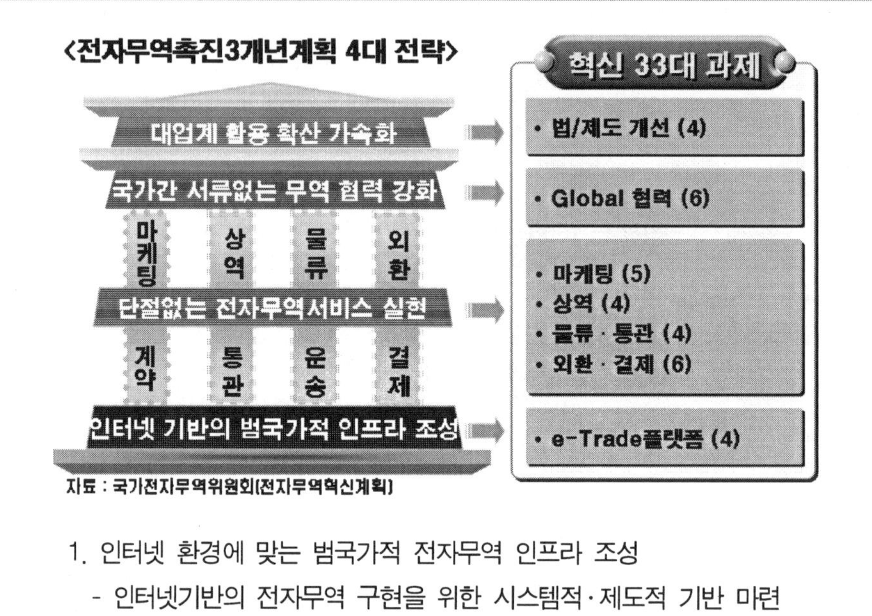

1. 인터넷 환경에 맞는 범국가적 전자무역 인프라 조성
   - 인터넷기반의 전자무역 구현을 위한 시스템적·제도적 기반 마련
2. 단절없는 전자무역서비스 실현
   - 무역절차별 전자무역 촉진 저해요소를 발굴하여 개선
3. 국가간 서류 없는 무역 실현을 위한 대외협력 강화
   - 글로벌 전자무역 구현을 위한 국제협력 활동에 주도적 참여
4. 대업계 전자무역 활용 확산 가속화
   - 전자무역 수출지원사업 확대 및 사용자 친화적인 환경 구축

나. 전자무역 국제동향

국제적으로는 미국, 영국, 일본, 싱가포르, 홍콩 등이 e비즈니스 전략 중에 하나로 정부와 민간단체의 핵심정책으로 추진하고 있다. 최근에는 국내 IT컨설턴트, 엔지니어가 중심이 되어 도미니카공화국, 카자흐스탄에 BPR/ISP를 완료한 상태이다. 도미니카공화국은 전자통관, 전자물류 분야의 전자무역사업을 추진 중에 있으며, 카자흐스탄의 경우 전자통관 분야, 전략물자 분야에 준비를 하고 있다.

또한 APEC, OECD, UN 등 국제기구는 세계 전자상거래 활성화를 위한 법·조세제도 및 표준 등에 관한 논의를 활발히 진행하고 있다.

▌세계 각 국의 전자무역 추진동향▐

미국	영국	일본
○ 세계 전자무역 추진 주관 ○ 전자무역을 추진하는 전담기관인 IDTS를 구성, ACE 구축을 추진 ☞ITDS(International Trade Data System) : 인터넷 기반의 전자무역 추진 전담기관 ☞ACE(Automated Commercial Environment) : 통관, 물류, 운송 등의 글로벌 통합시스템	○ 인터넷 기반 무역포탈 서비스 ○ 서류 없는 무역환경 구축 노력 ○ 내각 내 특별 전담기구인 e-Envoy 설치/운영	○ 자국 무역자동화시스템에 대한 동남아 국가들의 도입을 제안 (ASEAN+3) **싱가포르** ○ 정부주도하에 지정사업자 제도 운영(CrimsonLogic)

출처: 산업통상자원부, 국가전자무역위원회 보도자료

국제기구별 추진동향을 살펴보면,

- APEC
  - 각국별 서류 없는 무역을 위한 개별행동계획(IAP) 작성 및 로드맵 마련 중
  - 선진국은 2005년, 개도국은 2010년까지 서류 없는 무역기반을 마련토록 권고
- UN
  - ebXML기반의 국제전자상거래 표준안 마련(UN/CEFACT)
  - 전자계약 국제협약 초안 마련(UNCITRAL)
  - 우리나라는 1991년 한국 EDIFACT위원회 설립, 표준개발 보급을 시작하였으며, 현재 한국전자문서교환위원회(KEC)와 심사평가전문위원회(TAG)를 중심으로 표준화가 진행되고 있음. 사무국은 한국전자거래진흥원이 담당함.
- OECD - 디지털 제품의 온라인 거래에 대한 소비세, 소득세 부과 논의
- ICC - 전자신용장 통일규칙(eUCP)를 도입하여 신용장의 전자화 기반을 마련
  - * UCP(Uniform Customs and Practice)

국가별 추진현황은 다음과 같다.

국가	추진사업자	주요내용
싱가포르	Crimson Logic (前 Singapore Network Services)	- 1988년, 글로벌 Trading 허브를 위한 싱가포르 정부의 Master Plan를 실현하기 위해 설립한 회사임 - 항만, 세관, 무역업자, 선사, 육상 및 항공운송업자 등과 연계된 TradeNet EDI(CrimsonLogic社 보유 시스템) 시스템을 통하여, 싱가포르의 수출입 신고는 진행됨

국가	추진사업자	주요내용
중국	CIECC : International Electronic Commerce Center	- 중국전자상무중심(中國電子商務中心)은 중국 대외무역경제합작부(the Ministry of Foreign Trade and Cooperation, 한국의 산업자원부 성격)에서 1996년 4월 국제 무역의 활성화를 위한 전자상거래 지원을 위하여 설립하였음 - 현재 중국 내 70여 개 도시에서 CIECC 지역 센터를 운영하고 있음
홍콩	DTTNCO	- 홍콩정부는 홍콩의 무역/물류업계의 경쟁력 강화를 위한 인프라 구축을 위하여 향후 17년간 4,500억 원을 투자하여 'Digital Trade and Transportation Network, DTTN'을 구축하기로 하고 TradeLink (PAA 회원사)사를 수행기관으로 선정 - 글로벌 정보 유동성과 서비스 통합의 활성화를 위한 중립적인 e-Platform의 제공 - 대기업뿐만 아닌 중소기업의 e-Business의 채택과 활성화를 유도

출처: 산업통상자원부, 국가전자무역위원회 보도자료

4 전자무역 구성요소

전자무역의 구성요소로는 전자무역 시스템, N/A, I/A, 전자문서 표준 등이 있으며, 전자무역 시스템은 과거 인터넷이 발달하기 전에는 EDI 기반의 시스템을 적용하였고, 인터넷의 발달과 더불어 보안, 보관소 등을 강화하여 전자무역 시스템으로 발전하였고 그 적용하는 사상은 변함이 없고 발전된 형태로 진행되고 있다.

구분	EDI시스템	전자무역 시스템
서비스 방식	중계 서비스(VAN)	중계서비스(WEB), Single Window
사용자 시스템	PC용, 서버용	웹방식
전자문서 교환방식	EDI	XML, ebXML
전자문서 표준	UNEDIFACT	UNCEFACT
문서변환	Flat File ↔ EDI	Flat File ↔ EDI Flat File ↔ XML(or ebXML)
문서 암호화	대칭키	PKI 비대칭키
통신	모뎀, 전용선(고정IP)	SOAP, TCP/IP
공인전자문서보관소	N/A	제공

전자무역 시스템은 단절된 무역업무의 프로세스를 1개로 연결하여 통합된 무역업무 처리가 가능하도록 하는 것을 목표로 한다. 즉 마케팅부터 외환, 상역, 물류, 통관, Nego에 이르기까지 무역의 전 과정을 Single Windows상에서 구현하여 업무적용을 함으로써 One-Stop 서비스가 가능하도록 하는 것이다.

전자무역시스템(UtradeHub)을 통하여 모든 무역업무의 처리가 신속·정확하게 이루어지도록 국가 차원 인프라를 구성하여 무역촉진이 이루어지도록 하였다.

▌전자무역 시스템 구성도▐

제3장 전자무역 활용 분야

전자무역은 과거에는 기업을 대상으로 확산하는 방식으로 진행하였으나, 최근 추세는 협회, 기관 등 관련 업종의 대표 기관들이 ASP방식으로 서비스하는 방법과 외국환거래를 하는 은행들이 인터넷뱅킹에서 전자무역을 서비스 하고 있으며, 기업들은 기업 내 ERP 시스템과 연계를 통하여 활용하는 등 다양한 방식을 활용하고 있다. 또한 국내의 활성화된 전자무역 서비스를 해외에 수출하여 해외컨설팅, 시스템 구축 등의 방법으로 왕성한 활동을 하고 있는 추세이다. 이에 대표적인 활용 사례를 살펴본다.

1 한국환경산업기술원

한국환경산업기술원은 녹색기술 개발 및 녹색제품의 구매를 효율적으로 지원하고 환경산업을 수출 전략산업으로 육성하여 국민의 삶의 질향상과 국가 경제발전에 기여하고자 설립된 정부기관으로 R&D, 산업육성 및 수출지원, 녹색제품 보급 및 녹색소비 실천문화 확산, 기술/제품에 대한 인증 및 평가제도 운영, 환경산업 기술정보 수집 및 보급 등의 다양한 업무를 추진하고 있다.

환경산업체의 수출 경쟁력 향상을 유도하고 우수 환경기술·제품을 국내·외에 효과적으로 홍보하며 산재되어 있는 환경 분야 무역정보와 서비스를 모아 실질적인 거래를 지원하는 서비스를 제공하여 실제 무역거래가 이루어질 수 있도록 한다.

▌환경 관련 기업 글로벌 e-Marketplace▐

주요 제공 서비스는

- 환경무역거래지원 시스템
  - 무역 관련 내·외부 사이트를 비교 분석하여 핵심서비스를 발굴하고, 환경산업에 최적화된 시스템 설계

▌수출지원 시스템▐

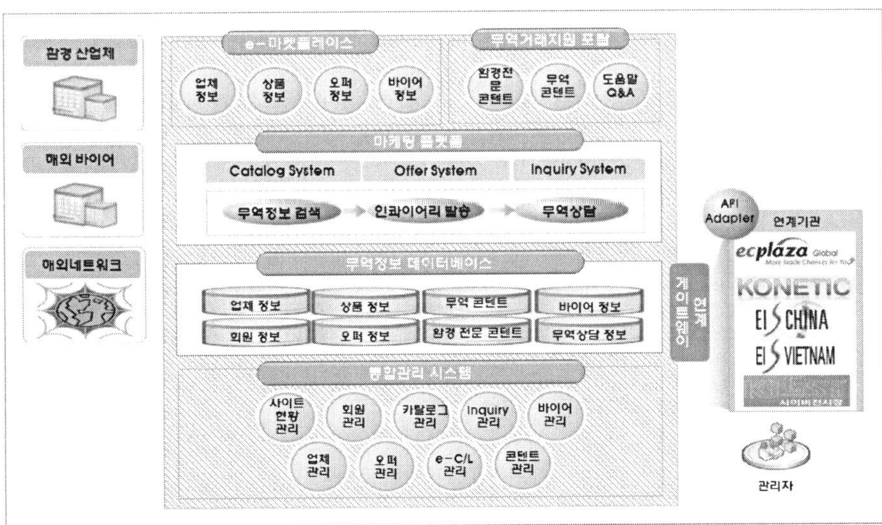

- Buyer 매칭, 상담 등 OneStop 수출지원서비스 구축을 통하여 중소 환경기업의 수출 활로 개척을 지원하는 실질적이고 차별화된 서비스 개발
- 사이버환경박람회(www.ecoexpo.or.kr) 시스템과 연동하여 해외시장정보 및 무역자료 수집·제공하고 e-Marketplace 및 Web EDI 서비스와 연계하여 환경산업체의 수출업무 지원
- 환경산업체의 수출지원을 위하여 환경산업체에 대하여 마케팅을 지원하고, 무역전문가를 통한 컨설팅을 지원
- 수출준비에서 거래까지 전체 무역 프로세스 지원을 위한 단계별 지원

• 사이버환경박람회 개최 및 콘텐츠 제작
  - 오프라인 전시회 동시 개최
    (1) 동시 참가 유도 300여 개 업체 입점 달성
    (2) 환경기술 분야 전시회 상호연계로 시너지 효과 창출
  - 온라인 장점을 이용한 홍보의 장 구축
    (1) 멀티미디어 콘텐츠를 활용한 환경기술/제품에 대한 활용성 증대
    (2) 환경산업체 각 홈페이지와 연계를 통한 상호 홍보효과 증대
  - 관람객 대상 콘텐츠 도입을 통한 대중화
    (1) 일반 관람객 유치를 위한 이벤트, 홍미요소 콘텐츠 추가
    (2) 환경산업체 제품에 대해 리뷰, 특가판매 등을 통해 유입 유도 및 관심 유도

▌ECO EXPO▐

적용 범위

- 수출지원 시스템
  - B2B e-Marketplace
  - One Stop 수출지원 서비스
  - Buyer 매칭서비스
  - 글로벌 Marketplace 연계
  - 영문 글로벌 e-Marketplace
- 무역 및 환경정보 기반 제공
  - 무역서식, 환경용어 사전, 무역전문용어 사전 서비스
  - HS품목코드 서비스 제공
  - 시범업체 선정하여 환경산업체에 대하여 마케팅 지원
  - 무역전문가를 통한 컨설팅 지원
  - 오프라인 홍보 지원
  - 환경업체용 Web EDI 서비스 제공

▌OFF-LINE 수출업무지원▌

거래제의서 제작 검수 발송

인콰이어리 관리

계약/통관/선적/수출대금회수 컨설팅

바이어 신용조사

교육 및 워크샵

고객 만족도 조사 (고도화 자료 활용)

- 사이버환경박람회 개최 및 콘텐츠 제작
  - 환경 박람회, 사이버 박람회 동시 개최
  - 2D 홈페이지 UI 제공
  - 업체 홍보 콘텐츠 운영
  - 홍보 콘텐츠를 제작 지원 및 기술, 제품의 사이버 박람회 게재

환경산업기술원에서는 ON-LINE상에서 전자무역 서비스를 지원하면서, OFF-LINE에서도 환경산업 관련 회원사를 대상으로 수출지원 서비스를 진행하고 있다.

2 광양국제원부자재수급지원센터

GIMS(광양국제원부자재수급지원센터)는 산업통상자원부와 광양시가 추진하는 지역특성화 산업육성사업의 일환인 원부자재 수급을 담당하는 기관이다. 원부자재수급지원사업 수행을 통하여 중소기업들을 지원하고, 광양항의 화물창출 증대 및 해외 원부자재 업체의 투자유치를 통해 지역경제 활성화를 하는데 그 목적이 있으며, 향후 원부자재 비축사업 등을 통하여 광양항을 동북아 물류네트워크의 허브항으로 육성하고 있다.

2년 동안 중개거래시스템 구축 및 산업자료집 발간, 국제원부자재 산업대전 개최, 센터 개소식 및 시연회를 통한 대내외 홍보와 함께 센터사업 마케팅을 통한 국내외 수급 및 공급 회원사 70개사 등록, 배후단지 내 해외기업 투자유치 등을 추진하고 있다.

이에 따라 계약 전 단계인 상품홍보 및 거래제의 등 수출의 판로를 개척하기 위한 글로벌 중개시스템을 구축하였고, 또한 전자무역 서비스를 도입하여 기업이 무역을 하는데 있어 다양한 형태의 도움을 주고 있다.

▌e-Marketplace▐

주요 특징으로는

1) **수입대금 결제시스템** : 인터넷을 기반으로 하여 수입대금을 결제하는 B2B 온라인 결제방식을 연계하여 적용하고 전자적 가상공간에서 구매자와 판매자가 은행결제를 통한 중계 역할 수행할 수 있도록 적용
2) **원부자재 샘플 신청** : 수입 원부자재 원부자재 샘플 신청 기능을 구축하여 원부자재 중개거래시스템에 등록된 품목 카테고리와 연계하여 샘플 신청, 샘플 신청 업체 및 샘플 발송 업체 관리를 지원
3) **신제품 및 기술정보 전시** : 신제품관련 정보 확인을 위해 사용자가 신제품과 일반제품을 구분하여 등록 및 관리, 신제품만을 위한 메뉴 제공 및 기술정보 등록 관리
4) **다각도 상품 이미지 등록** : 다각도의 상품 이미지를 등록하여 다양한 형태의 입체방식으로 상품에 대한 정보를 전달

원부자재수급지원 시스템(e-MP)을 통하여 국내외 Seller/Buyer 발굴 및 관리, 기업체 정보 제공을 영어와 중국어 등 다국어로 지원하고 있으며, 회원 및 업체의 신용조사 관리 기능을 제공한다. 또한 무역거래 법률 관련 정보를 한국어, 영어, 중국어, 일어로 제공하고 무역거래 범률사례집, 무역법령집, 전문가상담을 지원한다.

▌중개거래시스템(GeTS : Global E-Trade System) 구성도▐

중개거래시스템(GeTS : Global E-Trade System) 구성도
Buyer
원부자재수급 국내기업
Seller
원부자재공급 해외기업
관리자
물류업체
사용자 시스템
e-MP 시스템
Catalogs
Selling Leads
Buying Leads
Companies
Sample Order
Launches New Materials
Credit Investigation
Trade form
What's New
Feedback
Technical Information
무역거래법률지원시스템
Korean
센터소개
사업안내
정보광장
무역거래법률지원서비스
Trade Assistance(Trade form, eHS 품목정보, EDI)
English
Introduction of Center
Business Guide
Chinese
中心介紹
事业介紹
Japanese
センター案内
事業案内
사용시시스템 통합 관리
관리 시스템
e-MP Manage
Member
Directory
Catalog
Selling Leads
Buying Leads
Credit Investigation
What's New
Trade form
Manager
Feedback
Statistics
Launches New Materials
Sample Order
Technical Information
무역거래법률지원시스템
무역거래법령집
무역거래법률 사례집
전문가 Pool
Trade Assistance (eHS 품목정보, EDI)
전문가 상담
원부자재 Calendar
문의하기
정보광장(공지사항)
수입대금 결제 시스템 (gcard.ecplaza.net)
글로벌구매카드
EDI 시스템
eHS 정보 시스템
시스템 설명
Ⓐ Buyer GeTS 사용자 시스템 접속
Ⓑ Seller GeTS 사용자 시스템 접속
Ⓒ 관리자 GeTS 관리자 시스템 접속
Ⓓ 샘플신청(Sample Order) 기능 구축을 위한 물류업체 연계
Ⓔ 수입대금 결제 시스템 연계를 위한 제안업체 시스템 연계
Ⓕ EDI 시스템 연계
Ⓖ eHS 정보 시스템 연계

3 한국농수산식품유통공사

무한경쟁의 시장환경에서 점차 경쟁력을 잃어가는 농수산물 시장에 사이버거래 및 관리기법을 도입하여 매출 개선효과와 부대비용 절감의 효율성을 창출한다. 이는 농수산물의 경영환경 및 마케팅역량을 개선하고, 사이버거래소를 통하여 운영역량을 강화할 수 있는 유통경영, 사이버거래 시스템 구축, 사업운영 주체를 지원하여 사이버거래를 활성화하는데 목적을 두고 있다. 즉 농산물 및 수산물에 대한 적극적인 해외판매를 유도하고, 수출을 지원하기 위해서 AgroTrade를 구축하여 상품을 홍보하고 있다.

▌www.Agrotrade.net▐

- 농수산물 업체들을 위한 온라인거래, 마케팅 등의 사이버거래 환경에 맞는 지원체계를 제안하고 이를 활용하여 성과를 거둘 수 있도록 교육 및 사례창출을 지원하고 협력한다.
- 농수산물의 온라인 거래를 지원하는 채널제휴 및 마케팅의 직접지원 그리고, 저렴한 통신, 물류, 결제 및 금융서비스의 연계지원을 통한 측면지원으로 매출활성화에 기여한다.

주요 특징으로는

1) 사이버거래시스템(B2B) : 중개자 중심의 사이버거래소 B2B거래시스템으로 전자입찰의 전 과정과 내/외부 연계를 통한 입찰업무의 효율성 향상, 각종 문서의 전자화로 질 높은 입찰업무를 제공한다. 이를 통해 구매자/판매자에게 다양한 부가서비스 제공하여 고객만족을 할 수 있는 사이버거래 시스템이다.
2) 사이버거래시스템(B2C) : 사이버거래소의 인터넷쇼핑몰은 판매자와 구매자가 자유롭게 구매할 수 있는 오픈마켓 구조로서 인증마크가 부여된 친환경농수산물관, 브랜드 명품관 등으로 구성되며 지마켓, 옥션 등과의 제휴로 판매 활성화를 유도하며, 협업커뮤니티와 연계하여 소비자 참여의 폭을 확대한다.
3) 농수산물 정보포탈 시스템 : 거래를 성사시키기 위한 각종 정보 제공과 시장동향 분석에 도움을 줄 수 있는 정보 제공의 기능을 제공함으로써 거래 활성화에 기여할 뿐 아니라 정보제공 자체로서 대국민 서비스 질을 향상시키는 농수산물 정보포탈 시스템이다.
4) 사이버거래 결제 : 구매자가 계약에 의한 구매대금 지급을 위해 보증하고 물품 등을 외상 구매하는 경우 지급채무를 신용보증기금에 보증하도록 신용보증기금과 연계한다. 또한 사이버거래소에서 상품을 판매하고, 구매자가 이에 대한 대금을 신용카드 및 기타 결제 수단을 이용하여 안전하고 편리하게 결제할 수 있도록 PG사를 연계를 제공한다.
5) 사이버거래 지원 : 거래에 대한 안전한 보안을 위하여 PKI 기반으로 공인인증서를 적용하여 보완을 강화하고, 회원 가입 시 실명 확인을 위하여 신용정보기관과 연계하여 가입자의 진위 여부를 판단할 수 있게 제공한다.

AgroTrade는 유통환경변화에 대응하는 농수산물시장의 전략으로서 브랜드경영, 사이버거래를 통한 업체의 경쟁력 강화, 사업의 활성화와 마케팅방안을 포함하는 종합적인 e비즈니스의 적용 모델이다.

▮전체 구성도▮

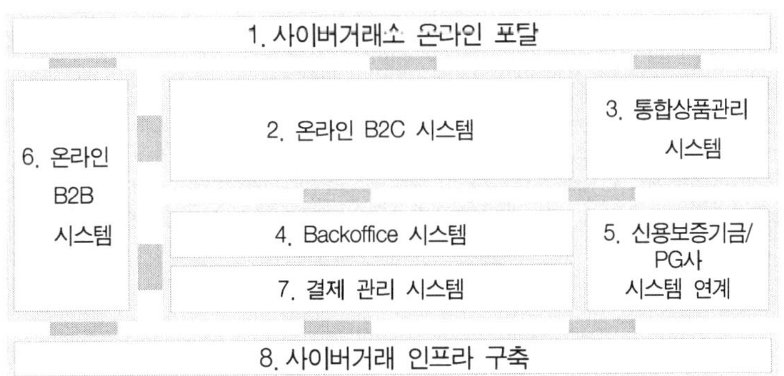

- 사이버거래소온라인 포탈 - 사이버거래소의 서비스 구성요소(컨텐츠, 웹진 등)를 집약하여 고객에 제공하는 기능 및 대소비자 판매기능
- 온라인 B2C 시스템 - 사이버거래소의 Mall 구성을 위한 Wizard 및 Configuration 기능을 및 개별적 상품/고객/주문/정산관리기능을 제공
- 통합상품관리 시스템 - 사이버거래소의 상품을 체계적으로 수록 관리하는 기능 수행. 사이버거래소 쇼핑포탈 및 온라인 B2C 시스템 그리고 aT통합정보시스템에 연계되어 운용
- Backoffice 시스템 - 사이버거래소 매출 및 회계 관리 그리고 통계/고객/질문사항에 대한 답변 등의 업무수행을 정리하는 기능
- 신용보증기금, PG사 등 연계 - 매출정산에 관련된 aT통합정보시스템 연계, aT Bid 연계, 정보제공 연계와 공인인증기관, 신용보증기금 등 연계
- 온라인 B2B 시스템 - 사이버거래소에서 전자입찰을 하기 위한 발주, 입찰공고, 입찰, 개찰, 낙찰, 계약, 대금지불까지 기능을 제공하고 정산수수료를 aT통합정보시스템에 연계되어 운용
- 결제관리시스템 - 신용보증기금을 이용한 담보 및 대출보증, 대금정산소를 이용하여 대금지불, 금융기관을 연계한 대금 지급
- 사이버거래인프라 구축 - 사이버거래소 거래품목에 대한 상품표준화, 사이버거래를 위한 전자문서표준화, 사이버거래를 하기 위한 전자카탈로그 표준화를 제공

4 무역업체

과거에는 거래선의 발굴, 무역업무관리 등의 어려움으로 종합상사들이 대부분 무역을 담당하였으나, 현재에는 제조기업이 직접 수출입을 하고 있다. 또한 많은 기업들이 MIS, ERP, SCM 등의 내부 전사적 관리시스템과 외부 비지스니스 파트너와 시스템간 연계를 통하여 업무를 진행하고 있다. 이에 D사의 전자무역업무 적용을 살펴본다.

D사는 ERP시스템을 활용하다가 최근에 SAP로 ERP시스템을 변경하였다. 이에 SAP를 적용하는데 있어, 3RD Party로 전자무역 시스템을 적용하여 운영한다.

적용 분야로는 외환부문, 상역부문, 통관부문, 관세환급부문을 적용하였다.

▌전자무역 시스템 구성내역▐

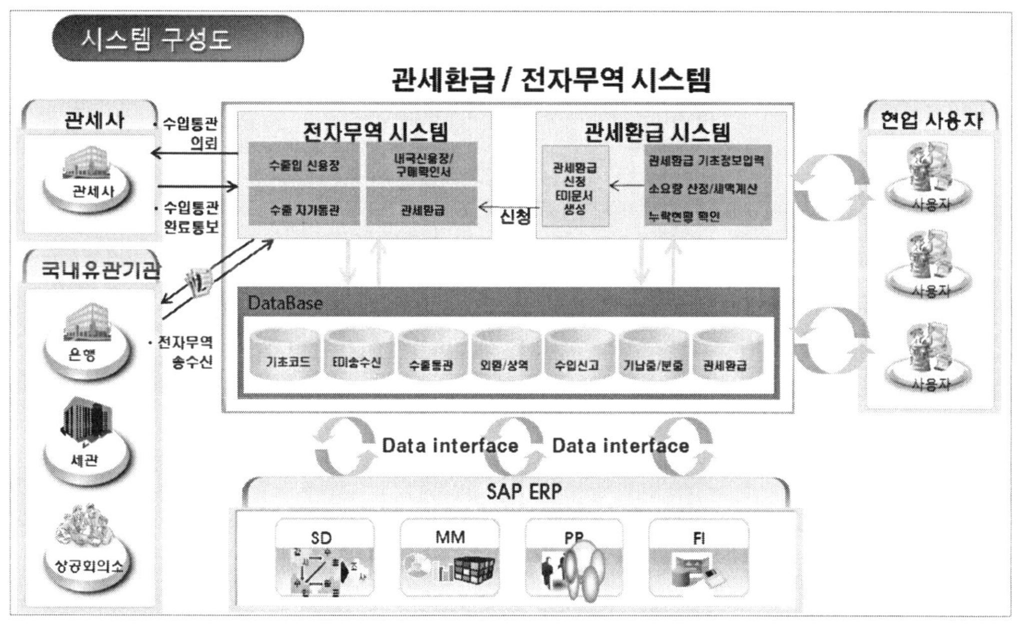

SAP와 Data를 연계하여 외환, 통관, 환급 등의 업무를 전자무역으로 적용하여 활용하며, 수입통관의 경우 관세사와 연계하여 업무를 처리하고 있다.

ERP를 보유하고 있는 대부분의 기업들은 효과적인 전자무역 업무를 적용하기 위해서는 ERP의 데이터와 연계를 통하여 업무를 처리한다. 이유는 ERP에서 전반적인 업무를 관리하고 전자무역은 외부 대외기관과의 업무처리를 위한 창구로 활용하고 있다.

5 국내 외국환은행

외국환 거래를 하는 국내 은행들은 자사 인터넷뱅킹에 기업들이 전자무역으로 외환업무를 처리할 수 있도록 기업용 전자무역 서비스를 ASP방식으로 제공하고 있는 추세이고, 외국계은행의 경우 UtradeHub를 통하여 ASP방식으로 서비스를 하고 있다.

국내 은행들은 충성도 높은 외환고객들을 유치 및 관리하기 위하여 각자 자신의 인터넷뱅킹 시스템에서 활용할 수 있도록 서비스를 하고 있는 추세이다. 현재 한국외환은행, 기업은행, 하나은행, 우리은행, 농협은행, 대구은행 등에서 고객에게 서비스를 제공하고 있다.

▌은행별 전자무역 서비스 제공화면▐

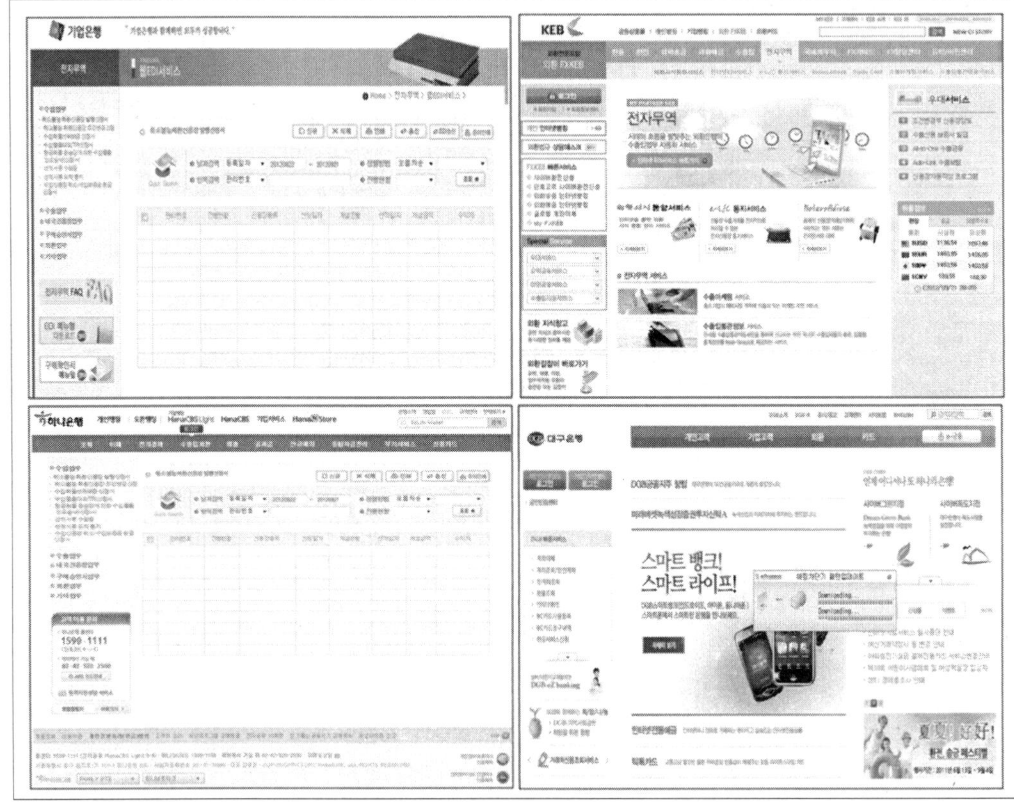

2012년 10월 기준

최근에는 전자무역 서비스 제공과 함께 기업들이 필요로 하는 무역관리 업무를 제공하는 서비스로 진화하고 있는 실정이다. 즉 은행과 기업 간의 주고받는 전자무역 문서 외에 기업이 필요로 하는 원산지증명발급업무, 수출입통관업무 등의 서비스를 부가적으로 제공하고 있다.

기업은행의 경우 수출입업무관리, 전자무역서비스, 인터넷수출신고업무, 수발주서비스, 무역실무정보를 제공하고 있다.

1) **수출입업무관리** : 수출입 Order부터 결제까지 업무 단계별 중요항목 관리 및 Order별 수출입 진행 현황 관리와 품목, 거래처, 기간별 통계정보 제공
2) **전자무역서비스** : 전자문서를 통해 은행, 상공회의소 등 수출입 유관기관을 직접 방문하지 않고 서류 없는 무역 업무처리(Paperless Trade) 서비스 제공
3) **인터넷수출신고업무** : 기존 관세사가 대행하던 수출신고 업무를 직접 세관에 신청, 처리할 수 있는 인터넷방식의 수출신고 서비스

4) **수발주서비스** : 국내 협력업체와 수발주(SCM) 업무를 발주에서 결제까지 업무 단계별 문서 관리와 중요항목의 체계적 관리

5) **무역실무정보** : 인터넷을 통한 해외홍보, 바이어발굴 등의 수출마케팅 서비스, HS코드 검색, 품목 분류, 수출입절차 등을 쉽게 파악할 수 있는 HS통관정보 제공 및 해외공급업체의 셀링오퍼, 제품 카탈로그 등을 검색할 수 있는 글로벌 소싱 서비스

▌기업은행의 기업고객 대상 전자무역 서비스 내역▐

2012년 10월 기준

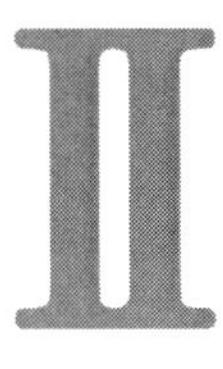

글로벌 전자상거래(B2C)의 이해

1. 글로벌B2C 현황
2. 왕홍 마케팅
3. 글로벌B2C 체험해보기
4. 블록체인

직구와 역직구가 유행처럼 번지고 점점 B2C거래에 대한 관심도가 높아지고 있는 추세이다.

이러한 글로벌 B2C거래의 대표적인 타오바오, 이베이, 아마존에 대해서 살펴보고 또한 직접 판매자가 운영하는 독립몰을 살펴본다.

현재 글로벌B2C에서 발생하는 매출은 상상을 초월하고 있다. 이러한 상황에서 전자무역 분야에서도 B2C거래에 대한 인지도가 높아지고 있으며, 소비재를 취급하는 많은 기업들도 점차적으로 늘어가고 있는 추세이다.

제1장 글로벌 전자상거래(B2C) 현황

오늘날 무역거래는 IT와 융합을 통해서 스피드하게 진행이 되고 있다. 즉 빠른 Lead Time이 경쟁력 필수요소로 자리잡고 있으며, 또한 무역에서 글로벌 쇼핑몰에서 판매되는 비중이 날로 증가하고 있는 추세이다.

글로벌 전자상거래는 다수의 거래주체들이 참여하여 거래 관련 활동을 수행하는 인터넷 기반의 가상 시장으로 최근에는 B2C거래량이 폭발적으로 증가하고 있는 추세이다. 이러한 전자상거래는 참여자에 따라 B2B, B2C, B2G, C2C로 나눠 볼 수 있다.

▌참여자(Player)에 따른 분류▐

참여자에 따른 분류

기업 ⟷ 기업

정부 ⟷ 기업

기업 ⟷ 개인

개인 ⟷ 개인

(단위 : 십억원, %)

구 분	2012년	구성비	2013년[p]	구성비	거래액(전년대비) 증감액	증감률
○ 총 거래액[1]	1,146,806	100.0	**1,204,091**	**100.0**	57,285	5.0
- 기업간 (B2B)[2]	1,051,162	91.7	**1,095,696**	**91.0**	44,534	4.2
- 기업 · 정부간 (B2G)[2]	62,478	5.4	**70,649**	**5.9**	8,171	13.1
- 기업 · 소비자간 (B2C)	21,160	1.8	**24,331**	**2.0**	3,172	15.0
- 소비자간 (C2C)	12,006	1.0	**13,414**	**1.1**	1,408	11.7

주1) '12년부터 사이버쇼핑 거래액에 소셜커머스 거래액을 포함하여 작성

주2) B2B 및 B2G 거래액에는 사이버쇼핑 거래액에서 발생한 B2B 및 B2G 거래액이 일부 포함됨

출처 : 통계청 (2013년 연간 전자상거래 및 사이버쇼핑 동향)

대표적인 글로벌전자상거래를 살펴보면 이베이, 아마존, 타오바오, 라쿠텐, 큐텐 등이 있으며 이베이, 아마존, 타오바오의 경우 가장 많은 참여자들이 있으며 이에 따른 거래량도 가장 크고 매우 활발하게 거래가 이루어지고 있다.

전 세계 B2C 전자상거래 시장은 2018년도에 약 2,356억 달러에 달할 것으로 전망되며, 중국, 미국 등을 필두로 그 시장 규모는 매년 급격히 증가되고 있다. 이에 따라 글로벌 전자상거래는 B2B에서 B2C로 영역이 점차 확대되었고, 이에 따라 내수 제조기업들도 판로를 찾기 위해 글로벌 B2C영역으로 진출하고 있다.

▌글로벌 B2C 전자상거래 예상규모▐

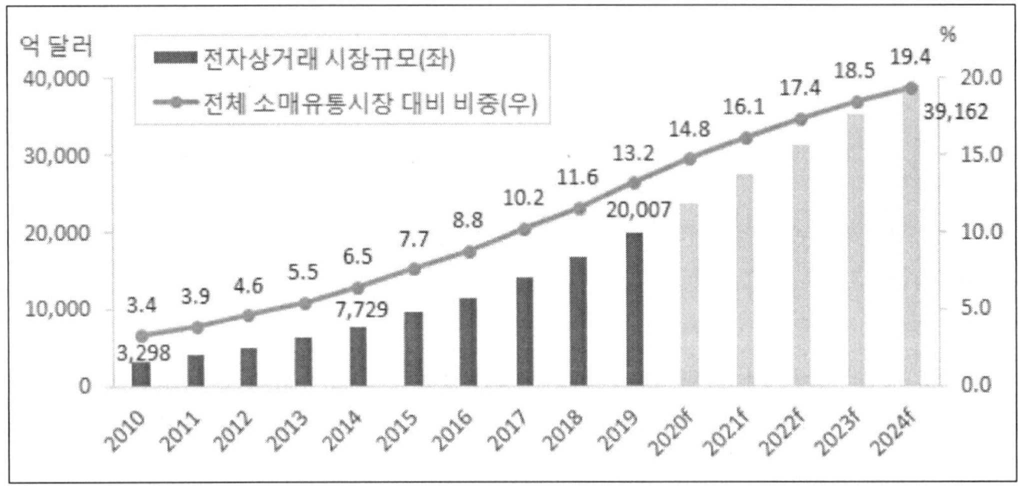

출처: 유로모니터(2020년 1월 발표)

한국 전자상거래 시장 규모는 세계 5위이며, 소매유통시장에서 전자상거래가 차지하는 비중이 28.2%로 세계에서 가장 높다.

▌주요국 전자상거래 시장 규모 및 비중▐

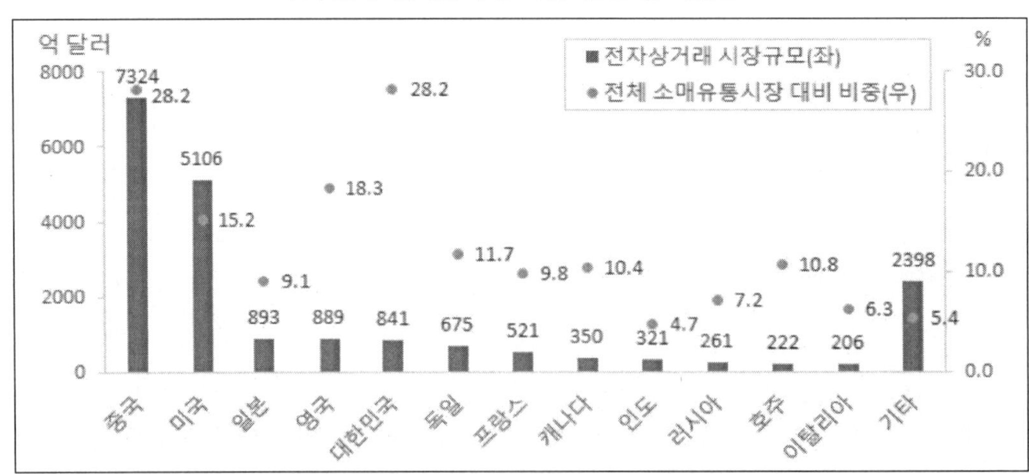

출처: 유로모니터(2020년 1월 발표)

한국상품을 구매하는 해외 소비자들은 배송 문제 다음으로 외국인 구매 가능 쇼핑몰 필요성을 꼽고 있어 다국어로 제공되는 해외직판몰의 필요성이 대두되고 있다.

▌한국상품에 대한 판매대상 및 구매 불편사항▐

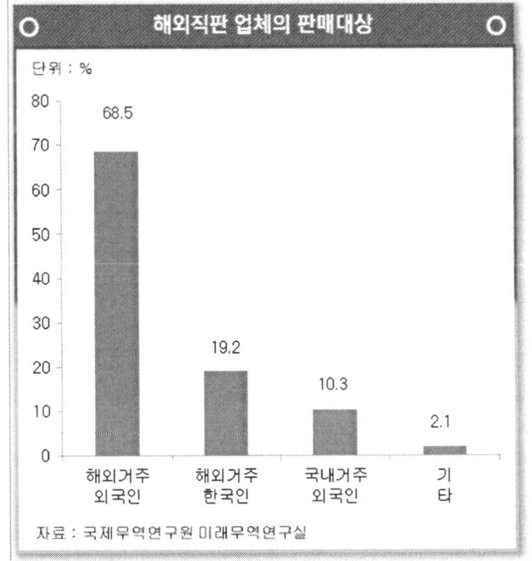

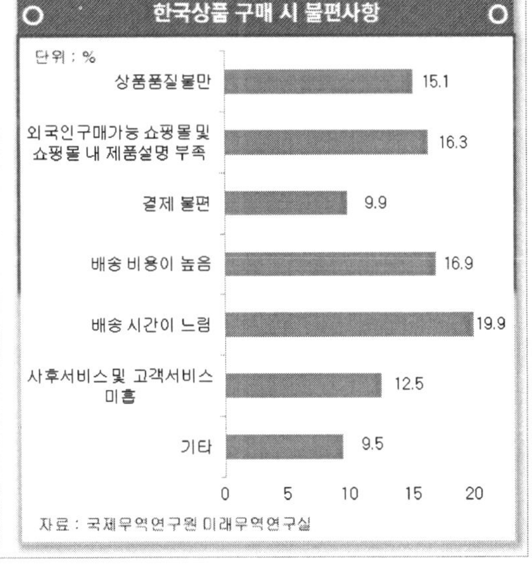

글로벌 전자상거래 시장규모는 계속적으로 성장하고 있기에 판매대상이 확대되고 불편사항은 지속적으로 개선된다면, 한국상품의 판로는 더욱 커질 전망이다.

▌쇼핑몰 구성시 중요사항▐

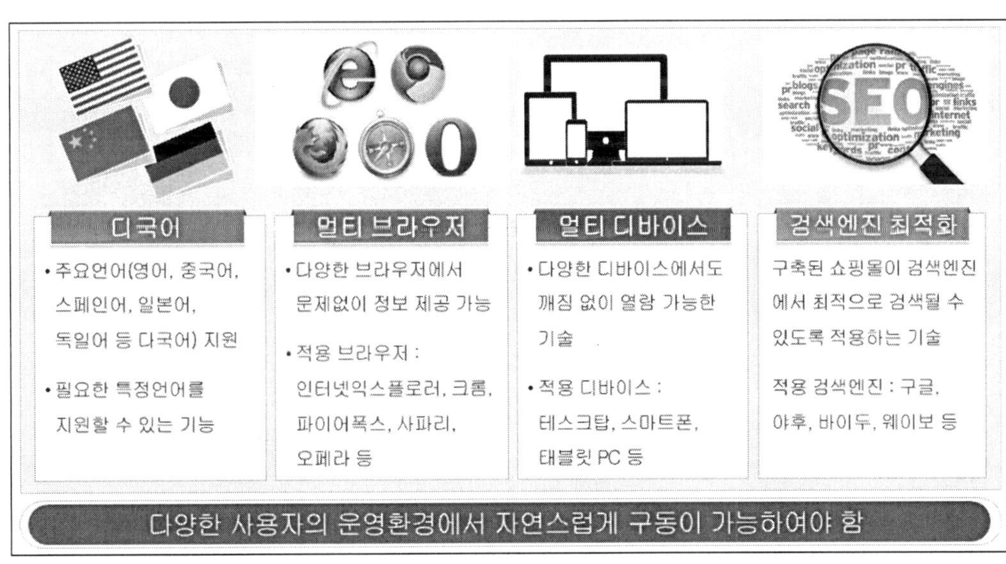

다국어 쇼핑몰은 최소한 사용 언어, 브라우저, 디바이스 등 다양한 사용자 환경에서도 자연스럽게 구동되며 구글 등 검색엔진에서도 용이하게 검색이 되어야 한다.

1 알리바바 전자상거래 현황

알리바바는 B2B전자상거래를 운영하는 Alibaba.com이 있으며 그 안에 Wholesaler가 있어서 회원사들이 샘플을 오픈마켓 형태로 판매하는 방식도 제공하고 있다. 이는 소량 판매가 가능하기에 B2C거래와 비슷한 방식도 제공한다.

1688.COM은 중국내 로컬상거래로 중국내 판매자, 구매자로 참여자가 형성되어 있는 방식이고, Aliexpress는 글로벌 구매자들이 구매하는 사이트로 저렴한 가격으로 형성되어 있으나 배송이 매우 느리다는 점이 특징이다. 구매자가 대량으로 구매하여 소매로 판매를 할 때 유리한 방식이다. Taobao는 중국내 판매자 및 소비자가 참여하는 전자상거래 사이트로 매우 많은 거래량이 발생한다.

Tmall Global은 해외 판매자가 중국소비자를 대상으로 판매하는 사이트로 우리나라 기업들 중 다수가 판매자로 등록되어 판매를 진행하고 있다. 중국에 대한 B2C전자상거래 수출의 대부분은 Tmall Global에서 진행하고 있다.

▌알리바바 그룹의 쇼핑몰 현황▐

알리바바

No.	사이트 LOGO	유형	영역	판매자	구매자	설명
1	Alibaba.com Global trade starts here.	B2B	글로벌 국제무역	모든 수출업체	모든 수입업체	글로벌 B2B
	Wholesaler	B2B	글로벌 국제무역	모든 수출업체	모든 수입업체	GGS회원 (또는 국가별 제휴업체)
2	阿里巴巴 1688.com	B2B	중국 국내 (국산품 도매/소매)	중국 도매상	중국 소매상	중국 국내 도소매 (국산품)
	1688 进口货源	B2B	중국 국내 (수입품 도매/소매)	해외 도매상	중국 소매상	중국 국내 도소매 (수입품)
3	AliExpress	B2C	글로벌 소매 (중국 상품)	중국 판매자	해외 소비자	중국 외 B2C
4	淘宝网 Taobao.com	C2C	중국 국내	중국 판매자	중국 소비자	중국 내 B2C
5	天猫 TMALL.COM	B2C	중국 국내	중국 판매자	중국 소비자	중국 내 B2C
	天猫国际 TMALL GLOBAL	B2C	중국 국내 (해외 상품 소매)	해외 판매자	중국 소비자	대 중국 B2C

그러나 개인인 국내 판매자가 중국소비자를 대상으로 전자상거래로 판매를 할 경우에는 Taobao에 개인판매자로 등록하여 판매를 하고 있으며 외국인 판매자로 등록하고 중국의 은행에 계좌를 개설하여 판매를 진행하면 된다.

알리바바의 대표적인 전자상거래 사이트로는 GGS, Wholesaler, 1688.com, Taobao, Tmall이 있으며, 각각의 특징을 가지고 있다.

- GGS : Global Gold Supplier의 약어로 알리바바 닷컴의 유료회원을 의미한다.
- Wholesaler : 세계를 대표하는 브랜드를 육성해 B2B 시장에서 경쟁력을 강화하고자 B2B 거래 중 알리바바 닷컴에서 브랜드 관리 능력을 인정받은 업체를 대상으로 운영하는 플랫폼이다.
- 1688.com : 중국 내 도매거래는 것으로 중국 내수판매를 위한 도매사이트이다.
- Taobao : 중국 내 OPEN 마켓으로 운영하며 중국 소비자를 대상으로 개인에게 판매가 이루어지는 사이트이다.
- Tmall : 해외 판매자가 중국내 소비자에게 판매를 할 수 있는 사이트로 중국으로 수출을 하는 한국기업이 다수 가입하여 판매를 하고 있다.

▮각 전자상거래 특징▮

구분	GGS	Wholesaler	1688.com	Taobao	Tmall
유형	B2B	B2B	B2B	B2C	B2C
바이어	전 세계 모든 지역	전 세계 모든 지역	중국 바이어	중국 소비자	중국 소비자
형태	무역	무역/도매	무역/도매	소매	소매
언어	영어	영어/다국어	중국어	중국어	중국어

가. Wholesaler

Wholesaler 장점은 판매자에 대한 검증이 되어 있다. 알리바바에서 신청서, 사업자 등록증, 은행정보, 브랜드 권리증, IPR(지재권) 검증작업을 진행한다. 또한 해외창고를 활용하여 배송하고 있다. 미국(LA, 샌프란시스코, 뉴저지, 온타리오), 독일, 영국, 스페인 등 전 세계 14개 지역 창고를 활용하여 배송하므로써 빠른 물류처리가 가능하다. 그리고 프로모션을 통한 브랜드 인지도가 상승된다. '브랜드 특별관' 등록 등 다양한 온라인 이벤트 및 프로모션 행사를 진행한다.

▌Wholesaler 특징▐

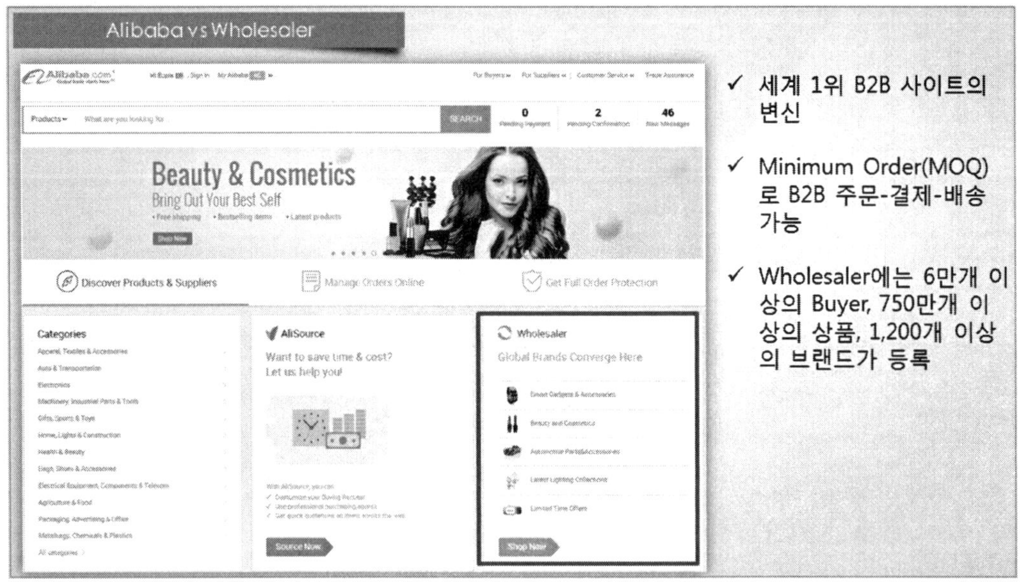

나. Taobao

Taobao의 성공전략은 판매자들이 타오바오에 물건을 올릴 때도, 물건을 판매할 때도 수수료를 낼 필요가 없다. 그러나 자신이 판매하는 물건을 다른 판매자의 물건들보다 돋보이게 하기 위해 광고 등의 서비스를 이용할 때 비용을 지불하며 타오바오에 광고 등의 서비스를 적용한 물건은 검색 순위 상위권에 오른다.

또한 알리왕왕을 이용하여 상담을 한다.

이것은 구매 전에 판매자의 신용도를 체크하고 타오바오 전용메신저(알리왕왕)를 통해 이것저것 세심하게 문의를 하고 물건을 실제 판매하고 있는지, 키와 몸무게가 몇인데 사이즈는 뭘 입어야 적당하고 사진과 실물차이가 있는지, 배송시간은 얼마나 걸리고 물건을 받고 마음에 들지 않으면 어떻게 처리해 줄 것인지 등 상품소개 페이지에 노출된 내용임에도 판매자에게 다시 확인한다.

그리고 판매자의 신용도가 매우 중요하다. 신용도가 높을수록 안심하고 구매를 하는 경향이 많으며 동일한 상품이라도 판매금액이 다소 높지만 신용도가 높은 매장에서 구매를 한다. 이에 하트부터 다이아몬드 순으로 신용도가 올라가며, 다이아몬드 3개 이상의 신용도를 만들려면, 2~3년 이상의 꾸준한 거래가 이루어져야 가능하다.

▌타오바오 판매자 신용도▐

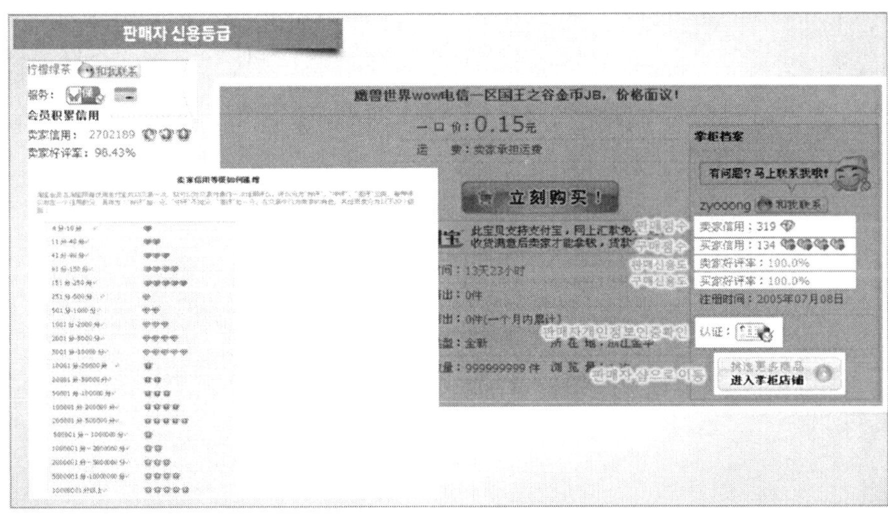

다. Tmall

타오바오가 소규모 상인을 위한 사이트라면, 티몰은 그보다 규모가 큰 업체를 위한 사이트이고 티몰에는 7만 개 업체가 입점해 있으며, 나이키, 갭, 애플 등 유명 브랜드들도 티몰 내 자체 매장을 개설하였고, 알리바바는 티몰 입점 업체에 보증금과 연회비, 거래 수수료를 받는다.

▌Tmall▐

티몰은 중국 현지에 사업자등록증이 있는 기업만 입점 가능하지만, 티몰 글로벌은 해외 기업도 입점이 가능하다. 2013년 8월부터 테스트 영업을 시작하여 2013년 약 70여 개의 점포들이 신청하여 사업을 진행하였고, 두각을 드러낸 업체들은 주로 건강식품, 유아용품, 분유, 화장품, 패션 순이다.

기업정보 및 관련 서류를 이메일로 제출하면 5일 내에 확인 및 승인이 진행되며, 결제시스템인 알리페이(Alipay)계좌 개설에 7~10일이 소요된다. 이후 계약 체결에 7~10일이 걸리니 한 달도 채 안 되는 시간 안에 중국 온라인몰에 매장을 열 수 있다.

▌Tmall 입점절차▐

입점절차	STEP 01	STEP 02	STEP 03	STEP 04
	支付宝 检测企业支付宝账号 1. 注册企业新支付宝账号 2. 未完成企业认证的账号可以先报名入驻天猫 立即申请 >	填写/提交信息及资料 1. 填写申请信息，提交资质 2. 选择店铺名和域名，在线签署服务协议 提交入驻申请 >	等待天猫审核 天猫7个工作日内给到审核结果	办理后续手续，开店 1. 签署支付宝代扣协议，考试、补全商家档案 2. 冻结保证金，缴纳技术服务年费 3. 发布商品，店铺上线
	Alipay 계좌개설	신청서류 작성 - 자료 제출 - 상점명 결정 - 계약 체결	Tmall 심사결과 대기 (7영업일 소요)	• 보증금 및 기술사용료 납부 • 상품등록 • 상점오픈

Tmall에 입점하려면 먼저 Alipay계좌를 개설하고 신청서류를 제출한다. 이를 통하여 계약이 체결되면 Tmall에 접합한지 입점에 대한 심사를 실시하여 심사완료 후 보증금 및 기술사용료를 납부하여야 상점을 오픈할 수 있다.

소요시간이 많이 걸리기에 사전에 철저한 준비를 한 후 신청을 하여야 문제없이 상점을 오픈할 수 있다.

2 이베이 전자상거래 현황

이베이는 인터넷을 활용한 경매 사이트로 출발하여 지금은 글로벌 최대의 종합쇼핑몰 및 전자상거래 중개 사이트로 성장하였다. 약 55만 개 이상의 온라인 판매점을 개설한 이베이는 제품 등록 수수료, 판매 수수료로 수익을 올린다. 의류, 식품, 가전제품의 카테고리가 상거래 중 인기가 많으며, 현재 무형의 서비스까지 다양한 물건들의 판매와 구매가 이루어진다. 글로벌 전자상거래의 대표적인 비즈니스 모델 중 하나이다.

▌이베이 소개▐

- ✓ 이베이는 미국의 다국적 인터넷 C2C 기업으로, 본사는 캘리포니아 주 새너제이에 위치해 있다.
- ✓ 1995년 11월 피에르 오미디아르(Pierre Omidyare)가 설립하였으며 닷컴 버블의 성공적인 스토리로 잘 알려진 회사이다.
- ✓ 현재는 <u>30개 이상의 국가에 지역화하여 영</u>업하고 있으며 수십억 달러의 비즈니스로 성장하였다.
- ✓ 이 기업은 온라인 경매와 쇼핑 웹사이트인 eBay.com을 관리하고 있으며 이 곳에서 사람들과 점포들이 다양한 재화와 용역을 전 세계에서 사고 판다.

이베이는 Feedback을 통해서 판매자의 신용도를 관리한다. Feedback은 바이어와 셀러가 서로 주고 받는 것으로, 특히 판매자의 신용을 나타내는 가장 큰 기준이 되며, 아무리 가격이 저렴해도 피드백이 낮으면 판매가 어려우며, 반대로 피드백이 높으면 다른 판매자의 상품보다 가격이 다소 높더라도 판매가 이루어질 확률이 높다.

수수료는 크게 3가지가 발생한다.

- 등록 수수료(Insertion Fees) : 스토어를 사용하지 않는 셀러 $0.30, 스토어 사용 시 스토어 레벨에 따라 다름
- 판매 수수료(Final Value Fees) : 스토어를 사용하지 않는 셀러 10, 스토어 사용 시 4~9%
- 페이팔 수수료(Paypal Fees) : 3.9% + 건당 $0.30(거래 금액이 많아지면 할인 적용)

이베이 특징은 부가 가치세 영세율, 편리한 배송 시스템, 빠른 자금회전, 메일에 의한 고객 C/S, 소자본, 여유로운 배송기간, 독창적 브랜드 개발을 통하여 활성화하고 있고 진화하고 있다.

▌이베이의 특징▐

특징	주요 내용
편리한 배송 시스템	배송 방법에 대한 특별한 규제가 없으며, 보통 우체국 배송을 이용하면 된다.
빠른 자금회전	이베이는 페이팔을 통해 바로 입금되며 초기 신규 판매자의 21일간 대금 홀딩되는 경우를 제외하고는 언제든지 출금이 가능. (해외에서 송금되는 경우이므로 평균 3~4일 정도는 소요된다.)
메일에 의한 고객 C/S	이베이는 이메일을 통해서만 이루어지므로 하루 안에만 답변을 주면 크게 문제가 되지 않는다.
소자본	상대적으로 긴 배송기간으로 인해서 굳이 재고를 보유하지 않아도 되는 시스템. 그 만큼 재고처리나 선 물량 확보로 인한 자금 투자가 없어서 실패 시 큰 무리가 없다.
여유로운 배송기간	해외 소비자들은 해외에서 오는 국제 배송의 경우 10~14일 정도는 용인해주며 간혹 기간이 더 걸려도 합당한 사유나 커뮤니케이션만 잘 되면 문제 없다.
독창적인 브랜드 개발	자신 만의 브랜드를 만들어 홍보가 가능하며, 지속적인 관리를 통해 브랜드 가치를 높일 수 있고 비즈니스 확장에 있어 초석을 다지는 기회가 될 수 있다.

이베이에서 처음 매장을 운영할 때 주의사항은

1) Feedback : Negative Feedback은 초창기에는 없어야 한다.
2) 교환, 환불 : 부적합한 이유라도 무조건 들어주는 것이 좋다.
3) 판매 금지 제품, 저작권(VeRo) 침해 제품 : 사전에 미리 알고 있어야 한다. 국가별 법이 다르기 때문에 판매 금지 제품이 다르다는 것을 사전에 체크해야 한다.
4) 배송 시 포장 : 깨끗한 박스와 테이프를 이용한다.

3 아마존 전자상거래 현황

아마존은 현재 도서뿐만 아니라 킨들, 의류, 신발, 보석, 유아용품, 스포츠, 아웃도어, 컴퓨터, 전자제품, 영화, 음악, 게임, 식품 등 다양한 품목의 전자상거래를 서비스하고 있으며, 기업가치는 구글을 능가하여 1천억 달러에 이르고 있다. 본사는 미국 워싱턴 주 시애틀에 있으며, 브라질, 캐나다, 영국, 독일, 호주, 프랑스, 중국, 일본, 인도, 이탈리아, 멕시코, 스페인 등에 별도의 웹사이트로 운영하고 있다.

최근 이베이보다 더 많은 거래량과 함께 급속도로 커지고 있다. 이것은 FBA(Fulfillment By Amazon) 배송방법이라는 차별화된 전략을 가지고 있다.

즉 FBA는 미국의 14개의 아마존 물류센터 존재하여 구매자의 위치와 가까운 지역의 물류센터에서 배송을 진행하고 있다. 이는 고객과 판매자의 수고를 줄이고 비용 면에서도 훨씬 경쟁력을 가지고 있다.

고객은 아마존 프라임 회원이 되면 FBA 제품을 2일 무료 배송 선택 가능하며 아마존은 고객들에게 더욱 많은 구매를 유도하는 방법으로 배송비가 절약되고 장기적인 관점에서 판매자는 FBA를 하여 고객의 유입과 매출 증대를 가져온다.

▌amazon dash button▐

http://youtu.be/aFYs9zqYpdM

Prime Member가 아마존에 연간 90$ 비용을 지불하면 배송비 무료와 amazon dash button을 제공한다.

수요가 매우 안정적인 생필품에 대해 RFID 기술을 적용함으로써 실시간의 정확한 수요 정보를 기반으로 order process 개선, 수요-공급의 동기화와 물류비용 절감 효과를 달성한다. 또한 Dash button 초기에는 내부적으로 많은 반대가 있었으나 현재는 엄청난 성과를 나타낸다.

▌BettyBot(물류 로봇)▐

http://youtu.be/8gy5tYVR-28

물류로봇을 이용하여 주문받은 상품을 찾아서 신속하게 배송할 수 있도록 로봇을 이용하여 진행을 한다. 로봇을 이용하면 24시간 365일 물류 분류 및 배송처리를 할 수 있다.

- 아마존의 차별성

첫 번째 eBay는 판매할 제품을 온라인에 list하는 데에도 listing 수수료를 받고, 실제 판매 때에도 판매수수료를 받는다.

두 번째 Amazon은 listing 수수료가 무료이고, 판매수수료는 15%이다.

세 번째 eBay의 listing 수수료와 판매수수료를 합하면 12%로 Amazon보다는 낮지만 판매자들은 Amazon 방식을 더 좋아한다.

네 번째 실제 판매 전에는 수수료를 지불하지 않아서 덜 위험하다.

판매자들은 몇 년 전만 해도 우선적으로 eBay에서 판매하고 나머지를 다른 채널에서 판매했다. 하지만 지금은 아마존에서 우선 판매하고 나머지를 eBay에서 판매한다.

4 일본 독립몰(ADPRINT)

독립몰은 개별 쇼핑몰 사이트를 운영하는 방식으로 쇼핑몰 구축뿐 아니라 운영에 대한 다양한 사항을 고려하여야 한다. 이베이, 아마존, 타오바오 등의 오픈마켓과 가장 다른 특징은 직접 자신의 쇼핑몰을 홍보하여 고객을 확보하여야 한다.

즉 오픈마켓에 입점을 하면 별도의 마켓 홍보비용 및 이에따른 고객확보를 하는데 있어 추가적인 비용 등이 발생하지 않지만, 독립몰은 직접 운영 및 직접 홍보 등 프로모션을 실시하여 고객을 확보하여야 한다.

대표적인 독립몰 중 하나인 티큔글로벌의 ADPRINT는 칼라 명함을 제작하여 공급하는 대표적인 회사이다. 티큔글로벌은 주로 일본인 고객을 대상으로 운영하며 일본에서 쇼핑몰 사이트를 운영하며 매년 광고비를 매출액 대비 15% 정도를 책정하여 광고를 하고 있다.

▌티큔글로벌 소개▐

티큔글로벌

연 매출 : 약 130억
회원사 : 약 9만
직원수 : 약 100명
사무실 : 서울, 오사카,
도쿄, 상해

현재 서울 본사와 일본에 지사를 두고 있으며, 일본에서 주문을 받고, 당일 저녁에 서울 본사에서 명함을 제작하여 항공으로 일본에 보내고 있다.

익일 배송을 원칙으로 일본 내에서 제작하여 배송하는 방식과 거의 동일한 배송시간이 소요되는 물류시스템을 확보하고 있으며 고객상담(C/S)는 원어민이 고객상담을 하고 있고 티큔재팬에서는 광고관리, 웹사이트 관리, 물류관리를 진행하고 있다.

▌티쿤글로벌 비즈니스 체계▐

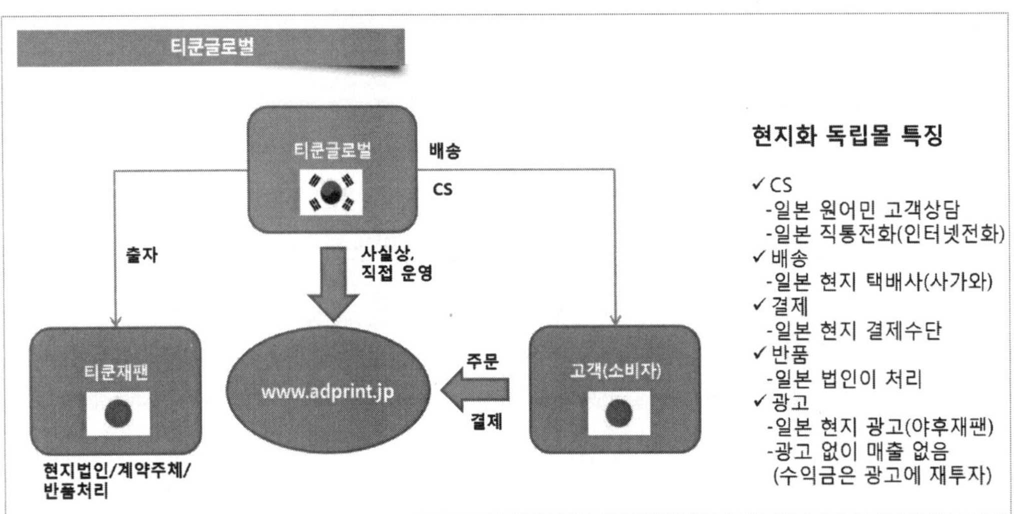

일본 소비자는 한국에서 제작하여 발송하는 것을 알 수 없고 현지에서 제작하는 것과 같은 효과를 얻으며, 현지화된 독립된 쇼핑몰을 운영하고 있다. 일본 온라인 쇼핑몰 비즈니스의 특징은 이베이와 같은 Open마켓 활용과 함께 특화된 독립몰이 매우 많이 있다. 경쟁력 확보를 위해서는 지속적인 광고가 수반되어야 한다.

제2장 왕홍 마케팅

소셜미디어 내에서 영향력을 갖고 있는 블로그, 페이스북, 인스타그램, 유투브 등의 매체운영자를 통해서 신뢰성 있고 가공되지 않은 자연스러운 정보와 브랜드를 노출하여, 소셜미디어 사용자들에게 브랜드에 대한 긍정적인 인식을 갖게 하는 방식으로 브랜드 인지도를 향상시키는 마케팅 방안을 소셜미디어 마케팅 또는 인플루언서(Influencer) 마케팅이라고 한다.

초기에는 블로그를 통한 리뷰, 후기를 게시하는 형태에서 시작하여, 현재는 소셜미디어의 특성인 공유, 좋아요를 결합하는 방식으로 마케팅이 진행되고 있으며, 최근에는 스마트폰에서 영상매체 소비시간이 급증하면서 YouTube를 통한 마케팅이 각광을 받고 있으며, 유투브 채널을 운영하는 운영자를 유투버라고 하며, 그들의 인지도를 활용하기 위해, 케이블TV나 공중파에도 출연하는 사례가 늘어나며 연예인 못지 않은 인기를 누리고 있다.

중국에서는 Facebook이나 Google의 서비스를 사용할 수 없기 때문에, 중국만의 자체 소셜미디어인 웨이보, 위챗, 유쿠, 메이파이 등의 서비스를 이용한 인플루언서 마케팅이 진행되고 있다. 특히, 중국에서는 왕홍(网红) 마케팅이라는 표현으로 인플루언서 마케팅을 대체하여 사용되고 있다.

중국의 전자상거래 시장은 모바일을 중심으로 지속적으로 확대되고 있으며, 모바일 전자상거래시장의 폭발적인 성장세가 이루어지고 있다.

또한 중국의 온라인 마케팅 특징 중 하나인 왕홍이 중국소비자의 온라인에서 구매 트렌드를 이끌어가고 있다. 왕홍은 SNS, 실시간 생방송 및 동영상 공유 등을 플랫폼을 활용하며 인터넷에서 높은 인지도를 가지고 있으며 팔로워 수에 따라 소비자의 구매력을 높이는 것으로 온라인 마케팅 중 매우 인지도가 높은 마케팅 방법이다.

1) 왕홍 선택

왕홍마케팅의 핵심으로 무엇보다 중요한 것이 왕홍의 인기이다. 인기를 확인하기 위한 척도로, Follower의 수와 콘텐츠를 등록했을 때 댓글과 좋아요 등의 반응되는 숫자를 확인하는 것이 필요한데, 이 수치에서 허수를 판별하여 얼마나 진성팬이 많은지 확인하여 왕홍을 선택하는 것이 필요하다.

- **왕홍 분석**

분석 요소로 일반인인지 유명인인지 또는 전문미디어 왕홍 인지를 먼저 파악해야 하고, 지역적으로 어느 지역을 중심으로 활동하는지, 활동 분야를 확인해야 한다. 이러한 왕홍 자료가 있어야 우리가 홍보하려는 상품에 적합한 왕홍을 선택할 수 있다.

- **팬 분석**

왕홍을 분석하는 추가적인 방법으로 팬의 남녀비율이 어떻게 되는지, 팬 중에서 계정이 사용되지 않은 계정인지 얼마나 되는지, 팔로워들은 활동을 하는지, 눈팅만 하는지에 대한 수치도 분석이 되면, 왕홍의 겉으로 드러나는 인기 수치가 아닌 실제에 근접한 인기를 확인할 수 있다.

2) 콘텐츠 제작

왕홍을 선정하고 나면 왕홍과 긴밀한 협력을 해야 한다. 홍보하려는 상품의 대한 상세 콘텐츠를 제공하고, 이 제품의 가장 중요한 점, 특징 등 브랜드에 대한 가이드를 제공해야 하는데, 대체적으로 3가지 형태로 콘텐츠를 배포한다.

▌왕홍 자유 제작형 예시 화면 : 왕홍스넷 마케팅자료 참고▐

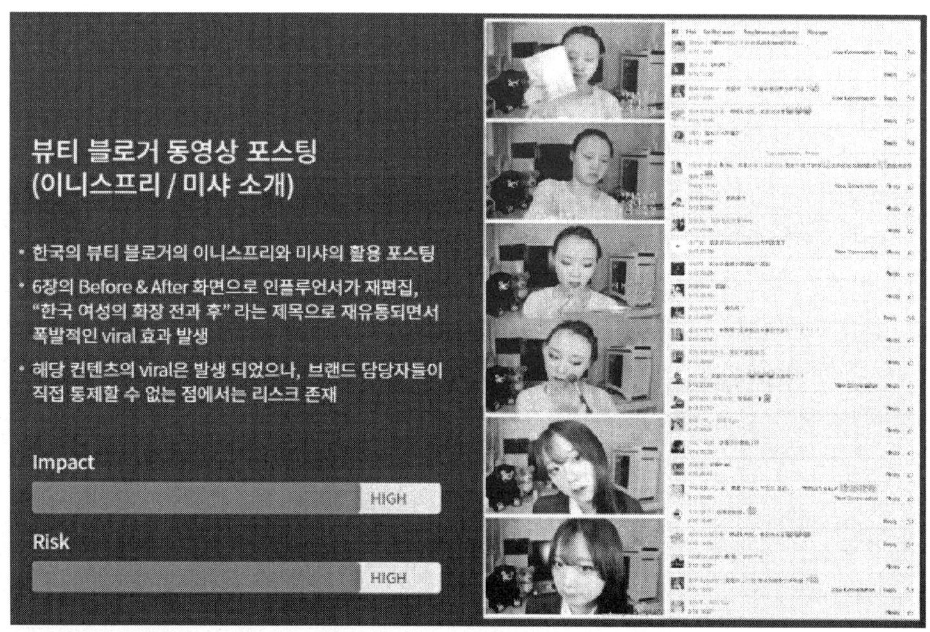

- **의뢰인 제작 콘텐츠 단순 배포형**

의뢰인이 콘텐츠를 자체적으로 제작하고 왕홍은 해당콘텐츠를 자신의 네트웍을 통해 배포하는 방식으로, 왕홍의 간단한 코멘트 정도가 더해지는 형태이므로, 리스크는 적으나 큰 효과가 발생할 가능성도 낮다.

- **의뢰인 왕홍 공동 제작형**

의뢰인의 가이드라인을 바탕으로 왕홍이 자신만의 스타일로 콘텐츠를 제작하고, 사전에 어느 정도 내용 확인이 가능하므로, 리스크는 낮고 단순 배포형보다는 큰 효과가 발생할 가능성이 높다.

- **왕홍 자유 제작형**

의뢰인과의 의견조율 없이 왕홍의 창의력을 기반으로 콘텐츠를 제작하기 때문에 의뢰인이 의도하지 않았던 리스크가 발생할 가능성이 있지만, 창의력이 유저들의 성향과 맞아 떨어졌을 때는 마케팅 효과가 극대화될 가능성이 높은 방식이다.

3) 콘텐츠 제작 배포 및 Live 상영

사전에 제작된 콘텐츠의 경우 의뢰인의 코멘트를 받아 치명적인 리스크가 아니면, 여러 가지 소셜미디어 플랫폼을 통해 배포를 시작한다. Live 상영을 하는 경우에는 어떤 내용으로 언제 방영을 하게 될지 사전에 공지를 하고, 약속한 시간에 Live 방송이 진행된다.

4) 결과 분석

배포된 콘텐츠와 Live방송에 대해서, 얼마나 많은 조회수가 발생하였는지, 좋아요, 공유는 몇회 발생하였는지, 제시된 링크나 QR코드를 통해 유입된 숫자는 얼마나 되는지 마케팅 효과에 대해 분석을 한다. 유입된 수치를 통해서 지역별 분석도 가능하다.

▌왕홍마케팅 프로세스 1, 2단계▐

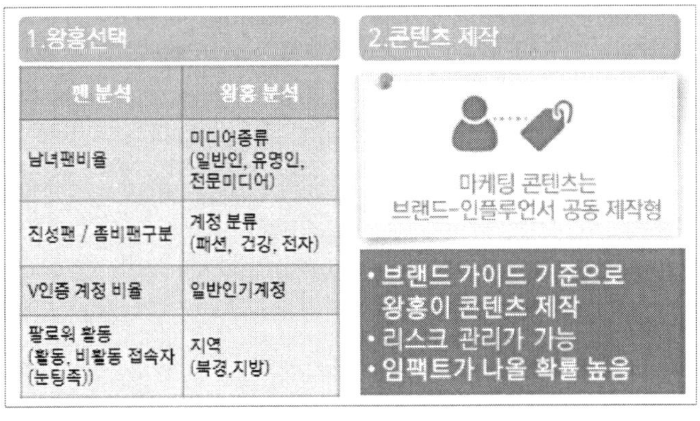

1.왕홍선택

팬 분석	왕홍 분석
남녀팬비율	미디어종류 (일반인, 유명인, 전문미디어)
진성팬 / 좀비팬구분	계정 분류 (패션, 건강, 전자)
V인증 계정 비율	일반인기계정
팔로워 활동 (활동, 비활동 접속자 (눈팅족))	지역 (북경,지방)

2.콘텐츠 제작

마케팅 콘텐츠는
브랜드-인플루언서 공동 제작형

- 브랜드 가이드 기준으로 왕홍이 콘텐츠 제작
- 리스크 관리가 가능
- 임팩트가 나올 확률 높음

▌왕홍마케팅 프로세스 3, 4단계▐

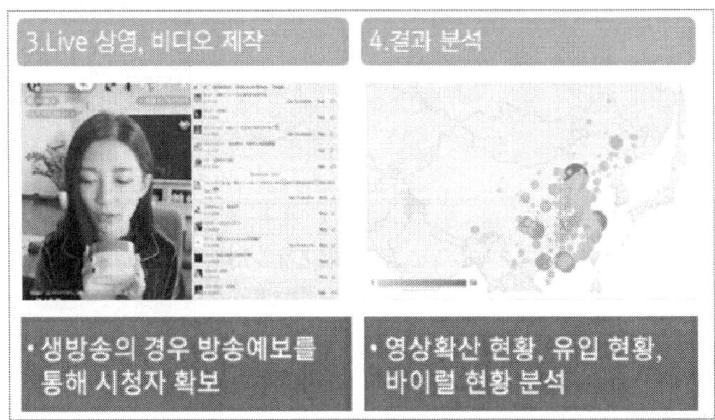

일부에서는 왕홍 마케팅을 하게 되면 즉각적인 효과가 발생하여 매출이 증대될 것이라는 오해가 있는데, 왕홍 마케팅은 인지도를 향상시키기 위해 사용하는 브랜드마케팅 방안이며, 브랜드 인지도를 높이기 위한 지속적이고 반복적인 마케팅 활동이 수반되어야 하기 때문에 장기적인 관점에서 진행해야 한다.

제3장 글로벌 B2C 체험해보기

다수의 전자상거래 플랫폼 들은 하나의 플랫폼에서 사용하는 방식이 타 플랫폼에서도 유사한 방식으로 사용하는 경우가 많기 때문에 시장의 규모를 기준으로 상위 3개 플랫폼에 대해서 회원가입과 제품등록에 대한 방법을 간략하게 소개한다.

1 타오바오

1) 회원가입 준비

타오바오는 C2C 플랫폼으로 중국인이 등록하는데는 문제가 없으나 외국인이 등록을 하기 위해서는 반드시 중국에 방문하는 과정이 생기는 등, 점점 조건이 강화되고 있다. 따라서, 변경 사항이 수시로 발생하므로 준비사항에 대해서 최신 트렌드를 반드시 사전에 확인하여 타오바오 가입을 위한 비용을 낭비하지 않도록 주의해야 한다.

▌타오바오 가입을 위한 준비 사항▐

핸드폰 번호	한국 핸드폰 가능
타오바오 아이디	영문, 한자, 핸드폰 번호, 숫자 가능
비밀번호	영문, 기호, 6자리 숫자
이메일	한국이메일 사용 가능
알리페이 로그인 비밀번호	8자리 이상 숫자 및 기호
알리페이 결제 비밀번호	8자리 이상 숫자 및 기호
중국 은행계좌	**중국 현지에서 개설(必)**
중국 은행계좌 인터넷뱅킹	**중국현지에 통장 개설 시 오픈**
인터넷 USB 보안 키	**송금 시 사용(중국현지 해당은행에서 구매)**
여권 스캔 사본 (칼라)	신원 확인 필요(알리페이 실명확인)
중국 출입구 도장 페이지 스캔 사본	신원 확인 필요(알리페이 실명확인)

2) 타오바오 회원가입

www.taobao.com에 접속, 회원가입을 위해 免费注册(무료회원 가입)버튼을 클릭

타오바오는 C2C이기에 개인이 회원가입을 하고 판매자를 등록한다.
전화번호로 회원가입을 진행한다.

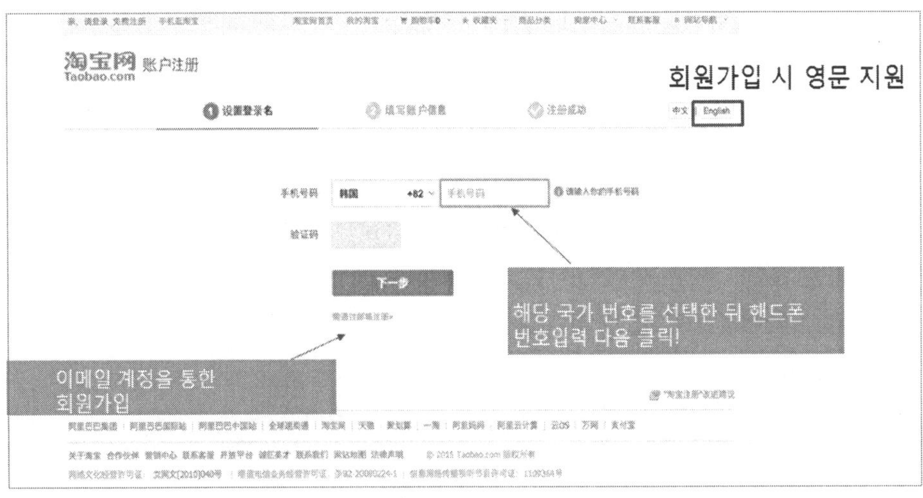

캡처 글자인증으로 로봇이 아님을 확인한다.

휴대전화 수신한 문자 인증번호를 입력한다.

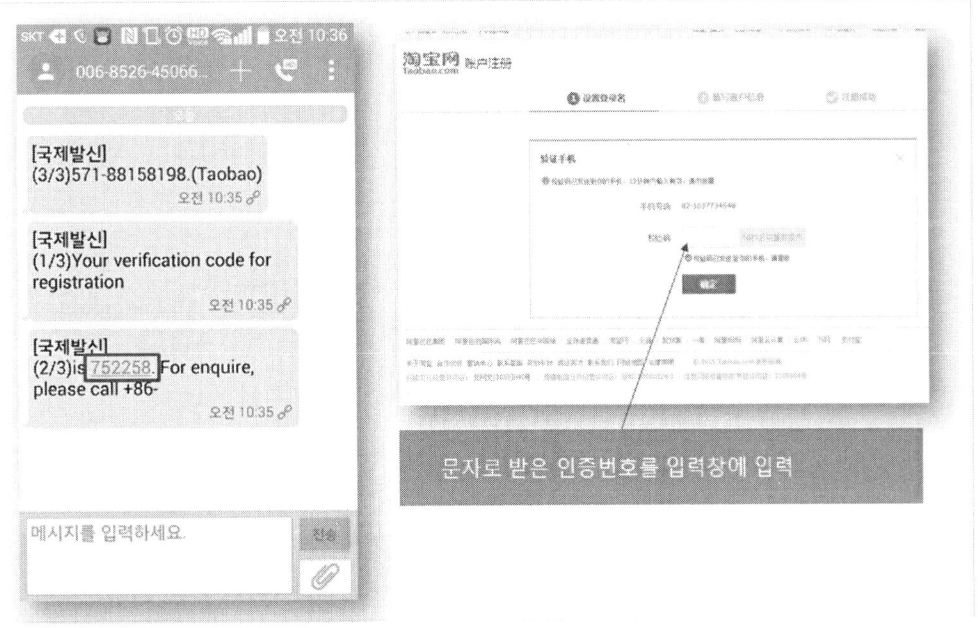

아이디와 비밀번호를 입력하여, 회원가입을 마무리 한다.

3) 알리페이 회원가입

타오바오 사이트에서 신분인증을 진행한다.

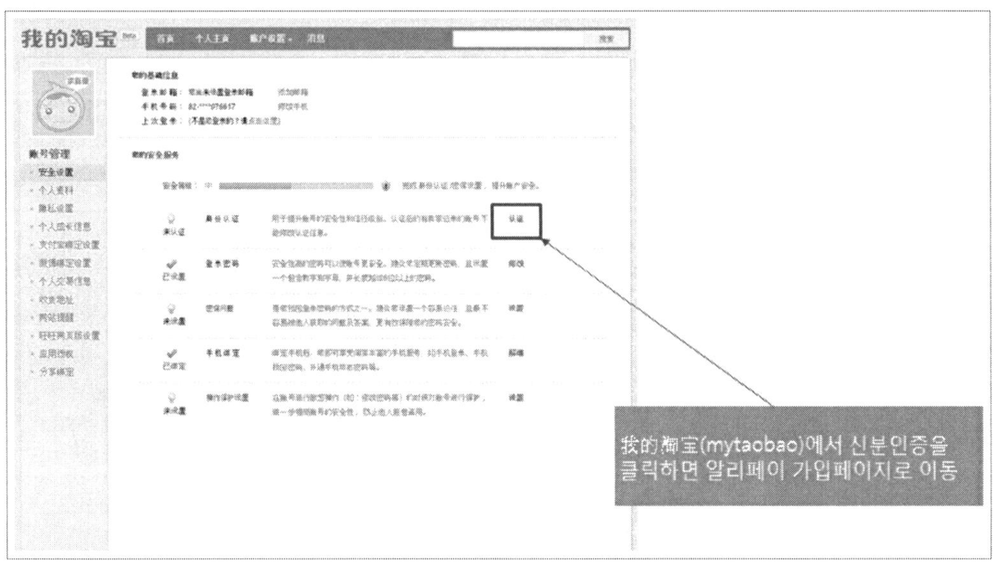

알리페이가입을 위한 정보를 입력한다.

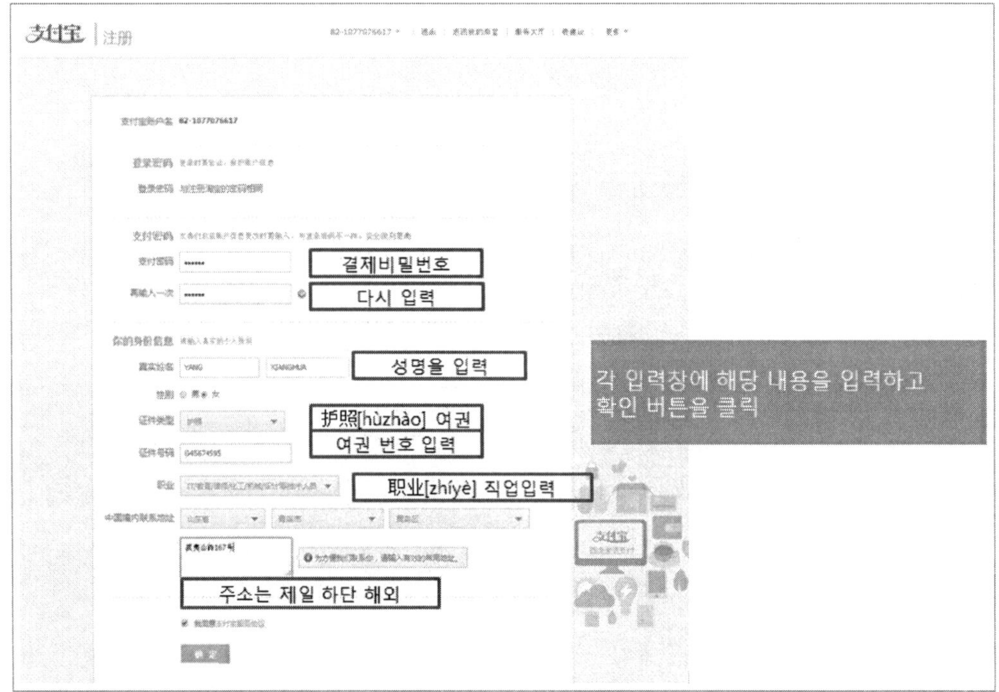

알리페이 로그인한다.

실명인증 시작하는데, 한국이므로 해외 인증을 한다.

알리페이 계정 실명 인증을 위해 필요한 정보를 입력한다.

支付宝 | 实名认证

外籍会员实名认证

1.填写外籍会员信息 2.确认信息 3.填写打入卡内的金额 认证申请成功

여권 이름

여권 번호

여권 사본

중국 입국 기록 페이지

한국 주소지 입력

한국 연락번호 입력

번호입력 후 다음 클릭

实名认证(실명인증)에 필요한 내용들을 입력. 회원 이름, 여권번호, 여권사본, 입국기록페이지, 연락주소지, 연락번호 등을 순서대로 입력.

알리페이와 통장계좌 연동하기 위한 정보를 입력한다.

통장계좌 인증을 위해 1위안 미만의 금액이 통장으로 이체된다.

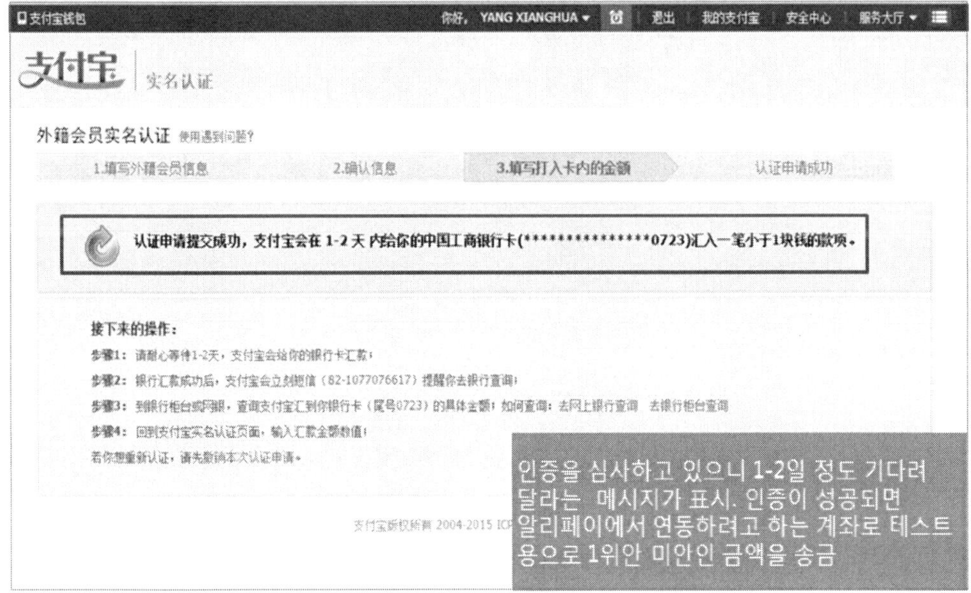

통장에서 알리페이로부터 송금된 1위안 미만의 금액을 확인한다.

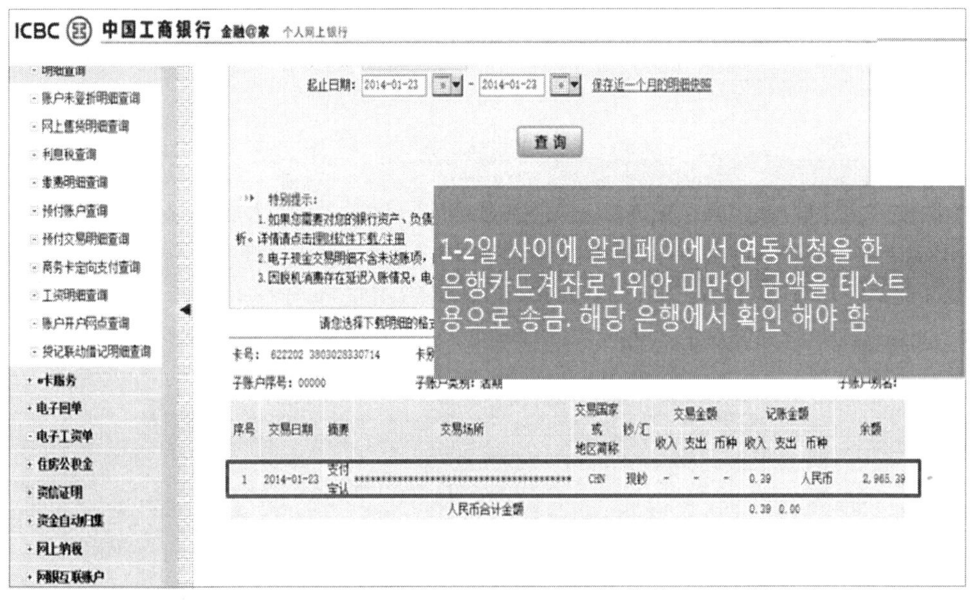

통장에서 입금된 금액을 확인하여 알리페이화면에서 입력한다.

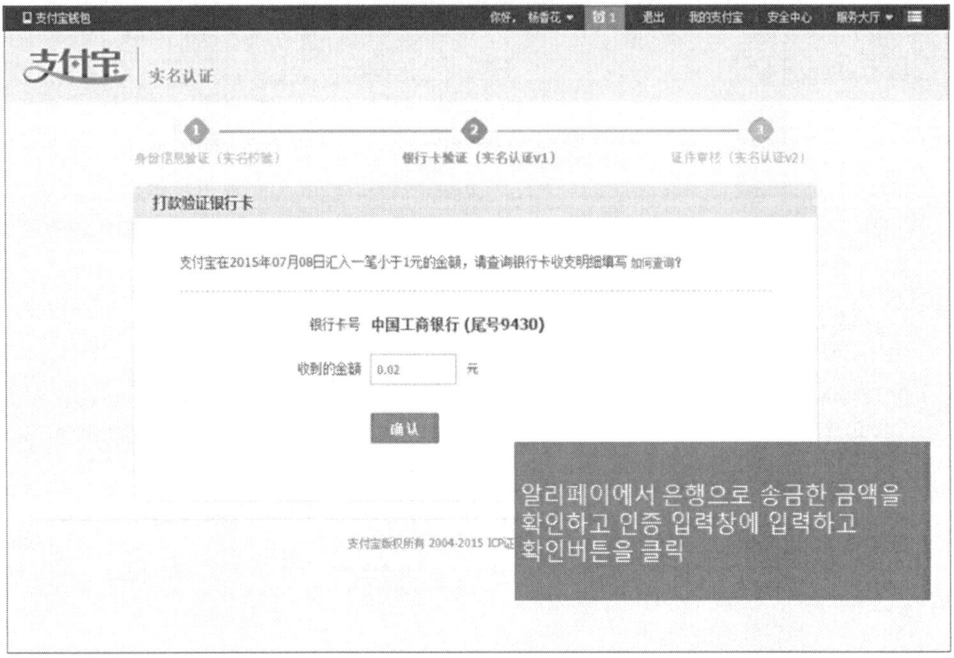

알리페이와 은행통장의 연동을 완료한다.

알리페이 이메일 인증을 시작한다.

알리페이 이메일 인증을 하기 전에, 본인 확인을 위해 핸드폰으로 확인문자를 발송한다.

4) 판매상점 개설

타오바오에서 개인상점을 선택하여 개설한다.

판매자 위치 설정(한국에서 개설하므로 해외로 설정)

1 开店条件检测

亲，恭喜您满足开店条件，请继续完成下面的开店认证后才能创建店铺！认证帮助

2 申请开店认证

판매자 위치 : 해외

选择所在地: 中国大陆 香港/澳门 台湾 海外

认证: 您已绑定了支付宝账户: lovehee76@naver.com 查看

状态	认证名称	操作
未通过	支付宝实名认证	重新认证
未开始	淘宝开店认证	立即认证

上一步 创建店铺

5) 상품 등록

상품등록 화면 접근

카테고리 선택

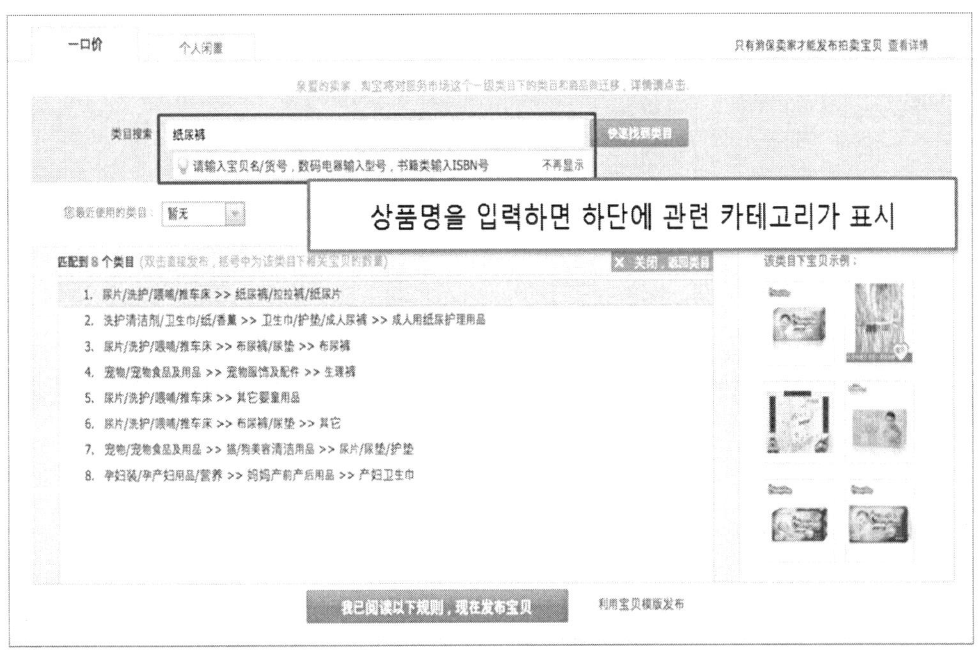

상품의 종류, 브랜드, 사이즈를 입력한다.

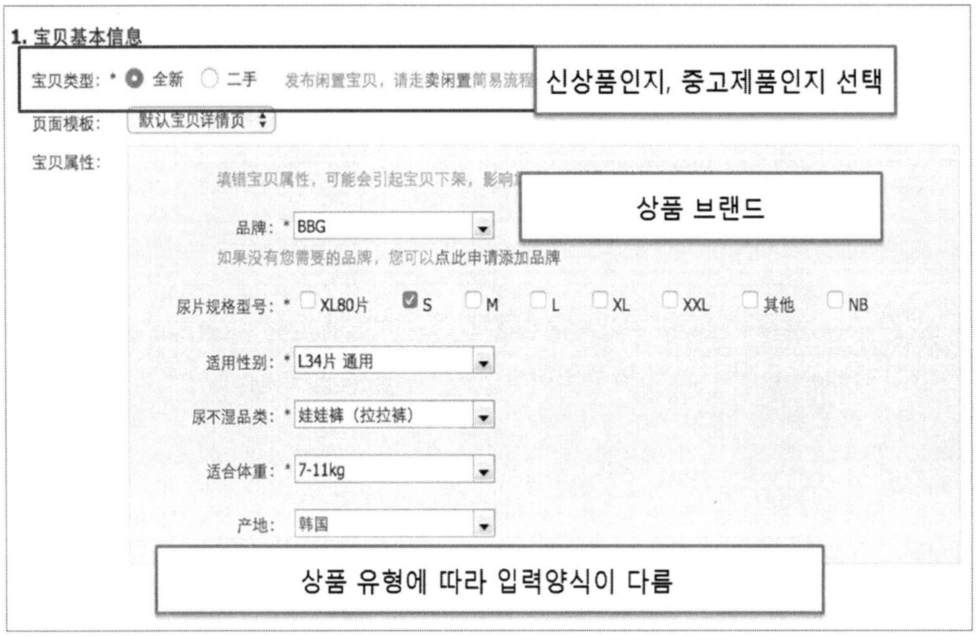

1. 宝贝基本信息

宝贝类型: * 全新 二手 发布闲置宝贝，请走卖闲置简易流程

신상품인지, 중고제품인지 선택

页面模板: 默认宝贝详情页

宝贝属性:

填错宝贝属性，可能会引起宝贝下架，影响

상품 브랜드

品牌: * BBG

如果没有您需要的品牌，您可以点此申请添加品牌

尿片规格型号: * XL80片 S M L XL XXL 其他 NB

适用性别: * L34片 通用

尿不湿品类: * 娃娃裤（拉拉裤）

适合体重: * 7-11kg

产地: 韩国

상품 유형에 따라 입력양식이 다름

상품의 제목, 특징, 가격 등을 입력한다.

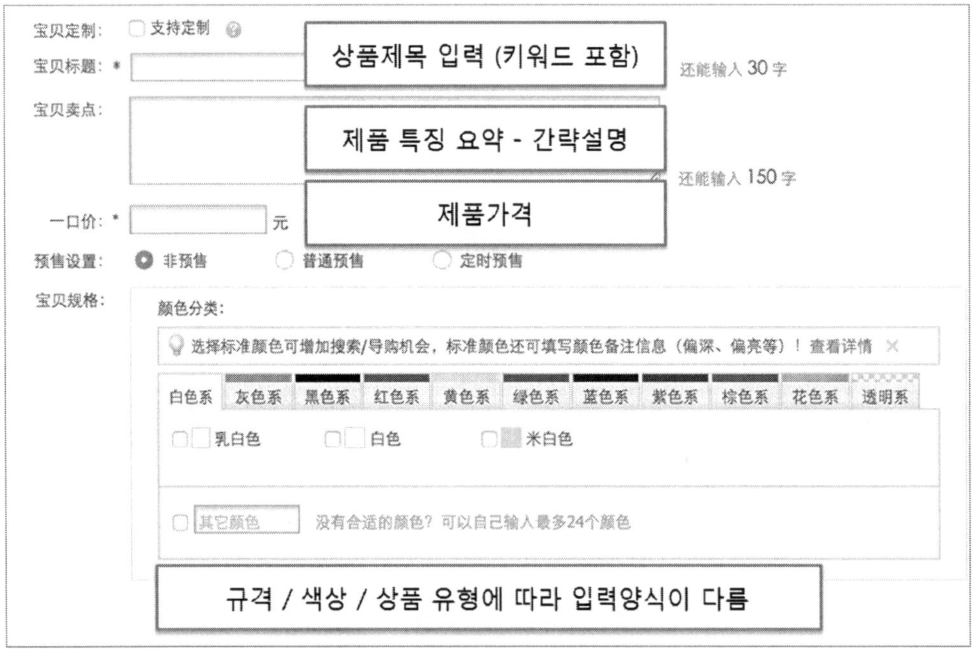

宝贝定制: 支持定制

宝贝标题: *

상품제목 입력 (키워드 포함)

还能输入 30 字

宝贝卖点:

제품 특징 요약 - 간략설명

还能输入 150 字

一口价: * 元

제품가격

预售设置: 非预售 普通预售 定时预售

宝贝规格:

颜色分类:

选择标准颜色可增加搜索/导购机会，标准颜色还可填写颜色备注信息（偏深、偏亮等）！ 查看详情

白色系 灰色系 黑色系 红色系 黄色系 绿色系 蓝色系 紫色系 棕色系 花色系 透明系

乳白色 白色 米白色

其它颜色 没有合适的颜色? 可以自己输入最多24个颜色

규격 / 색상 / 상품 유형에 따라 입력양식이 다름

상품의 수량, 이미지를 등록한다.

宝贝数量: * 1 件

상품수량

采购地: * 国内 海外及港澳台

商家编码:

이미지등록 (컴퓨터에서 등록 / 이미지공간에서 선택)

商品条形码: 你家宝贝没条形码? 那怎么抢扫码新流量!

宝贝图片: *

本地上传 图片空间 视频中心 图片空间超大容量全免费!

选择本地图片: 文件上传

사진등록 최대 5장

提示: 1. 本地上传图片大小不能超过3M。

2. 本类目下您最多可以上传 5 张图片。

3. 背景图是淘宝提供的范例，请尽量参照范例选图，发布后范例不会显示。

4. 根据国家相关法律对食品标签的要求，请在第一张多图处上传一张真实的食品标签图。 查看详情

700*700 以上的图片可以在宝贝详情页主图提供图片放大功能

主图视频 视频长度9秒内

* 主图 请上传

请上传 食品标签图

상품상세 설명을 등록한다.

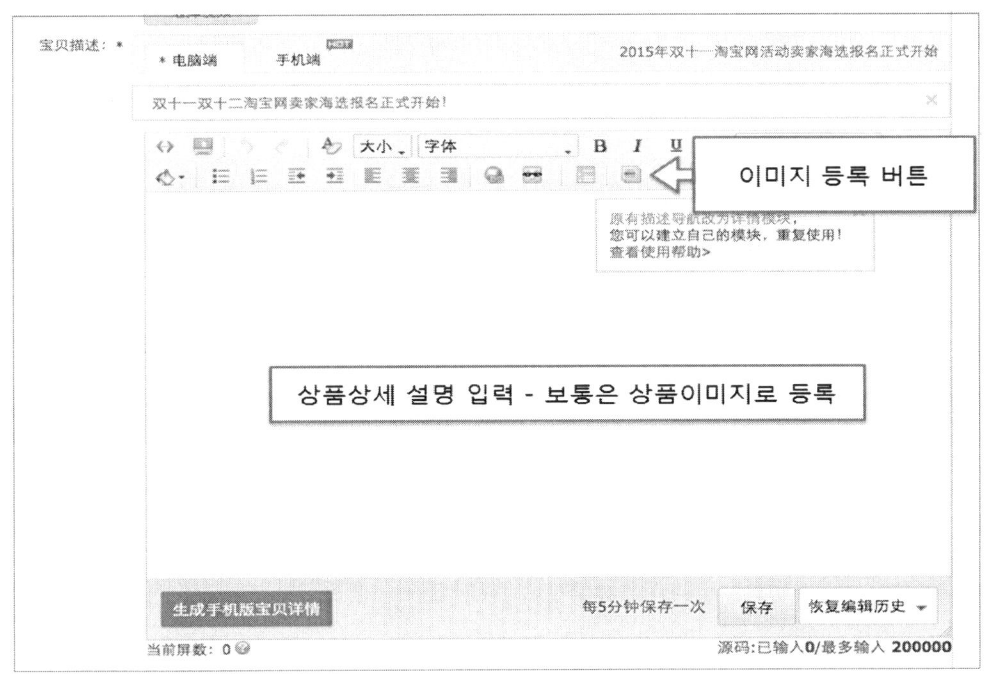

2 이베이

1) 이베이 회원가입 준비

이베이(eBay)에서는 이메일과 아이디를 중요하게 여긴다, 특히 아이디의 경우 계정을 대표하는 브랜드처럼 여기기 때문에, 아이디를 만들 때 홈페이지에서 도메인을 만들듯이 신중하게 만들어야 한다. 더욱이 이베이에서는 북미를 중심의 고객에게 판매를 하기 때문에, 그들이 이해할 수 있는 아이디를 만들어야 하며, 비속어나 슬랭은 사용하지 않는 것이 좋다. 다시 한 번 정리하면, 발음하기도 쉽고 기억하기 쉬운 이름으로 아이디를 만드는 것을 추천한다.

국내 메일 서비스는 해외에서 발송되는 메일을 스팸으로 분류하거나 차단하는 경우가 있으므로, 해외메일을 사용하는 것이 좋으나, 최근에는 이러한 국내메일서버에서 해외메일을 받는데 문제가 없어지고 있으니 참고하여야 한다. 이메일의 @ 앞부분의 아이디와 이베이 아이디는 동일할 수 없다는 사실은 알고 있어야 한다.

2) 이베이 회원가입

이름은 향후 계정인증을 위해 실명으로 가입을 해야 한다. 영문으로 인증이 가능한 여권과 동일하게 이름을 입력하는 것이 좋다. 오타가 발생하지 않도록 주의하도록 한다.

여권 상의 본명을 입력
이메일 주소 입력은 재확인 입력이 없으므로 오타 확인 중요

회원가입이 완료되었다는 안내 메시지가 표시된다.

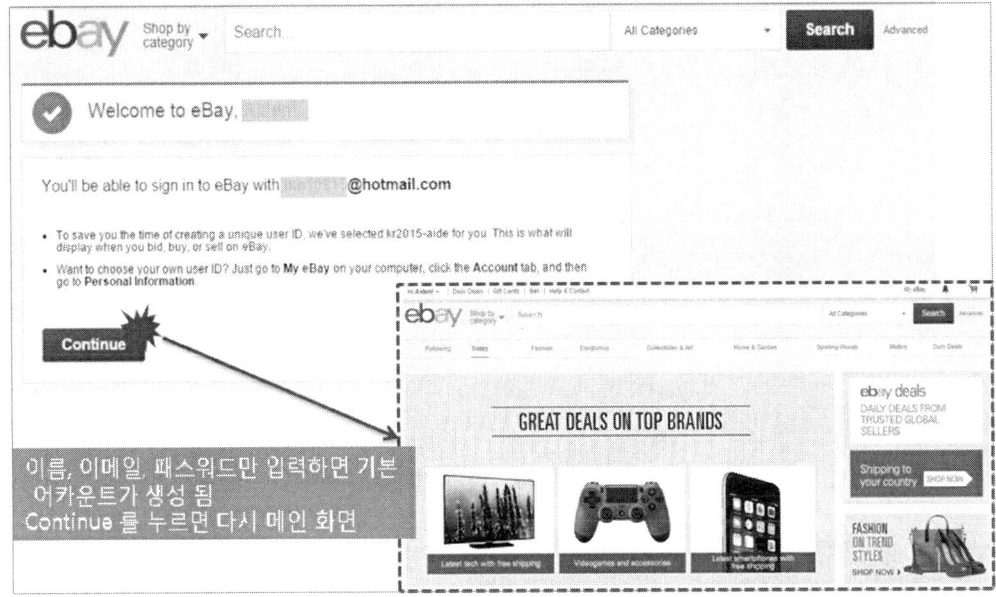

기본정보를 이외 판매자로 활동을 하기 위한 세부 정보를 입력하기 위해 Account Setting 메뉴로 들어간다.

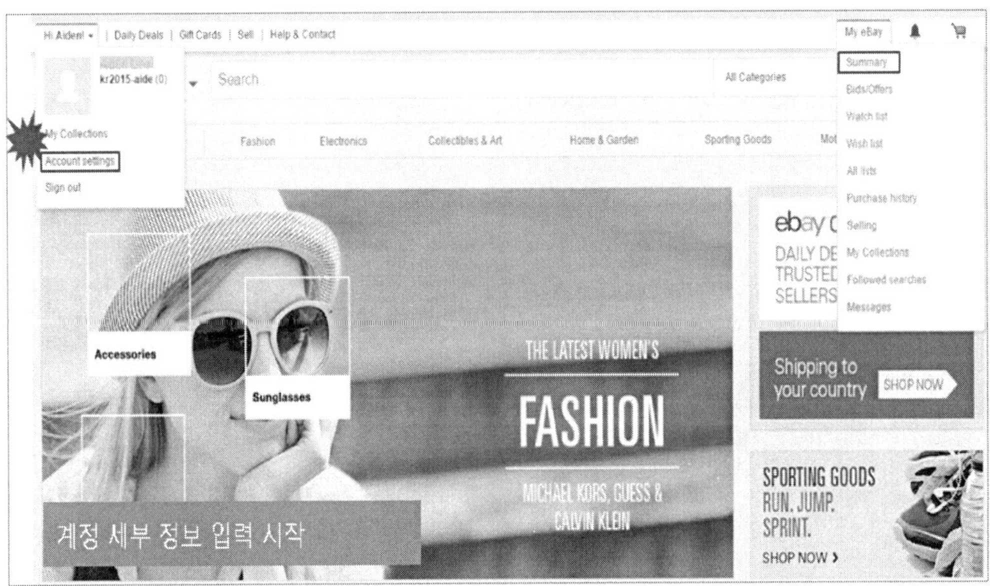

앞서 생각해두었던, 아이디(계정명)을 입력한다. 다시 한 번 강조하지만, 아이디는 다른 구매자가 나를 기억하는 브랜드명과 같으므로, 신중하게 선택해야 한다.

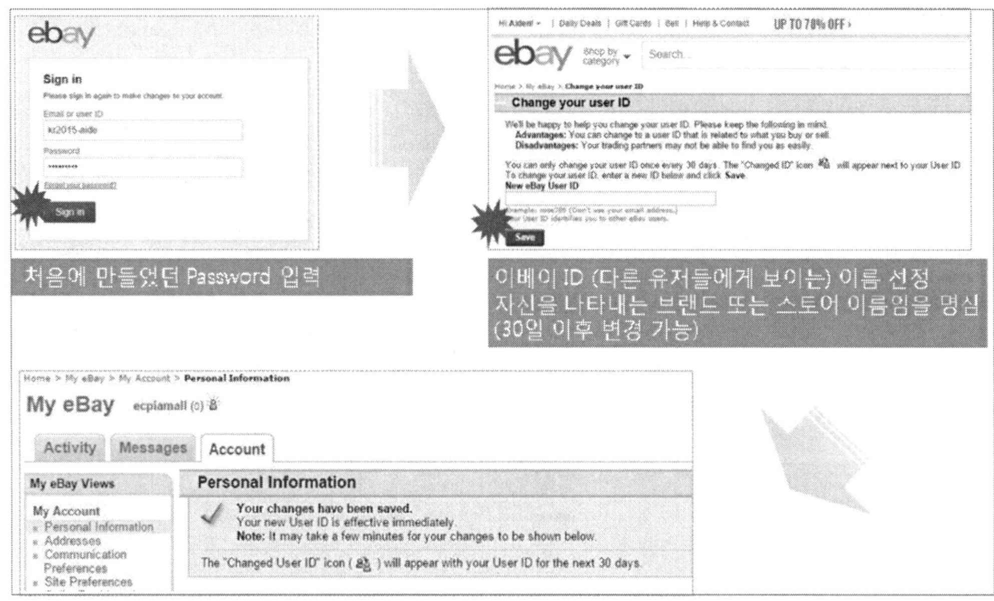

상세 정보를 입력한다. 주소와 전화번호를 입력하는데, 영문주소는 네이버에서 "강동구 성내동 영문주소"와 같은 방식으로 검색을 하면, 표준화된 영문주소를 사용할 수 있다.

ebay Update your information

In order to proceed, please provide additional details about yourself. This will be saved as the main contact and can change this at any time in My eBay.

Country / Region: Korea, South

Address: 1st fl., Shinho Villart, 143-40,

Kangdong-daero, Kangdong-gu,

City: Seoul

State / Province / Region: Seoul

Postal Code: 134030

Phone number: +82 1052421234

Continue

State/Province/Region 에 경기, 충청, 경상, 전남 등 도를 입력하며, 서울인 경우 Seoul 을 한번 입력

우편번호는 '-'를 빼고 입력

전화번호는 010-1234-5678 에서 맨 앞의 0 하나를 제외하고 +82를 앞에 붙여 입력

3) 페이팔 계정생성

판매자가 되기 위해서는 수수료 등을 납부하고, 판매 대금을 받는 방법이 필요하다. 해외 거주자인 한국인은 페이팔을 통해서 신용카드를 등록하고, 사용하는 것이 가장 편리한 방법이다. www.paypal.com으로 접속하여, Sign Up 클릭한다.

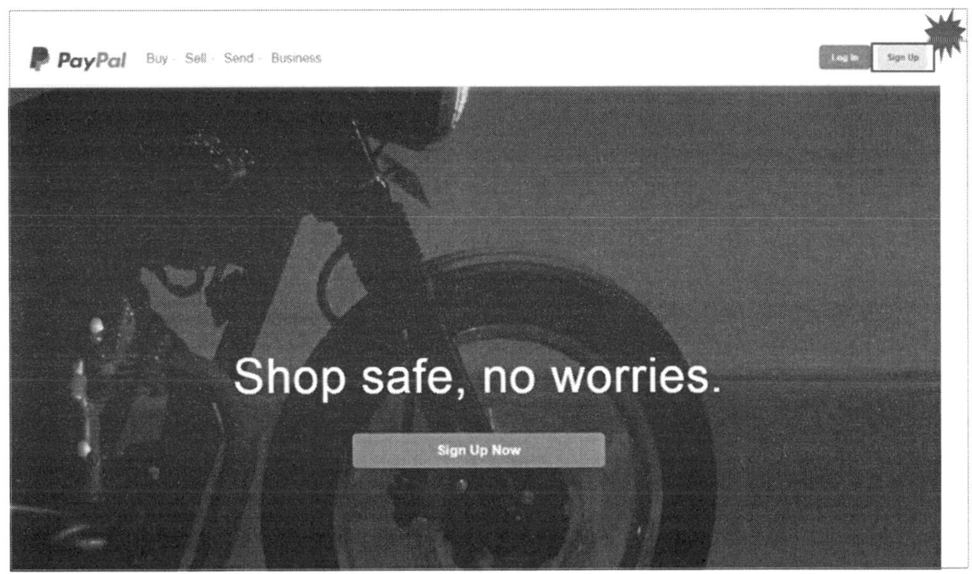

회원가입을 위해, 왼쪽 화면의 구매자 화면에서 시작한다.

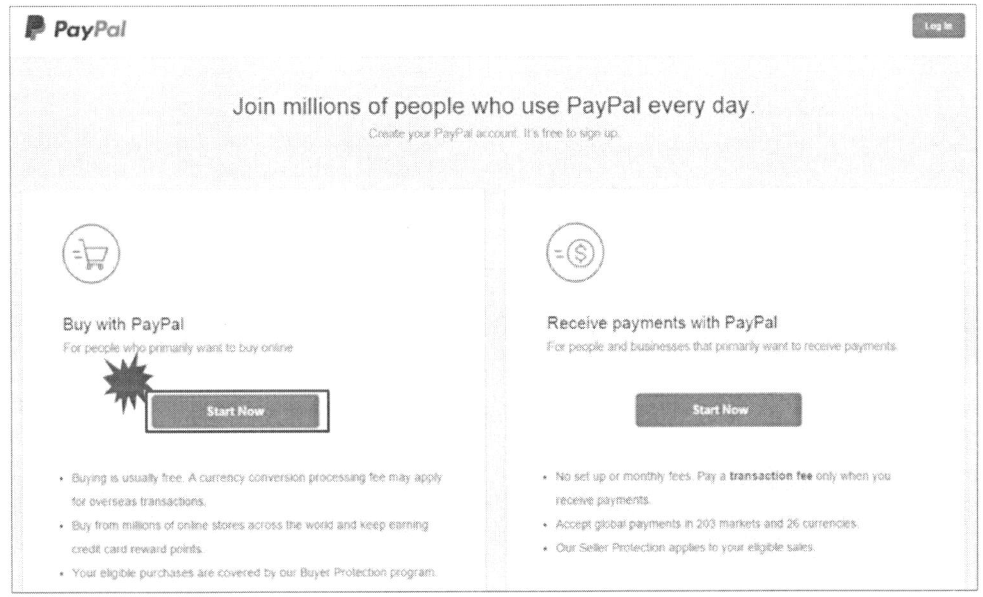

회원가입에 필요한 기본정보를 입력한다.(신용카드 등록은 뒤에서 설명)

페이팔 ID는 일반적으로 이베이에 등록했던 이메일을 사용한다.

Middle name 은 넣지 않아도 된다.

주소는 이베이에 입력한 것과 같은 형식으로 입력한다.

페이팔에서 발송한 인증메일을 클릭한다.

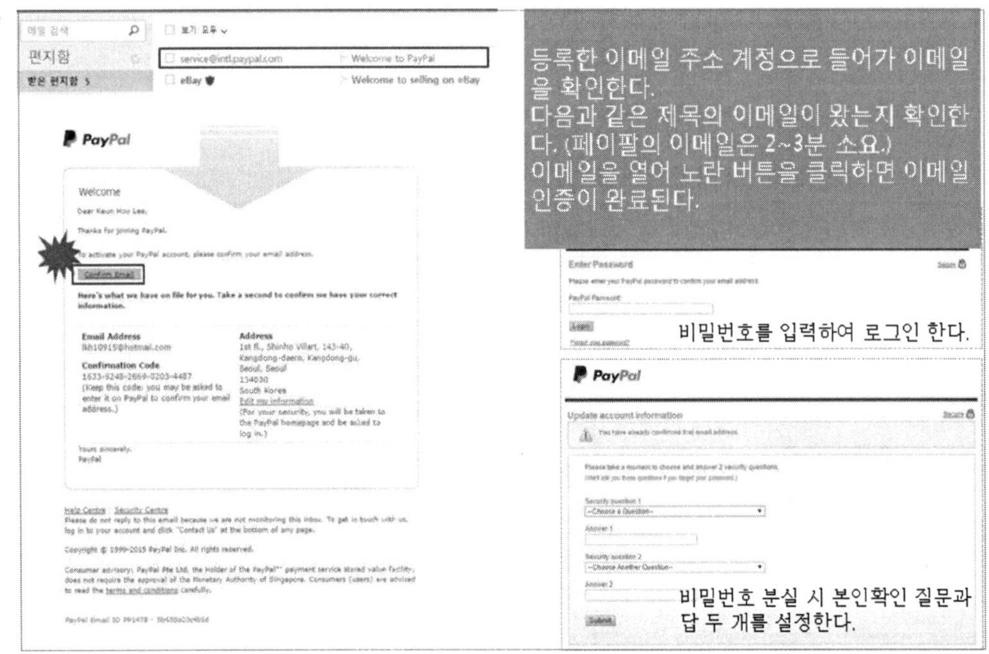

페이팔과 연동할 신용카드를 등록하기 위해 Get Started를 클릭한다.

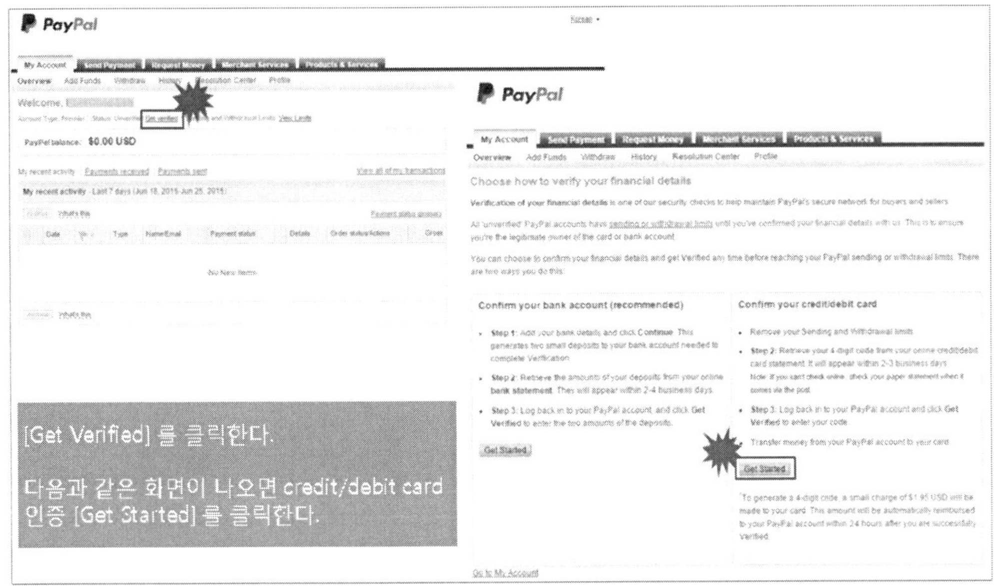

신용카드 정보를 입력하면, 결제가 되고, 문자 승인내역 내 숫자 4자리가 컨펌 코드이다. (문자 신청이 안된 경우, 카드 거래내역에서 확인 가능하다.)

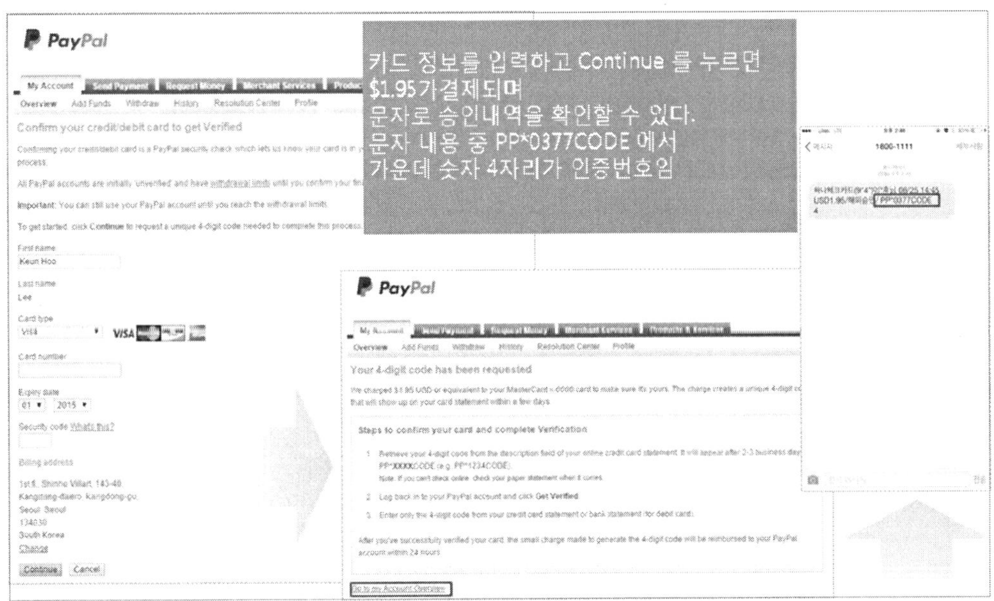

메인화면으로 돌아와서, 다시 Get Verified를 클릭하면, 카드인증번호를 입력할 수 있다.

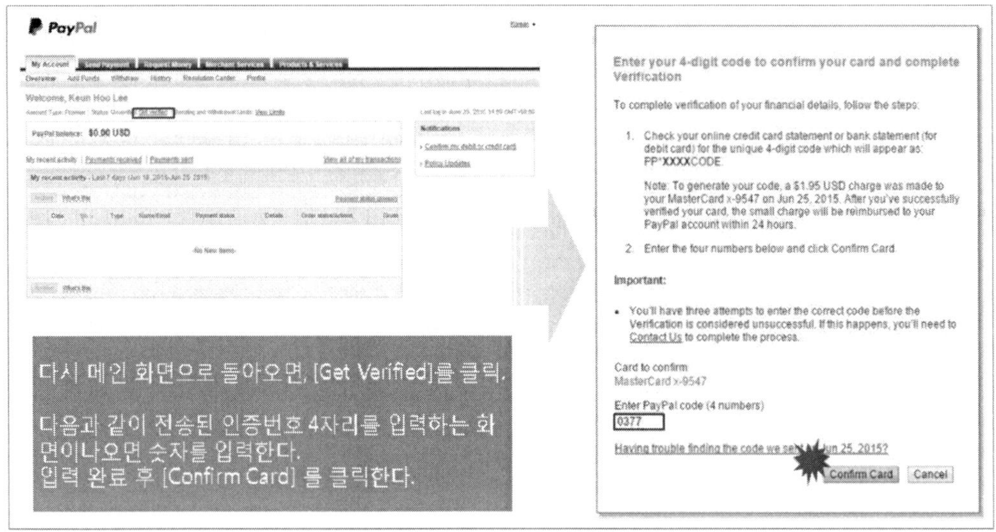

신용카드 인증이 완료되었다고 표시되며, 계정의 Balance에 1.95USD가 입금되어 있음을 확인할 수 있다.

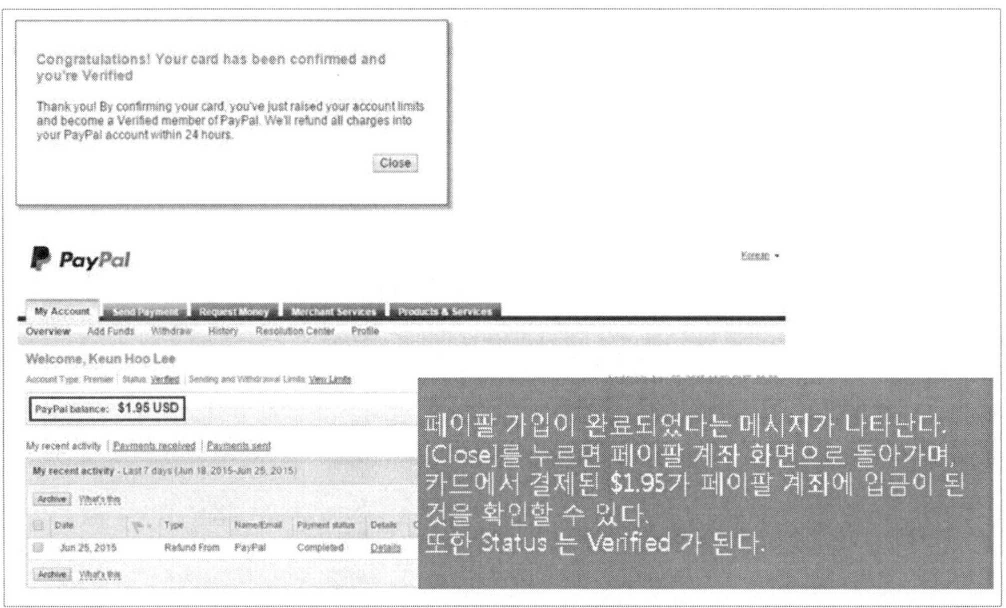

이베이에서 판매된 대금이 페이팔로 들어오고, 페이팔에서 있는 달러를 한국통장으로 입금하기 위해 통장을 등록하여 페이팔과 연동한다. Add/Edit Bank Account 클릭한다.

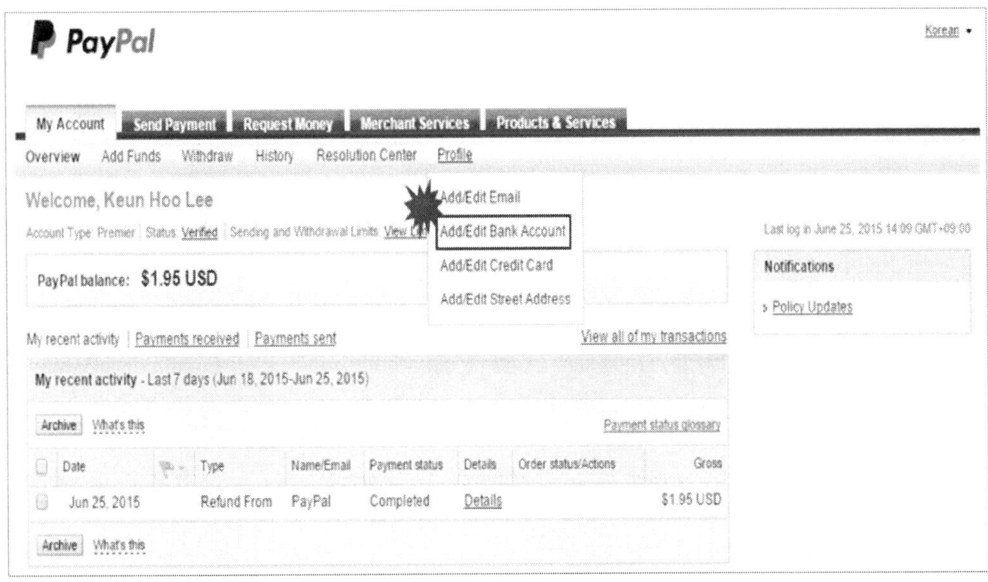

은행코드를 조회하여 입력하고, 통장번호와 주민등록번호를 입력한다.

4) 이베이와 페이팔 연동

이베이로 돌아와서, My eBay를 클릭한다.

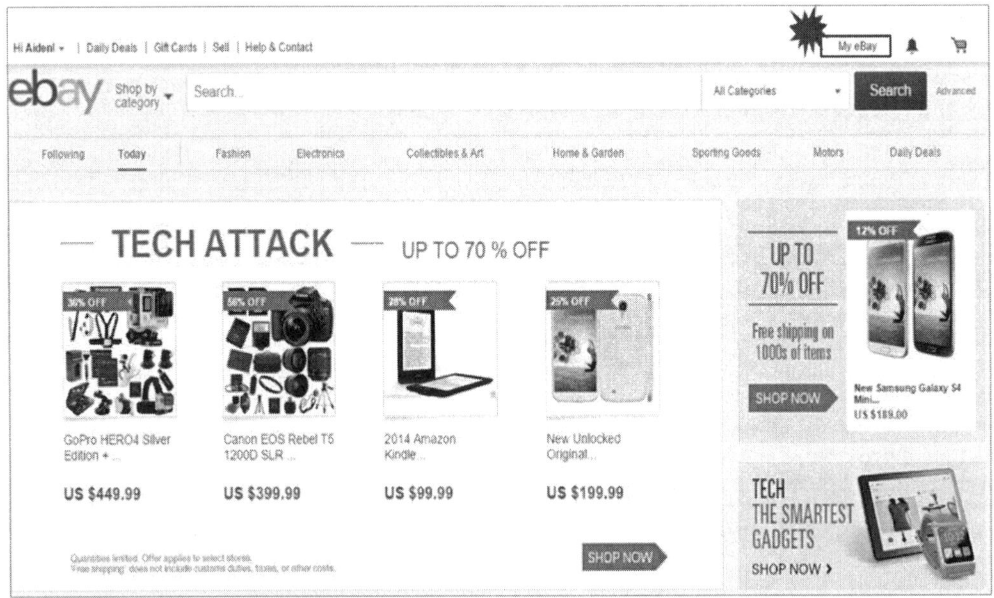

Paypal Account 메뉴에서 Link my Papal Account를 클릭하여, 페이팔로 로그인을 하여, 연동을 한다.

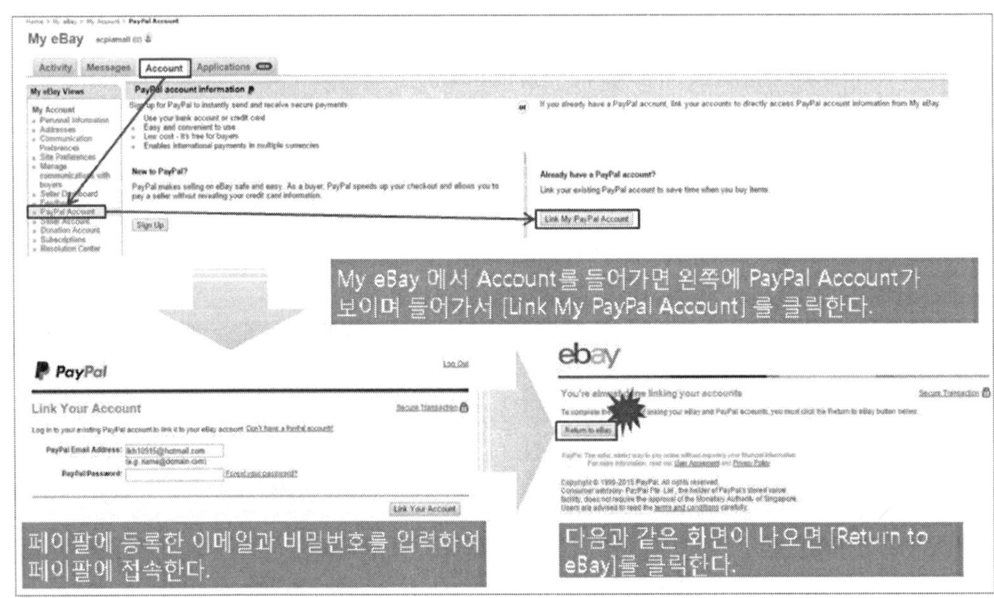

이베이에서 셀러로 활동을 하기 위해서는 각종 수수료가 발생을 한다. 그런데, 주기적으로 발생하는 수수료를 매달 자동으로 지급되도록 설정을 해야 판매가 지속될 수 있다. 수수료가 지급되지 않으면, 판매가 중단되기 때문이다. Automatic Paypal Payments 클릭

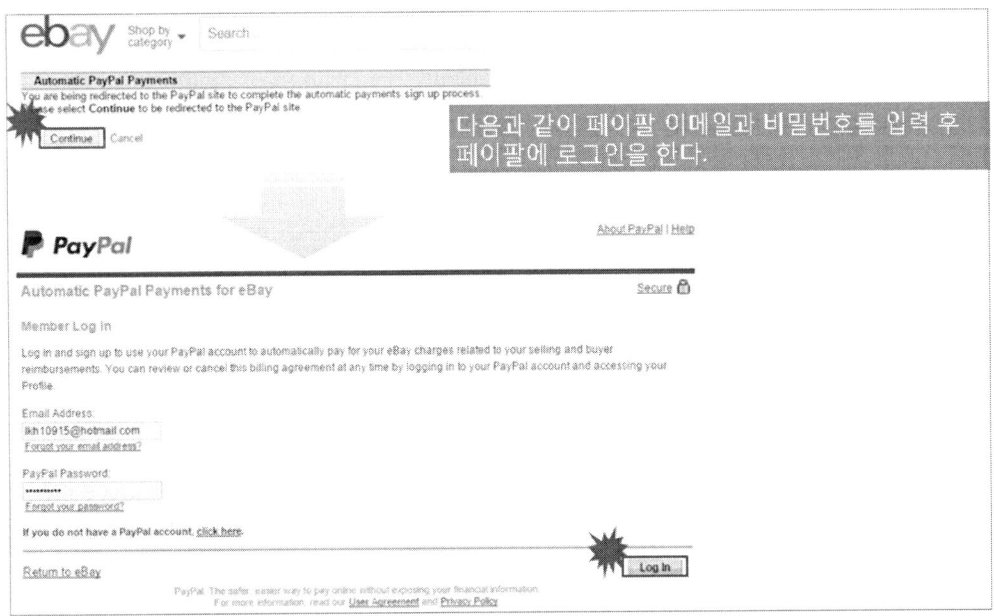

자동결제는 Paypal, 백업결제는 Credit Card 등록되어 있으면, 설정이 완료되었다.

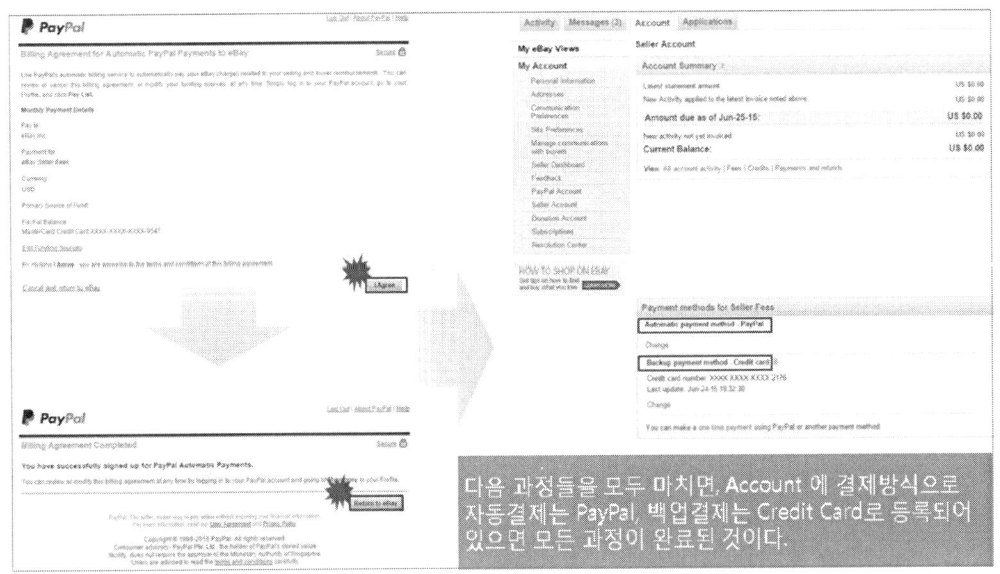

5) 이베이에서 판매 방식

이베이는 여타 플랫폼과 다른 판매방식이 있는데, 판매제품의 등록갯수를 실적에 따라 점차적으로 Limit을 늘려주는 방식이다. 이 판매가능 제품수의 제한은 한 달에 한 번씩 증가시킬 수 있으며, Limit의 상품 수 또는 판매금액의 80%를 사용한 경우 자동으로 증가시켜주기도 한다.

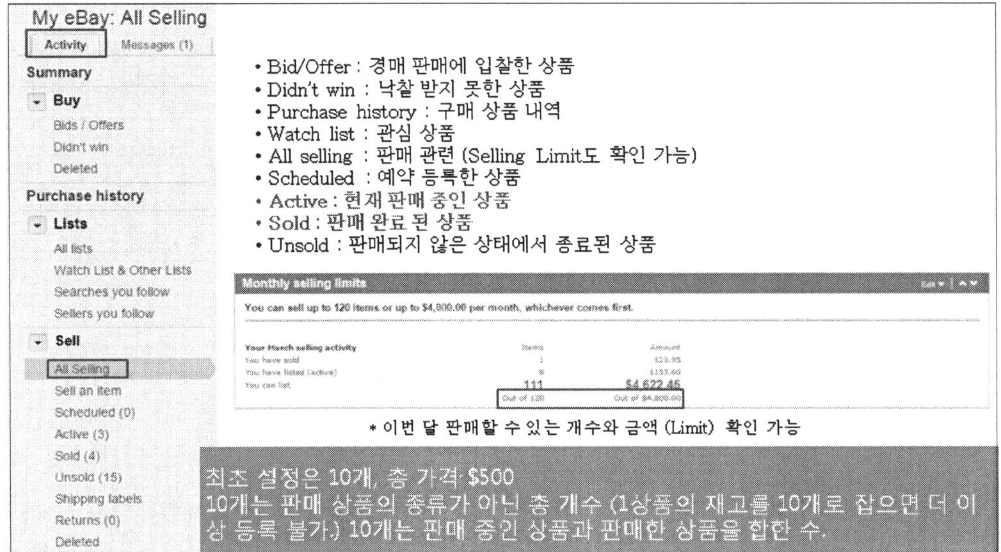

6) 이베이 상품등록

상품의 제목과, 카테고리를 선택한다.

상품의 제목은 최대 80자를 충분히 활용한다. 사진은 12장까지 등록가능 하고, 하얀색 배경에 제품사진을 선호하며, 사진을 꾸미거나 텍스트를 넣어서는 안된다.

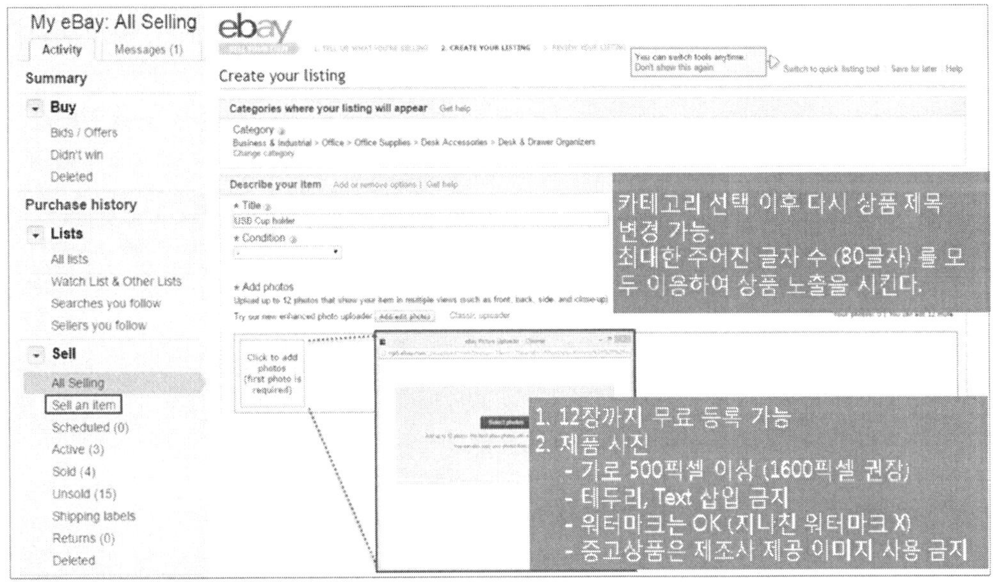

상품상세 설명에는 텍스트로 설명하는 것을 추천하나, 필요에 따라서 외부에 이미지를 업로드 하여 불러오는 방식을 사용할 수 있다.

이베이의 경매방식은 다른 곳에서는 보기 힘든 판매 방식으로, 판매이력이 부족한 초기판매자의 경우 경매를 이용하여 판매 실적을 늘릴 수 있다.

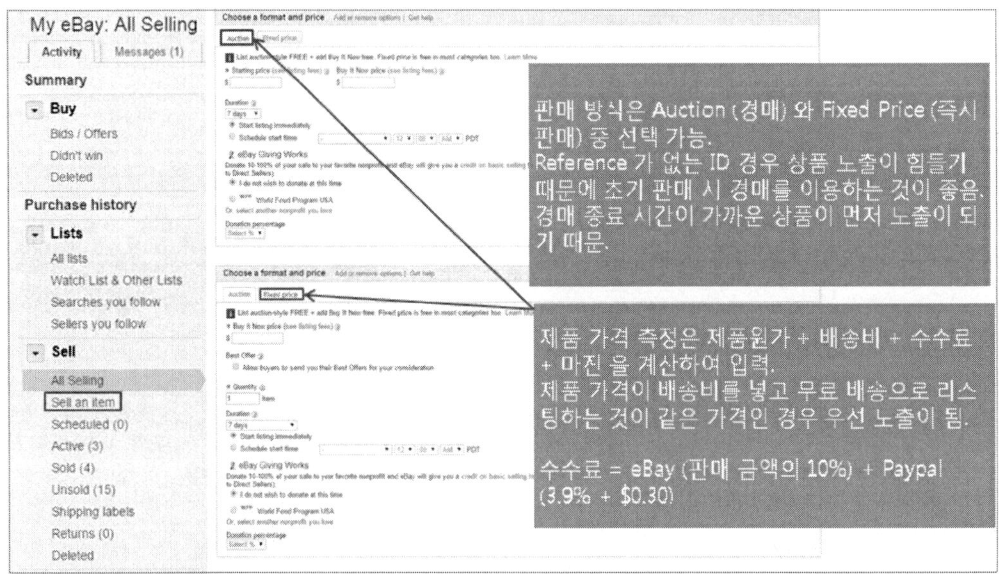

배송 종류는 판매제품의 종류에 따라 적합한 가격대의 배송을 사용하여야 한다.

고려할 요소로, 장거리 배송이기 때문에 배송비로 인해 판매할 수 있는 제품이 제한적이다.

3 아마존

1) 아마존 회원가입 준비

아마존은 빠른 배송을 위해 FBA라는 물류방식이 있다. 개인배송을 할 경우에는 이베이와 동일한 방식으로 판매를 하지만, FBA를 이용하게 되면 제품이 미국 물류창고에 입고하고 주문이 발생하면, 창고에서 직접 발송을 하여 배송이 빨라지고, 재고관리와 고객과의 클레임 처리를 FBA에서 처리하기 때문에 판매경쟁력이 생긴다.

아마존에서는 판매대금을 받기 위해 미국계좌가 있어야 하나, 한국인은 페이오니아라는 가상계좌서비스를 통해 미국계좌 대신 사용할 수 있다. 이에 대해서는 계정 생성설명에서 다시 설명한다.

아마존에서 판매되는 모든 상품은 바코드가 등록되어 있어야 한다. 한국에서 바코드를 발급하기 위해서는 상공회의소 유통물류진흥원(www.gs1kr.org)에 전화해서 가입이 가능하다(입회비는 20만 원, 3년간 바코드 생성비 30만 원).

2) 아마존 회원가입 하기

구매자 회원과 판매자 회원으로 가입하는 링크가 다르다. 판매자로 가입해 보자.

개인셀러로 가입한다. 프로셀러는 판매량이 월 40개 정도 될 때 고민해도 늦지 않는다.

서비스 정책에 동의한 후에, 신용카드 정보를 입력한다.

amazon.com

Click here to create a new account using a different e-mail address. Click here

If you do not have this information handy right now, please collect it and then return to the product detail page. After you re-enter your item information, you will return to this page to begin your registration.

Seller Agreement

Legal Name: Keun Hoo Lee

Amazon Services Business Solutions Agreement: I have read and accepted the terms and conditions of the Agreement

Continue

Privacy Notice

아마존 서비스 정책 동의 체크를 한 후,
다음 화면에서 신용카드 정보를 넣는다.

Add Credit Card Information

We will ask your bank to authorize use of your credit card to verify your identity and validate your credit card.

Credit card number:

Expiration date: 06 / 2015

Cardholder name:

Address:

Address line 2:

City/Town:

State/Province/Region:

Postal/ZIP code:

Country: United States

Phone number: Add extension

Go to setup summary

Skip Step | Save & Continue

아이디와 전화번호를 입력한다. 해외 서비스에 전화번호를 입력할 때는, 국가번호 82와 지역번호나 휴대전화 번호의 제일 앞에 있는 0은 제외하고 입력해야 한다.

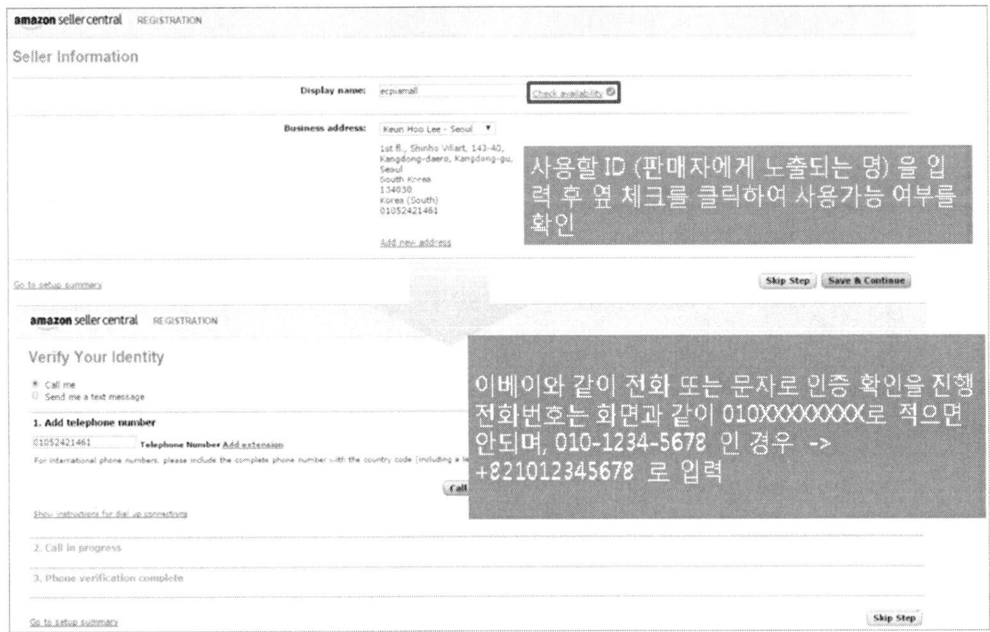

휴대전화 문자로 발송된 PIN번호를 입력한다.

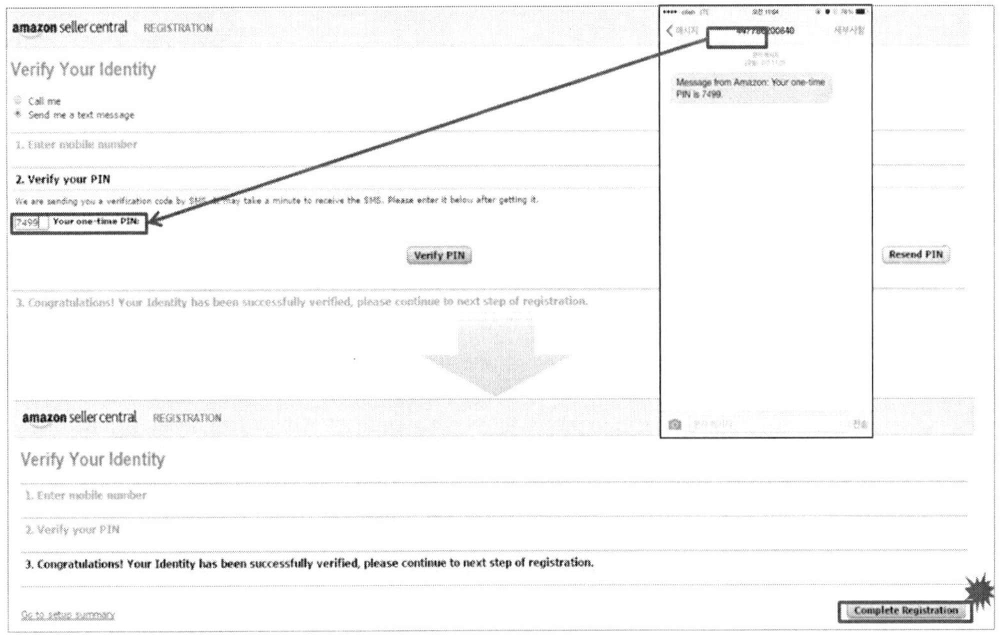

3) 페이오니어 회원가입 하기

www.payoneer.com에 방문하여 가상계좌를 하기 위해 Login창에 있는 sign up을 클릭한다.

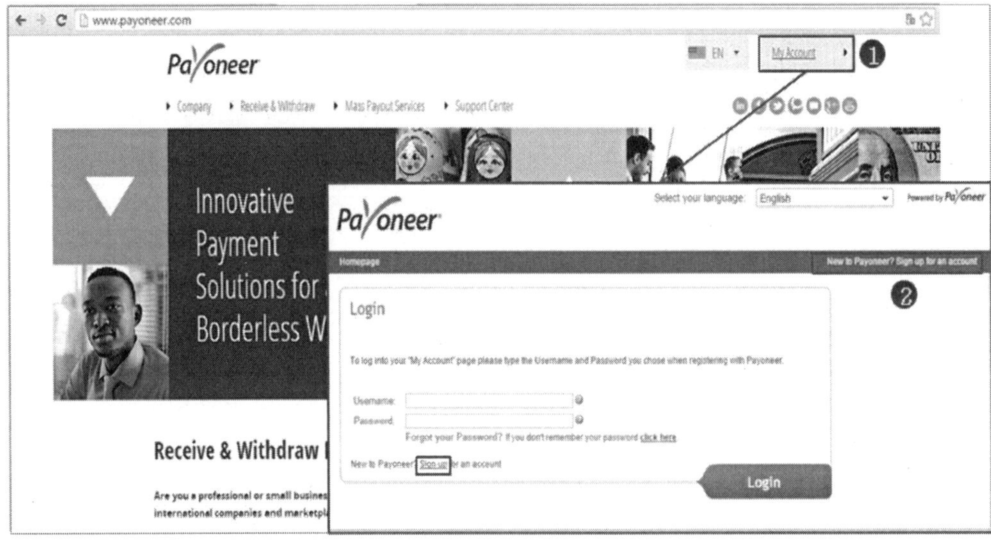

Local Bank Account를 선택하고 국가는 Korea, South를 선택한다.

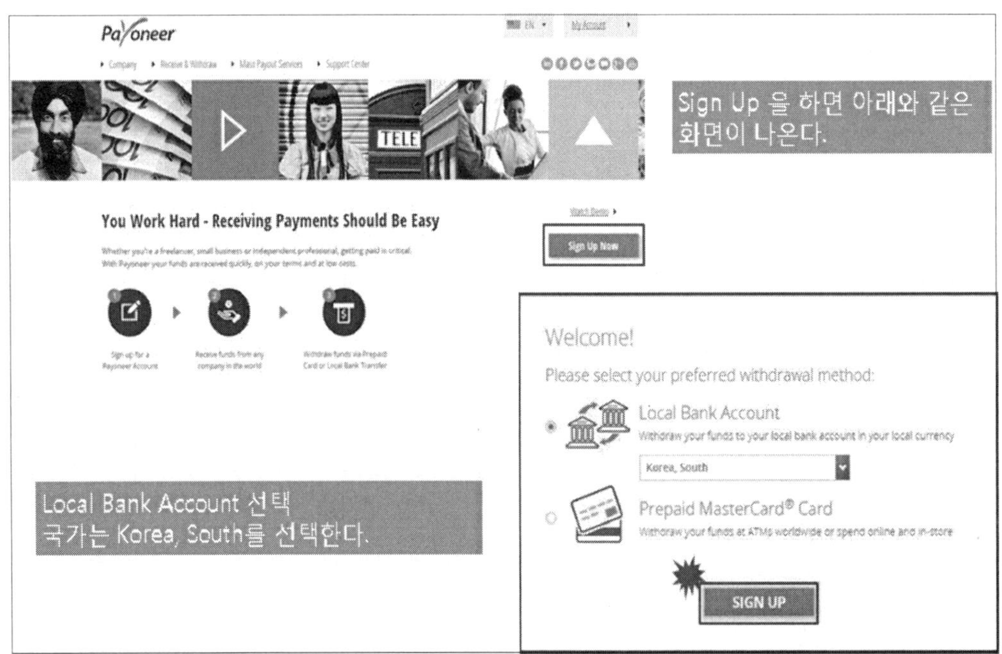

이름(여권기준), 이메일, 생년월일, 주소, 전화번호를 입력한다. 틀리지 않도록 신중하게 입력해야 한다.

보안질문에 대한 답변과 신분증을 선택하여 입력해야 하는데, 영문이 있는 여권을 사용한다.

등록이 완료되면, 메인화면에서 계정상태를 확인할 수 있으며 등록한 이메일로 확인 메일이 발송된다.

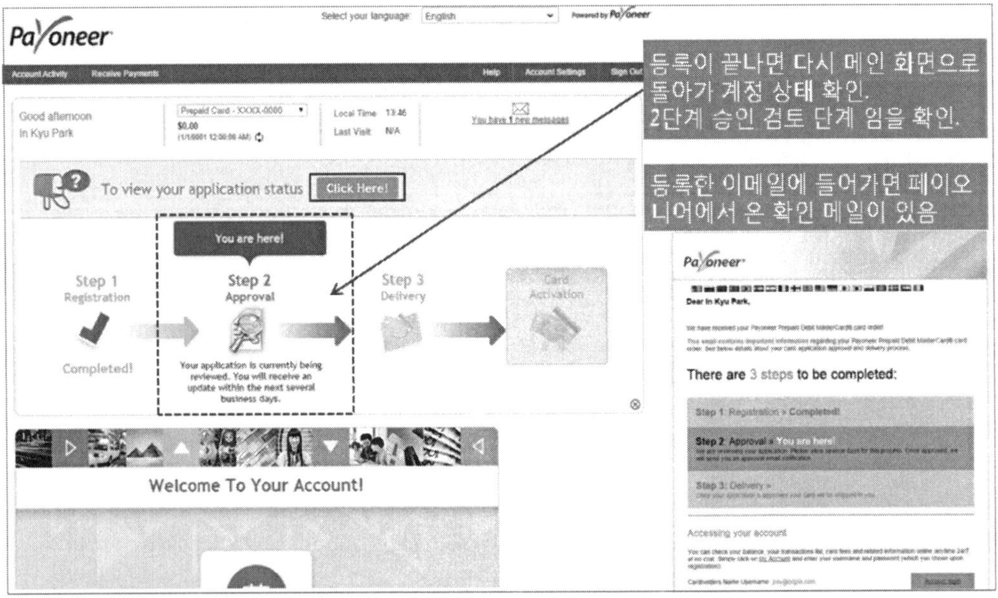

메일에서 Account Login을 클릭하면 로그인 화면으로 이동한다.

정상적으로 승인이 되면 몇 시간에서 3일 후에 카드 승인이 되었다는 메일을 받게 된다.

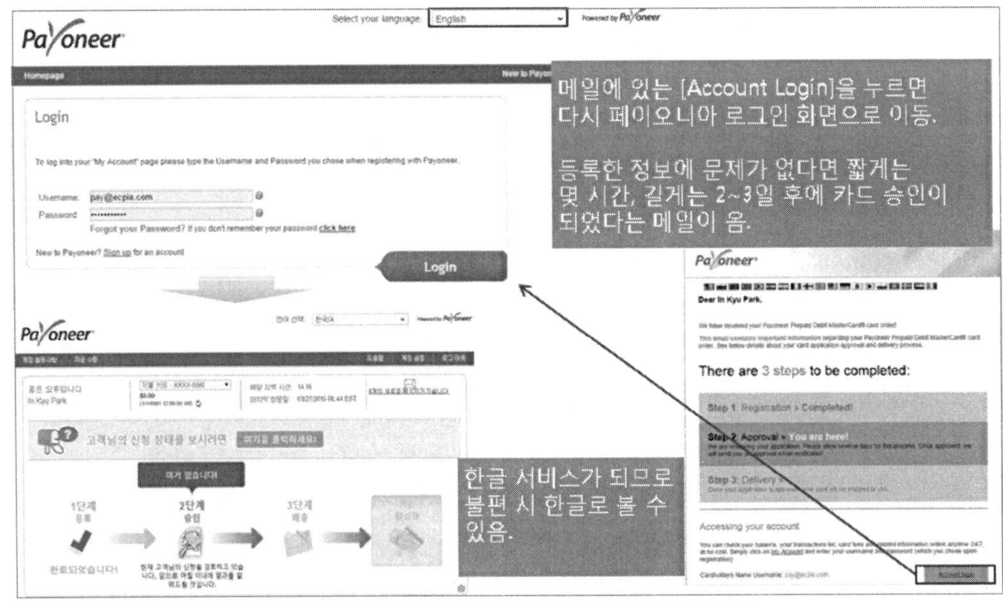

페이오니어에 가입후 2~3주 후에 카드를 발급받는다. 페이오니어에서 Activation을 하고 나서, 라우팅번호와 계정번호를 확인하여 아마존에 등록을 해야 한다.

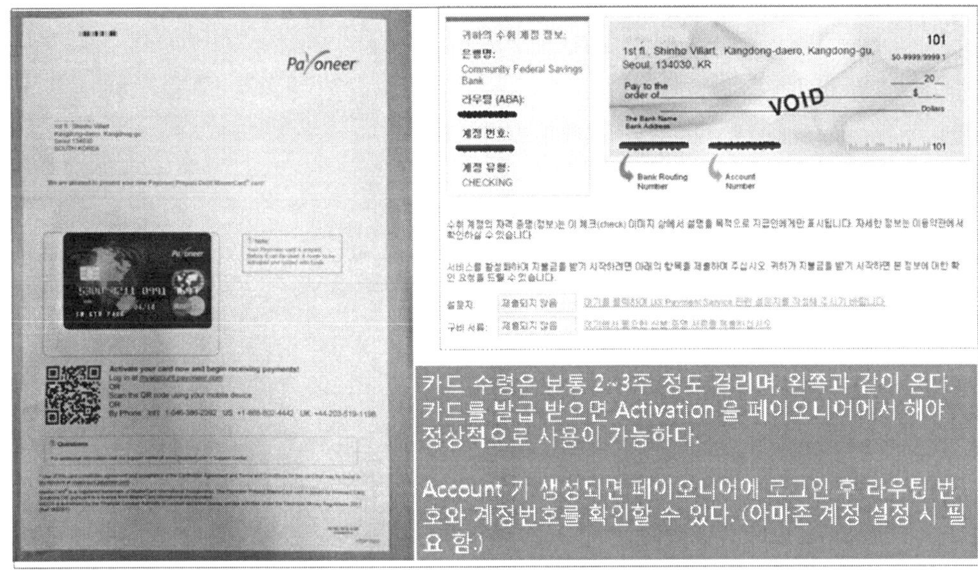

▌페이오니어 수수료 정책▐

1. 카드 계정
   - 연간 계정 관리 $29.95(사용 가능한 잔액에서)
   - 카드 교체 $12.95(교체카드 발행 시)

2. ATM/ 현금 인출 또는 거래
   - ATM 인출 또는 POS/은행 $3.15(거래당)
   - ATM 거절 수수료 $1.00(ATM 요청이 거절될 시)
   - ATM 잔액 조회 수수료 $1.00(ATM에서 잔액 조회 시)

   *주의: 간혹 잔액이 없는 상태에서 ATM에 카드를 넣을 시 반환이 안되는 경우가 있음. 이 경우 카드 재발급 신청을 하여야 하며 교체 비용 $12.95가 발생하므로 주의.

3. 계좌 인출 또는 이체
   - Payoneer 내 외환 계좌를 등록하면 이체가 가능하며, 이체 한도액은 특별히 없지만 보안상 1회 만 불, 한 달에 5만 불로 설정이 되어 있다. 하지만 페이오니어에 요청하면 언제든지 한도 조정이 가능
   - 계좌 이체 시 이체 금액의 3%가 수수료로 지불된다.
   - ATM으로 인출 시 ATM별 1회 인출 한도만 있을 뿐 제한은 없다.

   1회 인출 시 위 ATM 수수료 $3.15과 인출 금액의 4%가 수수료로 지불된다.

3) 아마존 회원 상세 정보 입력 하기

아마존에서 기본정보는 입력이 되었고, 페이오니어를 통해 계좌가 생겼으니, 세부 정보를 입력한다. Account Info 선택.

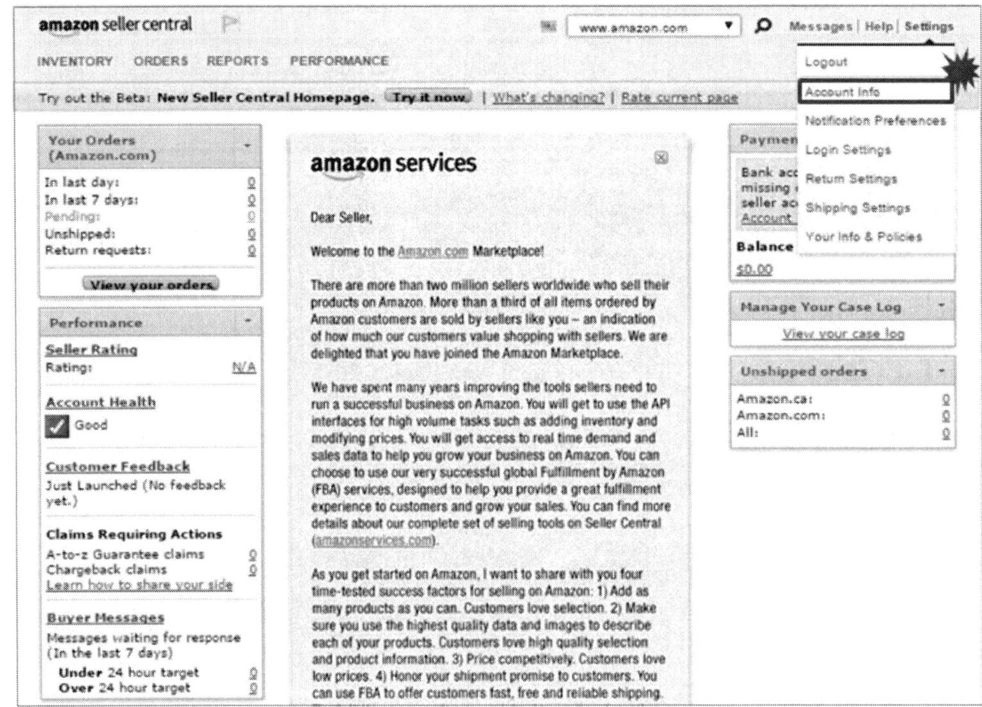

입금계좌 정보로는 페이오니어 가상계좌를 입력하고, 출금계좌 정보에는 신용카드를 등록하여 수수료 등이 출금되도록 설정한다.

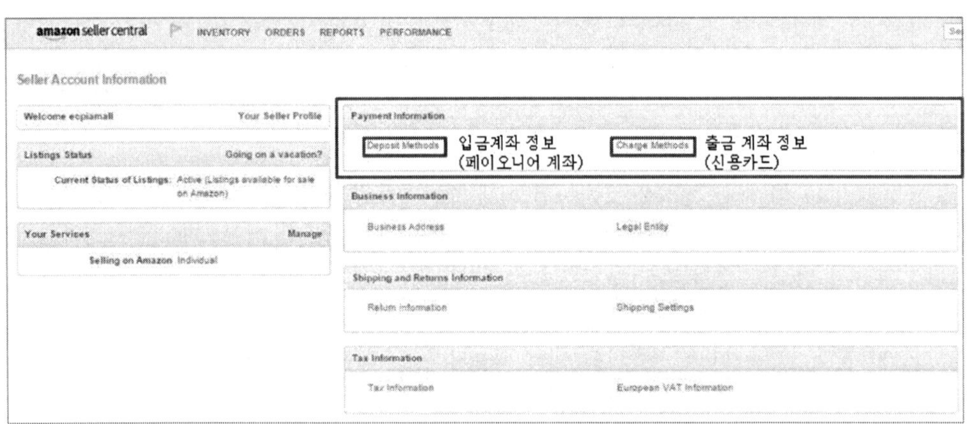

은행계좌에 페이오니어 계좌를 등록하는데, 은행 국가는 United States로 선택한다.

Deposit Method

Amazon.com Deposit Method

Bank Location

Bank Location Country: United States

은행 국가는 " United States "

Where You Will Be Paid (Default)

9-Digit Routing Number:

Bank Account Number:

Re-type your Bank Account Number:

Account Holder Name:

페이오니어에 로그인하여 라우팅 번호, 어카운트 번호, 명의자 이름을 확인하여 입력

Check Sample

페이오니어의 라우팅번호와 은행어카운트번호는 아래 화면을 참조하여 입력한다.(앞부분이 Routing Number, 뒷부분의 숫자가 Account Number이다.)

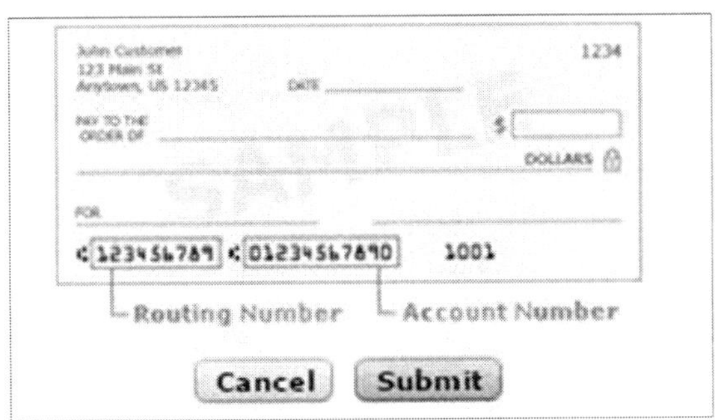

집 또는 회사주소를 입력한다.

amazon seller central INVENTORY ORDERS REPORTS PERFORMANCE

Seller Account Information

Welcome ecpiamall　Your Seller Profile

Listings Status　Going on a vacation?

Current Status of Listings: Active (Listings available for sale on Amazon)

Your Services　Manage

Selling on Amazon　Individual

Payment Information

Deposit Methods　Charge Methods

Business Information

Business Address 주소 및 연락처　Legal Entity ID 명 변경

Shipping and Returns Information

Return Information　Shipping Settings

Tax Information

Tax Information　European VAT Information

상세 주소를 입력하고, submit을 클릭한다.

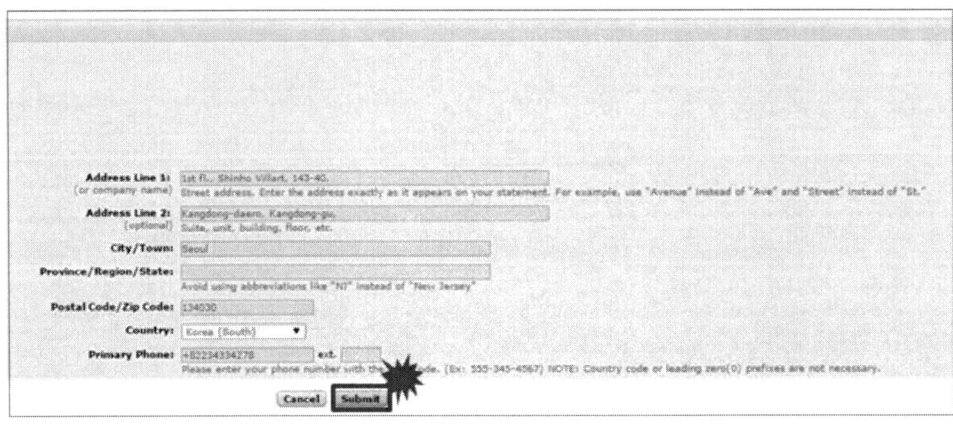

반송 주소를 입력한다.

반송 주소와 기본 주소가 동일할 경우 좌측 상단의 Use this address and phone number를 클릭하여 동일하게 적용한다.

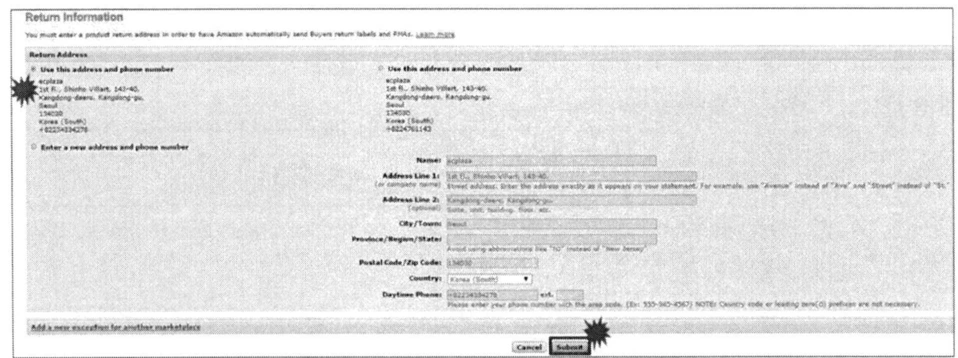

세금신고서를 제출해야 하는데, 미국 비거주자는 W-8 BEN을 제출한다. 세금신고를 하기 위해서 인터뷰를 진행하는데 아마존 홈페이지에서 서면으로 진행된다.

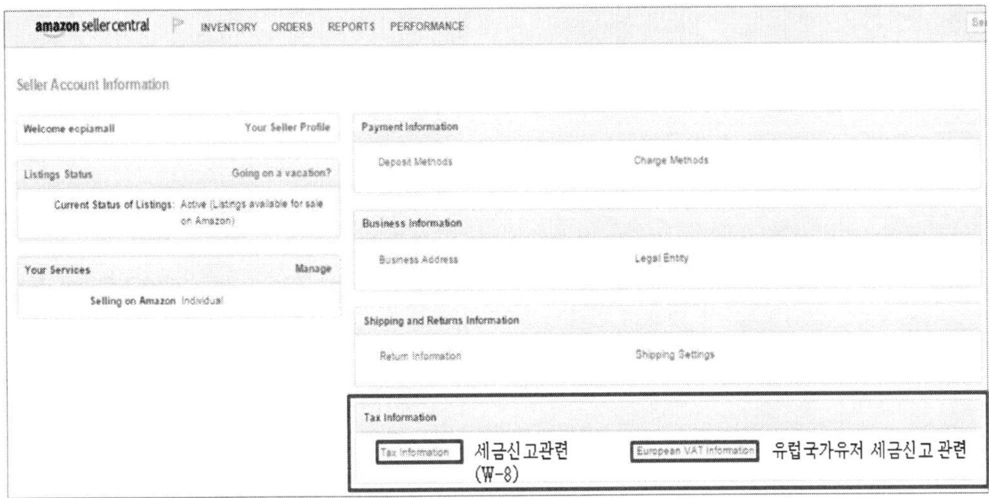

첫 번째 질문인 미국 시민 여부에 No라고 체크한다.

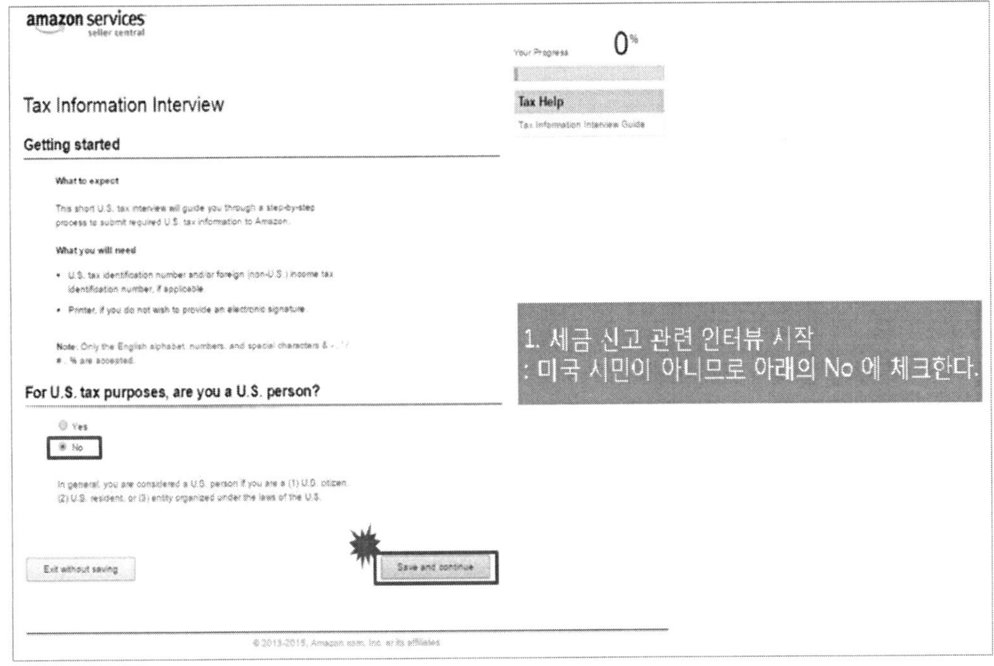

개인판매자인 경우이므로, 국가, 이름, 주소 등의 정보를 입력한다. 미국시민인 경우에만 U.S. person tests를 진행한다.

2. 개인판매자 경우 (Individual)
: 국가, 이름, 주소 정보를 입력하고 밑에
U.S. person tests는 미국 시민이 아니므로 패스.

기업판매자의 경우 국가, 기업명, 주소를 입력하고 Mailling address에는 위와 같음을 체크한다.

2. 기업판매자 경우 (Corporation)
: 국가, 기업명, 주소 정보를 입력하고 밑에
Mailing address는 위와 같음을 체크한다.

미국 비거주자를 선택하였기 때문에 W-8BEN Form이 보여진다.

amazon services seller central

Your Progress 50%

Tax Help

Tax Information Interview

Review

Certificate of Status of Beneficial Owner for United States Tax Withholding and Reporting (Entities)

Form W-8BEN-E

Part I Identification of Beneficial Owner

Part II Certification

Sign Here

Exit without saving

Previous

Save and continue

3. W-8 BEN Form
: 미국 비거주자로 선택하였으므로
W-8 BEN Form이 주어진다.

각 문항에 전자서명을 하고, 체크하여 제출한다. 전자서명이 아닌 인쇄서류 방식을 사용하려면 출력물을 우편물로 발송해야 하므로 시간이 많이 소요된다.

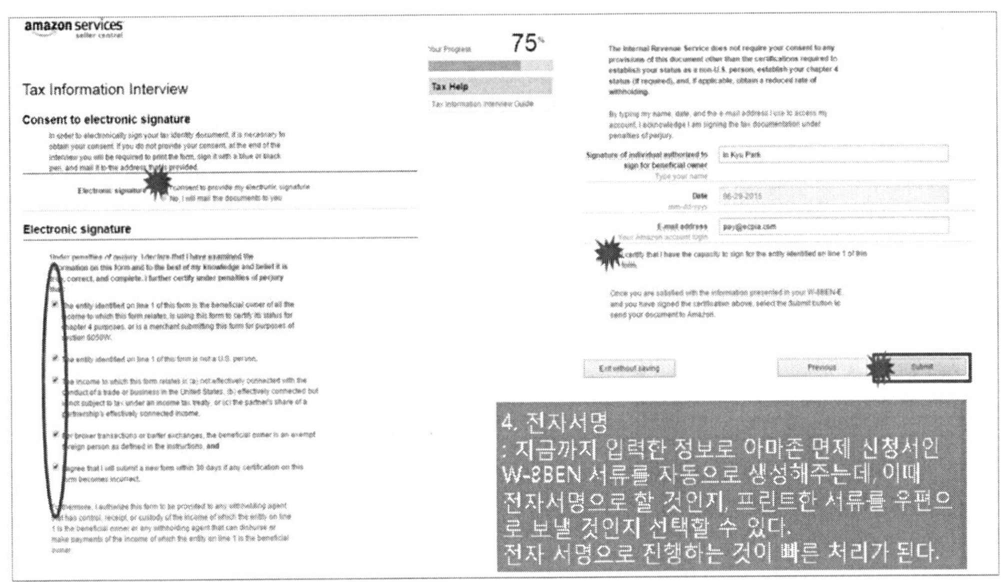

세금신고가 완성되어 서류가 자동으로 발급되었다.

amazon services seller central

Tax Information Interview

Your IRS Form W-8 has been received

Certificate of Status of Beneficial Owner for United States Tax Withholding and Reporting (Entities)

W-8BEN-E

5. W-8 BEN 완성
: 다음과 같이 W-8 BEN 서류가 자동 발급된 것을 확인할 수 있다.

이로써 아마존에서 회원가입이 완료되었으며, 상품등록과 관리가 가능하다.

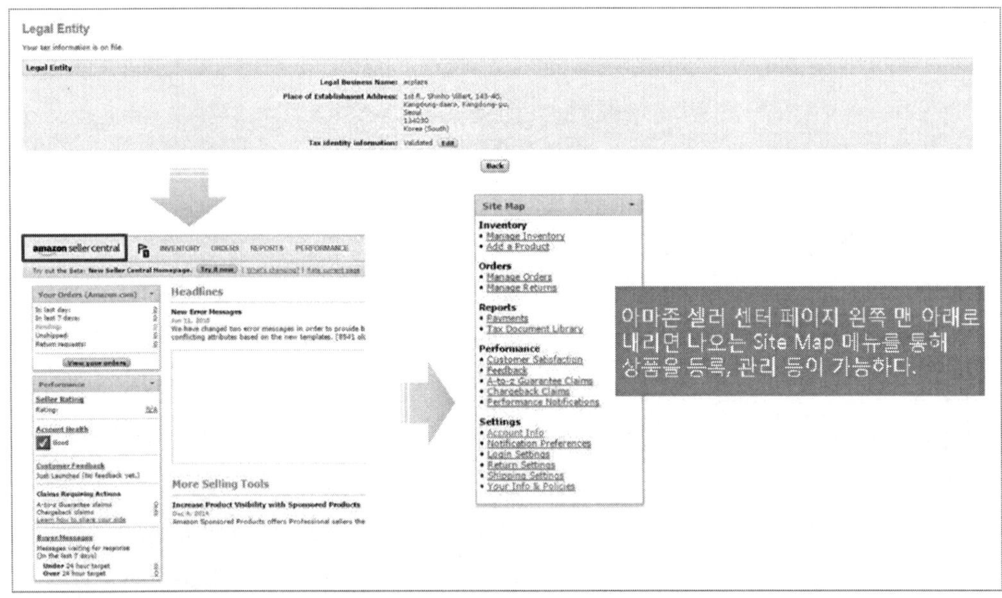

제 4 장 블록체인

1 블록체인 소개

가. 블록체인이란?

블록체인의 정의는 다양하다. IT적인 측면보다는 비즈니스 측면에서 살펴보면 Business 내역에 대한 정보를 기록하는 원장을 참여자들이 분산하여 저장하고, 신규Business가 발생하면 암호화된 새로운 블록이 체인처럼 연결되어 추가되는 과정들이 반복적으로 일어난다. 또한 분산하여 저장이 되므로 외부침입 등 해킹이 발생하더라도 모든 저장된 정보를 변경하기 어려우며, 새로운 Business가 발생하면 추가적으로 블록이 체인처럼 형성이 되므로, 현존하는 컴퓨팅 연산능력으로는 경제적으로 해킹 통해 얻는 수익이 없기 때문에 현실적으로 할 이유가 없다. 즉 참여자의 개인 장부에 원장의 내용이 기록되고 저장되는 분산처리이기 때문에 외부 침입에 대해서 자유롭고 해킹의 위험에서 벗어나고 보안성과 투명성이 강화된다.

이러한 것들이 Business에 접목이 되어 거래와 지불에 대한 안정성을 확보하여 기존의 대금지급에 대한 안전성보다 훨씬 안전하고 투명하게 관리할 수 있다.

즉 디지털에서 지불이 이루어질 때 중앙에서 누군가 이 디지털 자산이 원본인 것을 증명을 해야 했고, 그 중앙의 역할을 했던 기관이 은행이고, 신용카드회사이며, 궁극적으로 화폐발행기관인 중앙은행이었다. 이런 중앙기관이 화폐를 발행하고 관리하는데 들어가는 엄청난 비용이 소요되며, 은행이나 신용카드회사는 지속적인 해킹에 의한 변조공격에 시달리게 된다.

이러한 것은 블록체인(Blockchain)이라는 기술을 사용하여, 부동산의 등기부등본을 기재 하듯이 인터넷상에 공개된 장부(분산 원장)에 거래를 기록하고, 거래 기록을 인터넷에 연결된 다수의 컴퓨터에 보관하여, 특정 원장 1개가 위조된다 하더라도, 다른 원장들의 기록을 비교하여 위조된 원장의 정보가 틀렸음을 확인하는 방식으로 해결을 한다.

즉 블록체인을 이용한 Business는 비즈니스 네트워크의 참여자들이 가지고 있는 자산(유형,

무형)을 분산원장기반의 스마트 계약으로 구성되어 거래에 대한 투명성을 공유하는 암호화된 기술을 의미한다. "스마트 계약" 기술은 "2세대 블록체인"이라 불리는 이더리움의 가장 큰 특징이다.

▌블럭체인 기술의 특징▐

구분	장점	단점
익명성	• 개인정보를 요구하지 않음 • 은행계좌, 신용카드 등 기존 지급 수단에 비해 높은 익명성 제공	• 불법 거래대금 결제, 비자금 조성, 탈세를 가능하게 함
P2P	• 공인된 제3자 없이 P2P 거래 가능 • 불필요한 수수료 절감	• 문제 발생 시 책임소재가 모호
확장성	• 공개된 소스에 의해 쉽게 구축·연결·확장 가능 • IT 구축비용 절감	• 결제처리 가능 거래건수가 실제 • 경제 내 거래규모 대비 미미
투명성	• 모든 거래기록에 공개적 접근 가능 • 거래 양성화 및 규제 비용 절감	• 거래 내역이 공개되어 있어 원칙적으로는 모든 거래가 추적 가능 • 완벽한 익명성 보장이 어려울 수 있으며 조합에 의한 재식별이 가능
보안성	• 장부를 공동으로 소유(무결성) • 보안 관련 비용 절감	• 개인키의 해킹, 분실 등의 경우 일반적으로 해결방법 없음 • 기밀성 제공하지 않음
시스템 안정성	• 단일 실패점이 존재하지 않음 • 일부 참가 시스템에 오류 또는 성능 저하 발생 시 전체 네트워크에 영향 미미	• 채굴이 대형 마이닝 풀에 집중 • 실시간, 대용량 처리의 어려움

〈블록체인기술 금융 분야 도입방안을 위한 연구, 금융위원회 2016〉

나. 이더리움

이더리움은 블록체인 기술을 다양한 분야에 접목할 수 있도록 업그레이드한 기술이다. 일반적으로 '2세대 블록체인'이라고 하며, 1세대는 블록체인 기술은 '비트코인' 기반기술을 활용한 기술을 의미한다. 비트코인은 블록체인의 기술을 금융거래에 접목한 기술로 본다면, 이더리움은 스마트 계약과 DApp(Decentralized Application: 탈중앙화 어플리케이션)이라는 개념을 도입하여 금융거래에 한정된 기존의 블록체인을 금융거래 이외의 다양한 산업 분야로 확장이 가능하도록 했다.

즉, 단순 화폐 기능을 넘어 Smart Contract 기능이 추가된 블록체인의 분산어플리케이션 플랫폼을 적용하여 만들어진 암호화 화폐이고, 단순히 화폐가 아닌 자산과 거래에 대한 구성을 적용함으로써 일상에 발생하는 많은 상거래에 적용이 가능하도록 발전이 되었다.

▮블럭체인 요소▮

구분	내용
참여자(player)	• 적용 비즈니스에 따라 각각의 주체들이 있음. • 즉 자동차 유통의 경우 자동차 생산자, 판매자, 보험사, 소비자 등이 참여자로 구성함.
자산(assets)	• 블록체인에서 발생하는 비즈니스의 모든자산을 의미. • 자동차 유통의 경우 자동차, 보험증권, 계약서 등이 자산으로 분류할 수 있음.
스마트 계약 (smart contract)	• 비즈니스가 발생시 거래 조건들을 적용하여 비즈니스가 성사되는 것으로 프로그램 로직임.
거래(transaction)	• 자산의 전반적인 사이클을 의미하는 것으로 생성, 이관, 소멸의 전과정을 의미.

2 블록체인 비즈니스

가. 퍼블릭(Public) 블록체인

퍼블릭(Public) 블록체인의 대표적인 예는 바로 비트코인이다. 퍼블릭의 이름 그대로 공공의 허가 없이 참여하는 Player는 누구나 블록체인 생태계 내의 자료를 열람하고 기록할 수 있으며 검증 또한 가능하다. 단점은 참여하는 노드가 많다고 해서 속도가 빨라지지 않으며 블록 생성 내에 계속 적으로 많은 거래가 생긴다면 물리적인 시스템의 한계에 의한 초과로 속도가 지연된다. 즉 개인정보를 배제하고 익명으로 거래되어 편리하다는 장점이 있지만 그 익명성 때문에 범죄에 악용되기도 한다. 해외송금, 크라우드 펀딩 등에 적합한 방식이다.

▌블록체인 유형별 주요특징▐

구분	퍼블릭 블록체인	프라이빗 블록체인
속도	느림	빠름
권한	모든 참여자가 읽기, 쓰기, 합의 등 권한 보유	구성원에 따라 사용 가능한 권한 지정 가능
사례	비트코인(가상통화), 이더리움(가상통화/스마트계약)	코다(금융), 하이퍼레저(범용)

〈신뢰할 수 있는 4차 산업혁명을 구현하는 「블록체인 기술 발전전략」, 과학기술정보통신부, 2018〉

나. 프라이빗(Private) 블록체인

프라이빗(Private) 블록체인은 사전에 지정된 참여자로 운영한다. 즉 필요에 따라 참여자에 대해서 임의로 제한이 가능하고 상황의 따라 스마트 계약에 대한 합의 및 열람에 대하여 새로운 블록체인의 설계를 할 수 있다. 프라이빗 블록체인은 공공기관이나 민간기업에서 한정적인 참여자들과 업무를 하는데 주로 적합하다. 즉 블록체인 시스템의 모든 장부에 대해서 열람이 가능하지만 특정 기록의 자료는 관련 주체의 기록 및 수정을 할 수 있다. 즉 공공기관과 같이 중앙에서 신뢰성이 있는 참여자가 있고 관련 비즈니스에 중계자 역할도 가능하기에 일반적으로 공공기관에서 활용하기에 적합한 방식이다.

▌블록체인 비즈니스 프로세스▐

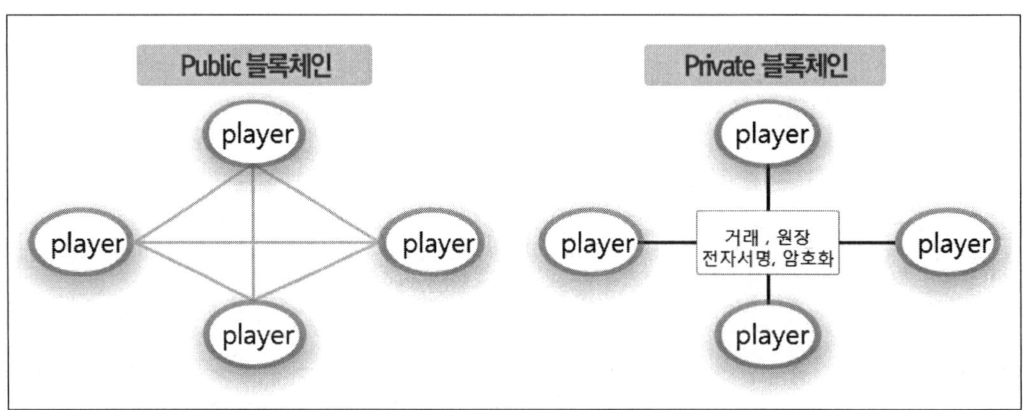

다. 블록체인 비즈니스 네트워크

블록체인 비즈니스 네트워크의 참여자들이 공유원장과 스마트 계약을 볼 수 있도록 적용한다. 아래 그림은 글로벌 전자상거래에서 발생하는 참여자들 즉, Seller, Forwarder, Customs broker, Global B2B(e-MP)들이 거래에 대한 관련 서류와 업무행위에 대해서 공유 원장을 확인하고 또한 각각의 거래에 대한 스마트 계약을 공유할 수 있도록 구성한 블록체인 네트워크이다.

▌블록체인 비즈니스 네트워크▐

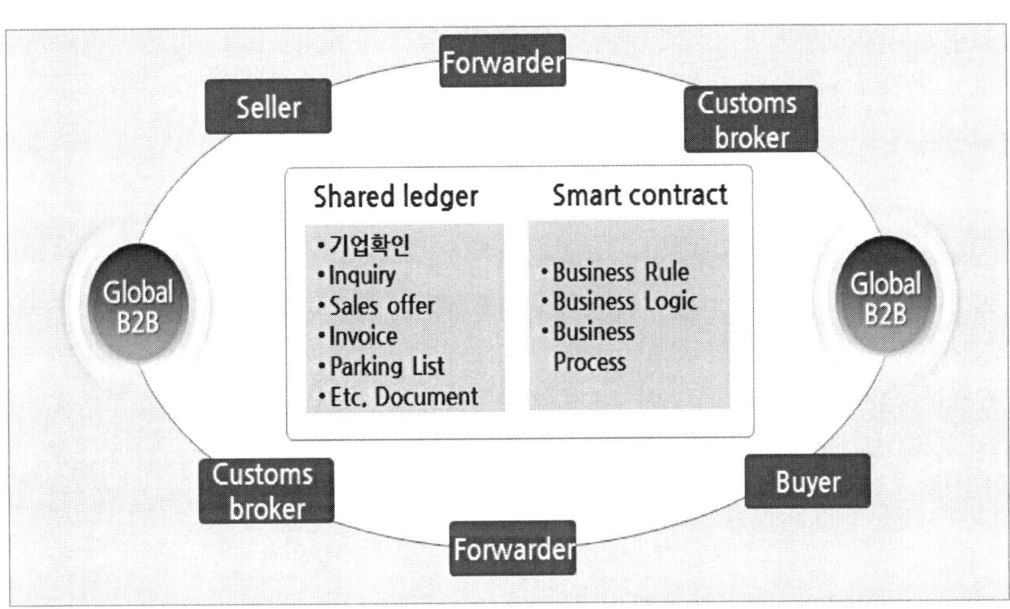

라. 블록체인 주요 특징

블록체인은 비즈니스 네트워크의 참여자들에 의해 거래 합의가 이루어진다. 이에 따라 어떤 참여자에 의해 언제 거래가 수행되었는지 투명하게 가시성을 확보할 수 있고 거래정보의 일관성 있게 공유됨으로 상호 신뢰성을 제공한다.

또한 분쟁이나 오류에 대해 쉽고 빠르게 해결이 가능하다. 이는 거래처리의 시간이 실시간으로 처리되고 관리되며 프로세스 공유 및 위변조가 불가능한 기록을 통해 신뢰성을 확보할 수 있는 특징이 있다.

3 블록체인 솔루션

블록체인에 대한 관심이 증가하고, 기업에서 어떻게 활용할 것인지에 대한 고민이 깊어지면서, 기업에서 블록체인을 활용하기 위해 다양한 시도들이 이루어지고 있다. 초기에는 퍼블릭 블록체인을 활용하여 접목하려는 시도가 있었으나, 퍼블릭 블록체인의 특징인 불특정 다수가 참여하는 방식이기에 광범위한 네트워크에서 TPS(Transaction per second : 초당 처리 건수)를 높이는데 한계가 있음을 인지하고, 프라이빗 블록체인이나 하이브리드형 블록체인을 방식으로 적용하는 사례가 발생하고 있다.

대표적인 블록체인 솔루션으로는 오픈소스 커뮤니티인 리눅스 재단에서 개발하는 하이퍼레저(Hyper Ledger)와 EEA(이더리움 기업연합)에서 개발하는 엔터프라이즈 이더리움(Enterprise Ethereum)이 있다.

가. 하이퍼레저

하이퍼레저는 Linux Foundation(리눅스 재단)의 주도로 블록체인 기술을 연구하는 오픈소스 커뮤니티 활동을 진행하고 있으며, 다양한 산업 분야 전반에 사용 가능한 범용블록체인을 개발하고 있다. 프로젝트에 참여하는 회원사만 170개 이상이며, 주요 구성원으로 IBM, Intel, JP Morgan, Accenture 등이 있으며, IBM이 개발을 주도하고 있는 상황이다.

▌하이퍼레저 서비스 구조▐

Hyperiedger APIs, SDKs, CLI

멤버십 (membership)
블록체인
거래 (transactions)
체인코드 (Chaincode)

회원/멤버스서비스
Registration
Identity Management
Auditability

블록체인 서비스
Consensus Manager
Distributed Ledger
P2P Protocol
Ledger Storage

체인코드 서비스
Secure Container
Secure Registry

Event Stream

하이퍼레저 서비스

〈블록체인 기반의 채용 정보제공 시스템 구축방안 검토, 고용노동부 2018〉

하이퍼레저는 크게 멤버십 서비스, 블록체인 서비스, 체인코드 서비스를 구성되며, 여기에서 체인코드는 스마트계약을 부르는 명칭으로 여기에서 다양한 응용서비스를 개발할 수 있다.

그 외에도 하이퍼레저는 플랫폼(Platform) 분야와 도구(Tool) 분야로 세분화되어 다양한 프로젝트를 진행하고 있다.

나. 엔터프라이즈 이더리움

엔터프라이즈 이더리움은 이더리움 기술을 기업환경에서 사용할 수 있도록 하는 것을 목표로 EEA(Enterprise Ethereum Alliance)라는 조직을 구성하여 개발을 진행하고 있다. EEA에도 전세계 150개 이상의 기업이 참여하고 있으며, Microrsoft, Toyota를 비롯하여, 삼성SDS, SK텔레콤, LG CNS 등 국내 기업들도 참여하고 있다.

엔터프라이즈 이더리움은 퍼블릭 블록체인인 이더리움에 기업용 기능을 연계하는 구조로 구성되어 있으며, 아래의 아키텍처를 통해 확인할 수 있다.

▌엔터프라이즈 이더리움 아키텍처▐

ENTERPRISE ETHEREUM ARCHITECTURE STACK

APPLICATION	DAPPS	APPLICATIONS; EXPLORERS, MONITORING & BUSINESS INTELLIGENCE
	INFRA CONTRACTS & STANDARDS	TOKEN STANDARDS; IDENTITY SERVICES; ETHEREUM NAME SERVICE; PERMISSIONING CONTRACTS
	SMART CONTRACT TOOLS	SMART CONTRACT LANGUAGES; DEVELOPER TOOLS; SECURITY ANALYSIS AND AUDITS; FORMAL VERIFICATION
TOOLING	CREDENTIAL MANAGEMENT	WALLETS; KEY MANAGEMENT; HARDWARE SECURITY MANAGER
	INTEGRATION & DEPLOYMENT TOOLS	INTEGRATION LIBRARIES; ENTERPRISE MANAGEMENT SYSTEMS
	CLIENT INTERFACES / APIs	JSON-RPC; INTER-CHAIN; ORACLES
ENTERPRISE 3 P's	PRIVACY	ON-CHAIN; OFF-CHAIN / TRUSTED COMPUTE; PRIVATE TRANSACTIONS
	PERFORMANCE	ON-CHAIN OPTIMIZATION; OFF-CHAIN COMPUTING; OFF-CHAIN / TRUSTED COMPUTE
	PERMISSIONING	CLIENT WHITELIST; PERMISSION CHECKS
CORE BLOCKCHAIN	STORAGE LEDGER	ON-CHAIN PUBLIC STATE; ON-CHAIN STORAGE; OFF-CHAIN STORAGE; ON-CHAIN PRIVATE STATE
	EXECUTION	EVM; SYNC; PRECOMPILED CONTRACTS; TRUSTED COMPUTE
	CONSENSUS	PROOF OF WORK; PROOF OF AUTHORITY; BFT ALGORITHMS
NETWORK	NETWORK PROTOCOL	DEVP2P

LEGEND: Yellow Paper / Public Ethereum / Application Layer / Enterprise Ethereum

All Yellow Paper, Public Ethereum, and Application Layer components may be extended for Enterprise Ethereum as required.

〈entethalliance.org〉

4 블록체인 발전방향

암호화된 가상화폐인 비트코인을 시작으로 개인화된 서비스의 기업형 블록체인으로 발전하고 있으며 분산Iot 분야 등 다양한 산업과 융합이 된 형태로 발전하고 있다. 또한 최근에는 국가 인프라 분야로 확산이 이루어지고 있는 시점이다.

▌블록체인 발전방향▐

① 블록체인 도입기	② 블록체인 확산기	③ 블록체인과 산업의 융합	④ 국가 인프라로 발전
• 누구나 참여하는 공개형태의 블록체인 Ex) 비트코인	• 개인화 적용의 기업형 블록체인 Ex) 주식거래, 코인 거래	• 각 산업별 업무와 융합된 블록체인 Ex) 분산IoT, B2B	• 공공 분야의 서비스 Ex) 전자투표, 토지대장관리

최근의 블록체인은 산업과 산업, 기업과 외부 비즈니스의 연계를 적용한 공통 플랫폼을 적용한 연구개발이 활발하게 이루어지고 있다. 또한 AI, 빅데이터와 IT기술의 융합으로 발전하고 있는 추세이다.

무역 분야에서는 전자적 거래방식, 무역대금결제 그리고 전자통관 분야에 활발하게 연구하고 시범적인 서비스를 진행하고 있다.

가. 블록체인 기반의 무역금융 네트워크 구축동향

글로벌 은행들은 Voltron을 비롯한 다양한 컨소시엄을 구성하여 블록체인 기반의 무역금융 활성화를 진행하는 추세이며, 향후 플랫폼을 통해 결제 및 승인절차의 자동화를 통하여 업무처리시간 단축 및 보안성 강화의 효과를 기대하고 있다.

무역금융 네트워크는 신용장 개설부터 선적서류 처리, 대금 결제에 이르기까지 무역금융 전반의 프로세스를 블록체인 기반의 플랫폼을 이용하여 적용하는 것으로 글로벌 은행들이 적용하는 모델이다.

IBM이 중심이된 we.Trade는 중소기업을 위한 무역거래 및 프로세스 단순화를 통해 무역금융거래를 지원하기 위한 플랫폼으로 Deutsche Bank, HSBC, KBC, Natixis, Rabobank, Societe Generale, Unicredit, Santander의 8개 은행이 참여한다.

▌블록체인 기반의 무역금융 플랫폼▐

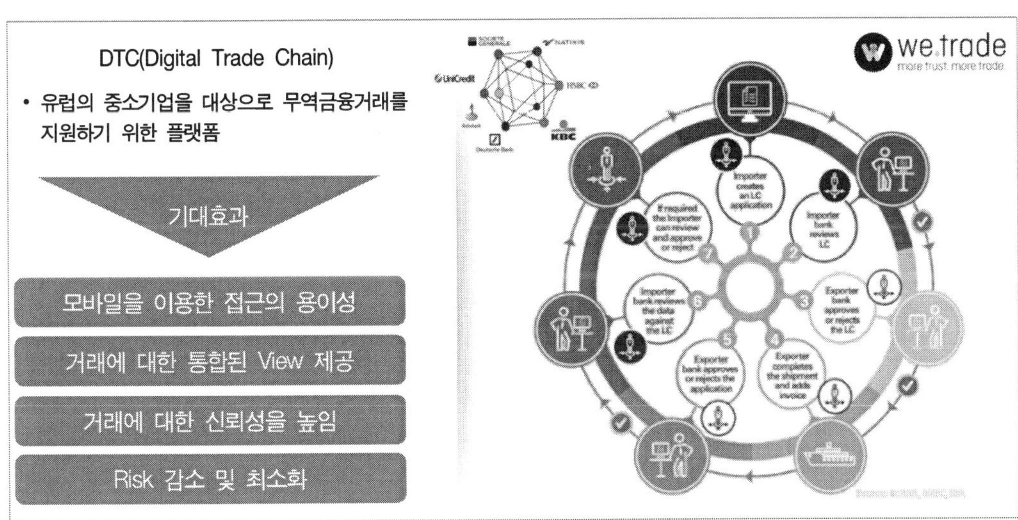

〈Blockchain Innovation Conference 2018, 산업생태계를 변화시킬 블록체인의 글로벌 동향 및 사례, IBM 발표자료〉

나. 블록체인 기반의 통관 물류서비스

GTD(Gloval Trade Digitization) 플랫폼은 블록체인을 이용하여 글로벌 무역 디지털 플랫폼을 운영하여 물류 및 무역 프로세스의 공급망의 가시성 및 예측 가능성 확보 등을 가능하게 한다.

▌블록체인 기반의 무역디지털 플랫폼▐

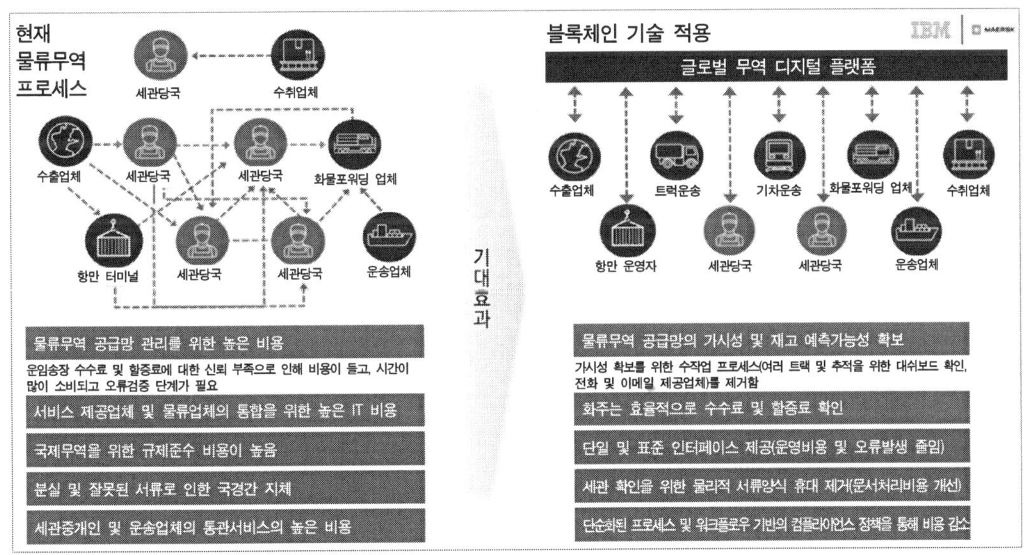

〈Blockchain Innovation Conference 2018, 산업생태계를 변화시킬 블록체인의 글로벌 동향 및 사례, IBM 발표자료〉

한국 관세청은 블록체인 기반의 수출통관 물류서비스를 2018년에 시범적용을 하고 있다. 시범적용을 통해서 무역절차의 투명성과 효율성을 높이고 수출입 물류 분야의 안정성을 확보하고 실시간 가시성을 높여 무역, 물류 업무절차에 대한 간소화를 이루는 효과가 있다.

또한 수출입 물류 주체(수출자, 은행, 관세사, 포워더, 선사 등) 간의 개별적으로 주고받는 원본서류(상업송장, 포장명세서, 신용장 등) 또는 정보를 전자적인 자료로 실시간 공유 및 활용함으로써 정보의 신뢰성과 정확성을 강화할 수 있다.

▌블록체인 기반 수출 통관·물류 플랫폼 구축 개념▌

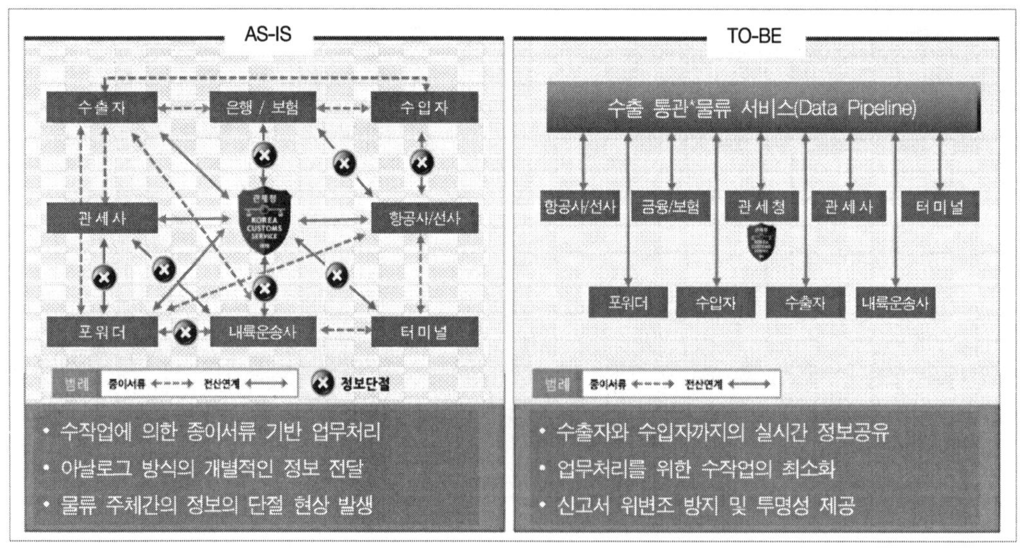

〈관세청, 블록체인 기반 수출통관 물류서비스 시범사업 참여기업과 업무협약 체결, 보도자료 2018. 9. 12〉

III 전자무역 프로세스

1. 전자무역 마케팅
2. FTA란
3. 전자무역의 외환 분야
4. 전자무역의 상역 분야
5. 전자무역의 물류 분야
6. 전자무역의 통관 분야
7. uLocal업무
8. 관세환급

이제 실제 마케팅단계에서 Nego단계에 이르기까지의 모든 부문에서 전자무역이 어떻게 이루어지는지 세부적으로 살펴보자.

글로벌 마케팅의 적용원리와 문제점 및 발전방향을 살펴보고, 다년간 전자무역 서비스의 고도화에 따른 서비스의 변경, 강화에 대한 부분에 대해서 구체적으로 살펴보자.

제1장 전자무역 마케팅

1 인터넷마케팅의 개념 및 활용

B2B는 Business to Business로 기업간의 전자상거래를 말하며 기업간의 전자상거래를 가능하게하는 다양한 B2B 사이트들이 등장하였다. e-MarketPlace는 시장인 Marketplace에 인터넷 의미의 e를 붙여 인터넷상의 시장을 의미하며, 무역은 주로 기업간의 거래여서 B2B 사이트에서 이루어지는데 이러한 B2B사이트를 최근에는 e-마켓플레이스라고 칭한다.

▌e-MP의 정의▐

경제용어사전

- e-마켓플레이스는 공급자와 소비자 사이를 연결해주는 중계자의 역할을 인터넷 등의 뉴미디어를 통해 수행하는 것
- B2C(소비자상대 전자상거래)보다 B2B(기업간전자상거래) 장터를 의미

IT용어 사전

- 복수의 구매자(바이어)와 판매자를 하나의 집중된 전자시장에 집결,
- 전자시장의 규칙에 따라 결정되는 동적인 가격에 의해 서로 매매할 수 있게 지원
- 기업간 인터넷 가상 거래 공간

논문자료

- 국제간의 전자 상거래를 지원하기 위한 B2B의 한 분야
- 수출입기업들이 정보를 저장, 열람, 검색할 수 있는 기능을 가지고 인터넷상의 사이버 장터로 전자무역이 이루어지는 가상의 공간

※ 논문명 : [무역 e-마켓플레이스의 이용확산 요인에 관한 실증적 연구]

공통

인터넷상에서 불특정 다수의 공급자와 수요자간의 비즈니스 거래를 유발시켜 주는 가상의 시장

IT용어의 사전적인 의미로는 복수의 구매자(바이어)와 판매자를 하나의 집중된 전자시장에 집결시키고 각 전자시장의 규칙에 따라 결정되는 동적인 가격에 의해 서로 매매할 수 있게 지원하는 기업간 인터넷 가상 거래 공간을 'e-마켓플레이스' 또는 'e-마켓'이라 한다.

e-MP의 등장은 전통적인 상거래의 단점과 해결하기 어려운 점들이 IT기술의 발달과 비스니스 기회의 확대 등 다양한 인프라가 확충이 되면서, 인터넷 상에 e-MP를 통한 전자상거래의 필요성이 부각되었다. 이에 따라 알리바바, ECPlaza.net, ec21 등의 글로벌 전자상거래 사이트가 활성화되었다.

▌e-MP의 배경▐

대부분의 무역 e-MP는 전문민간업체(인터넷 기업) 또는 공공기관에 의한 중개자 중심형으로, 일부 특정 제품군의 산업별 버티컬을 제외하고 산업 전부문의 원자재에서 완제품까지를 취급하는 메가마켓을 지향하고 있다.

2009년 총 수출액이 감소했음에도 불구하고 우리 수출의 부가가치 및 취업 유발효과는 확대되어 우리나라 경제가 플러스 성장세를 유지하는데 기여한 것으로 분석되었다. 또한 2010년 수출의 경제성장 기여율은 172.1%, 기여도는 지난해 성장률 0.2%보다 높은 0.3%로 추산되었다. 즉 수출이 우리경제에 미치는 영향은 매우 높으며, 경제성장에 결정적인 기여를 하고 있다.

무역 e-MP는 해외마케팅의 프로모션 도구로 매우 유용하게 사용이 되며, 국제 경쟁력이 상대적으로 취약한 많은 중소기업에게 매우 중요한 마케팅 기법으로 활용되고 있다.

▌e-MP의 역할▐

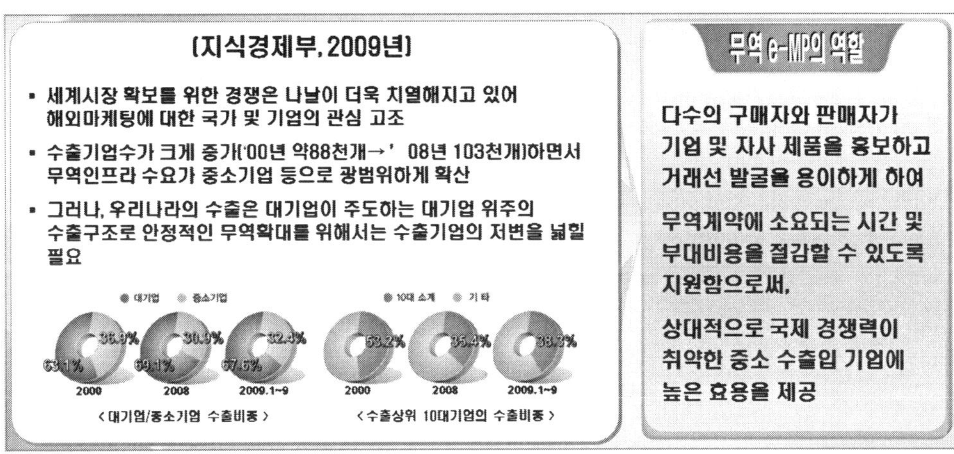

가. e-MP의 현황

수출과 수입에 대한 서비스를 제공하는 무역 e-MP는 약 600여 개가 있으며, 우리나라의 경우 공공과 민간으로 나눠 볼 수 있으며, 공공기관의 서비스의 경우 중진공, KOTRA, 무역협회 등에서 제공하고 있으며, 민간의 경우 Ecplaza, EC21 등에서 제공하고 있다.

▌무역 e-MP 현황▐

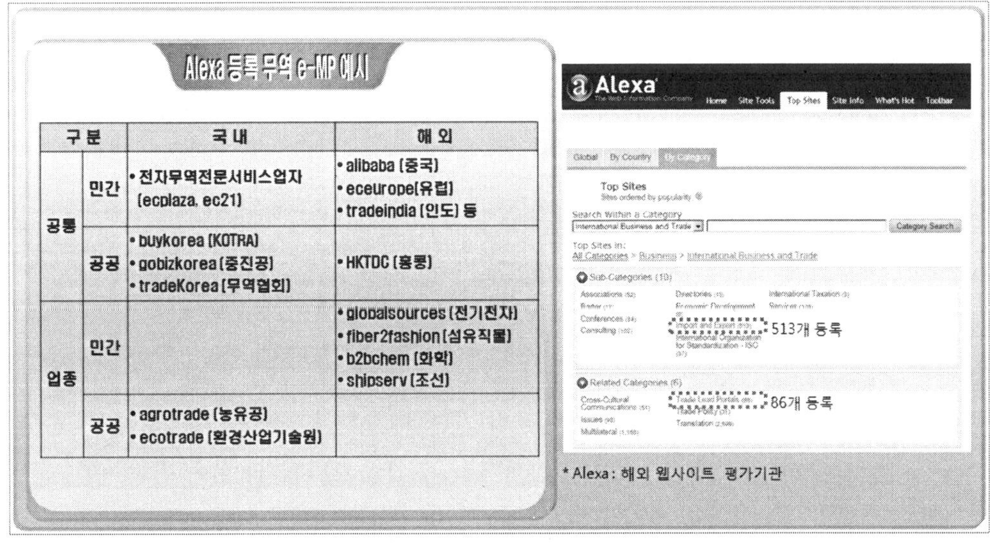

Alexa 등록 무역 e-MP 예시

구분		국내	해외
공통	민간	• 전자무역전문서비스업자 (ecplaza, ec21)	• alibaba (중국) • eceurope(유럽) • tradeindia (인도) 등
	공공	• buykorea (KOTRA) • gobizkorea (중진공) • tradeKorea (무역협회)	• HKTDC (홍콩)
업종	민간		• globalsources (전기전자) • fiber2fashion (섬유직물) • b2bchem (화학) • shipserv (조선)
	공공	• agrotrade (농유공) • ecotrade (환경산업기술원)	

대표적인 무역e-MP를 살펴보면,

1) 알리바바

구분	주요내용
사이트 개요	• 사이트명 : www.alibaba.com • 운영주체 : 알리바바닷컴(중국) • 개설년도 : 1999년 • 취급품목 : 전 품목
수익 구조	• 유료회원 회비 • 키워드 검색 상위 리스팅 등 부가서비스 • B2C부문의 타오바오, 결제부문의 알리페이 등 자회사 보유
주요 특징	• 중국 최초의 무역 e-MP 서비스로서의 인지도 • 세계의 공장으로 불리는 중국의 중소제조업체와 현지기업이라는 장점을 살려 해외투자 유치 • 사업초기 CNN, CNBC 등에 거액을 투입한 대대적인 광고와 언론플레이 병행 • 중국 정부 지원사업 수행을 통한 매출 확대

2) 이씨플라자

구분	주요내용
사이트 개요	• 사이트명 : www.ecplaza.net • 운영주체 : 이씨플라자㈜ • 개설년도 : 1996년 • 취급품목 : 전 품목
수익 구조	• 유료회원 회비수입과 글로벌 광고 • e-MP 기반 정부지원 서비스 사업 • 콘텐츠 및 컨설팅/SI 사업
주요 특징	• 세계 최초의 무역 e-MP로서의 인지도 • 산업통상자원부 전자무역촉진에 관한 법률에 의거한 "전자무역전문서비스업자" • "국제무역서비스 제공시스템 및 그 방법" 특허보유 • 계약체결 이후 단계의 무역자동화 솔루션 보유 • 전자보증, 글로벌 구매카드 사업을 통한 국내외 무역결제 지원

3) 쉽서브(조선업)

구분	주요내용
사이트 개요	• 사이트명 : www.shipserv.com • 운영주체 : 페어몬트, Pioneer iConcepts, Command Line(영국) • 개설년도 : 2000년 • 취급품목 : 선박용품
수익 구조	• 선사와 공급업체간의 공급망관리 및 커뮤니티를 위한 네트워크 구축(유료 회원제)
주요 특징	• 150개 해운선사 및 35,000사 이상의 공급업체간 글로벌 네트워크를 운영 • 주문, 카탈로그, 계약, 배송 관리 등 전 구매사이클 자동화 서비스 제공 • 기존 구매시스템을 보유하고 있는 해운선사의 경우 별도의 시스템 변경 없이 연계 가능

▌활용범위▌

무역 e-MP는 전자무역 마케팅으로 중요한 역할을 하고 있으며, 더욱더 활용도가 높아지고 있는 추세이다.

인터넷 무역의 활용추세를 살펴보면, 인터넷이 소싱에 사용할 수 있는 선택 도구가 되면서 기존의 전통적 경로는 그 중요도가 현저히 줄어들고 있으며, 이러한 트렌드는 전자상거래 시장이 더 정교화되고 구조화되는 과정에서 계속 진행될 것으로 보인다.

순위	해외 바이어 소싱 채널	중요도
1위	**온라인 B2B e-소싱**	1.51
2위	기존공급선	1.75
3위	**인터넷 검색**	2.19
4위	동료자문	2.38
5위	**무역정보 사이트**	2.53
6위	전시회	2.62
7위	무역오퍼상	2.78
8위	산업잡지	3.03
9위	산업관련 협회	3.16
10위	무역 디렉토리	3.30
11위	기타	3.58

출처: 이씨플라자, 수출바우처 대상기업 수요조사, 2018.

온라인 B2B e-소싱, 인터넷 검색, 무역정보 사이트의 온라인 상의 마케팅 기법의 활용도가 매우 높아지고 있는 추세이다.

그러나 무역 e마켓플레이스는 무역이 국가와 국가간 재화와 용역의 교환이라는 점에서 국가별 인프라 환경에 의한 영향과 무역이 갖고 있는 제약사항을 모두 내재하고 있다. 즉 인터넷이라는 국가별 인프라의 환경이 매우 다르기에 어려움을 갖고 있다.

또한 무역 e마켓플레이스를 통한 온라인 대금결제는 아직까지는 비대면거래, 보안문제, 거래규모, 결제수단 등의 제약으로 부분적으로만 이루어지고 있는 실정이며, 언어, 시차, 거리, 환리스크, 관세, 국제 운송비 등 측면에서도 아직 완전한 형태의 온라인 원스톱 무역 e마켓플레이스 구현에는 한계가 있다.

나. 해결과제

2000년 모건스탠리의 연구자료에서는 e-MP는 커뮤니티 사이트에서 Catalog, 실거래 기능 지원(Exchange)의 단계를 거쳐 궁극적으로 협업서비스인 e-Hub로 진화할 것이라고 발표하였다. 또한 당시 많은 컨설팅 기관들이 제시하였던 무역 e-MP의 발전방향은 일반적으로 그 예측과 일치하고 있으나 발전속도에 있어서는 전망보다 매우 더디게 진행되고 있으며, 10년이 지난 현시점의 무역 e-MP는 아직 Catalog와 Exchange의 중간 수준으로 평가되고 있는 실정이다.

이에 기본적인 거래알선 기능의 질적 향상, 타 무역 e-MP와의 연동을 통한 이용자의 양적 확대와 협업을 통한 무역 가치사슬 상의 서비스 다양화의 노력이 필요하다.

- e-MP는 특성상 다수의 기업이 참여해야만 수익모델을 갖출 수 있고, 국제적인 경쟁력을 확보할 수 있음(무역 e-MP → Seller 기반 모델)
- 공공기관, 업종별 협회 및 민간 무역관련 e-MP 및 C/P, S/P와의 제휴를 통한 서비스 및 참여회원 확대 필요

전자무역의 생명은 무역 전 업무의 연계성 확보인데 각 부문에서 조금씩이라도 빈틈이 생기면 효과가 떨어질 수밖에 없다. 시스템 개발도 중요하지만 국내외 각 기관의 협력을 통해서 성과를 이룰 수 있는 협업이 무엇보다 절실하다.

또한 시대의 흐름을 예의주시하여 인터넷 트렌드에 부합하는 새로운 마케팅 서비스 개발에도 정진하여야 할 것으로 보인다.

ODA(Official Development Assistant)를 활용하여 선진국의 정부 또는 공공기관이 개도국의 경제 사회발전과 복지증진을 위해 공여하는 증여(Grant) 및 양허성차관을 활용하여 해외에 수출하는 방법도 지속적으로 증가하고 있으며, 새로운 수출시장을 개척하는 좋은 방안 중에 하나이다.

▌마케팅 방안 예시▐

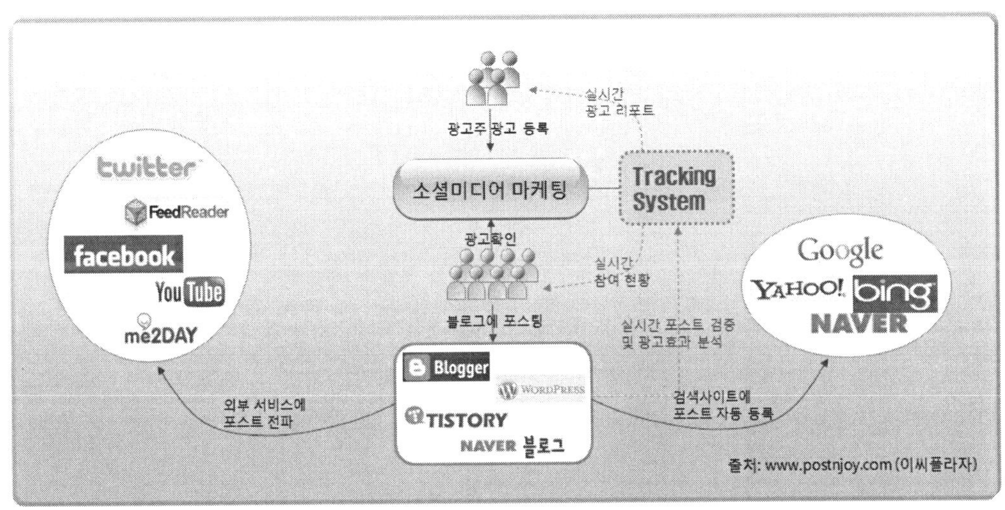

출처: www.postnjoy.com (이씨플라자)

2 해외시장조사

무역 활동을 시작하려는데 있어 시장조사는 중요한 일이다. 해외시장조사란 광범위한 영역 중 수출하고자 하는 지역의 시장조사, 거래선 신용정보조사, 바이어 발굴 등 의사결정에 필요한 해외시장의 정보를 객관적이고, 체계적으로 수집·분석하는 과정이다. 즉, 해외의 구매 잠재력을 가진 바이어를 찾아내고 특성에 맞는 상품을 제공하고, 효과적인 마케팅 및 유통방안을 조사하는 활동을 의미한다.

가. 시장조사 기관

가장 좋은 방법은 직접에 해외 현지에 가서 조사를 하는 방법이지만, 현실적으로 어려운 점이 많기 때문에 KOTRA의 현지무역관 또는 무역협회 현지지부를 활용, 현지에 진출해있는 에이전트나 오파상을 활용하는 등의 다양한 방법을 동원하여 시장조사를 실시한다. 그러나 많은 비용과 시간이 들기 때문에 전문 시장조사기관을 활용하여 1차적인 시장조사를 진행하고 세부적인 조사는 직접 방문하여 확인하는 것이 좋은 방법이다.

▌해외시장조사 지원기관▐

지원기관	종류	주요 내용
ECPLAZA	타RPT시장조사	• 경제, 정치, 문화, 지리적 환경 등 타겟시장 환경조사 • 타겟시장 선정 및 수출품목 선정
	수출제품 산업동향 및 시장분석	• 해외 현지네트워크를 통한 시장조사 - 수출입동향 및 통계, 수입관세장벽 및 관련법규 - 현지 유통구조 파악 • 경쟁사 및 경쟁사 제품가격 조사
	잠재 바이어 발굴 및 바이어의 관심도 조사	• 잠재 바이어리스트 수집 • 바이어 대상 마케팅 진행 및 상담 진행 • 바이어 제품관심도, 구매의향 조사 • 바이어 리스트 및 상담내역 제공
	현지 프로모션 채널조사	• 현지 관련 전시회 조사 • 홍보전문지 조사 • 유통 사이트 및 온라인 사이트 조사
EC21	시장구조 및 최근이슈	• 시장수요 및 전망 • 정부정책, 인증 및 기타 진입장벽 확인
	집중시장도출 및 바이어 정보조사	• 마케팅 타겟 목표의 집중 시장조사 • 바이어정보 리스트 제공
	바이어 구매의향 및 니즈파악	• 선도기업 벤치마킹을 통한 마케팅 파일럿 • 바이어 접속 현지어 거래제의서 작성제공
KOTRA	바이어 찾기	• 수출희망품목의 잠재 바이어 발굴
	원부자재 공급선 조사	• 수출희망품목의 잠재 공급선 발굴
	맞춤형 시장조사	• 해외시장의 수요, 수출입, 경쟁동향, 수입관세율, 판매가격, 유통구조 등 조사
벤처기업 협회	사전검토 및 매칭	• 해외지부 관심도 확인 후 시장조사범위 및 시장조사지역 확정
	현지시장조사	• 현지 시장조사 및 기업발굴 • 수출상담 및 수출 에이전트 계약 제안
	사후관리	후속계약 추진 및 현지화 진행
한국옐로 우페이지	목표시장 환경분석	• 현지 경제동향 및 전망 • 산업동향 조사, 시장현황 분석 • 시장성 평가 의견 제시
	현지 경쟁환경 조사	• 현지 경쟁사 현황파악 • 경쟁제품 조사 및 비교 • 시장 진입시 현지 경쟁력 분석
	잠재 바이어 조사	• 현지 바이어 리스트 조사 • 바이어 설문을 통한 관심도 파악
	홍보채널 조사	• 현지 진출기업의 마케팅 툴 활용현황 조사 • 현지 시장진입을 위한 홍보 채널조사

▌한국농수산식품유통공사의 해외시장조사▐

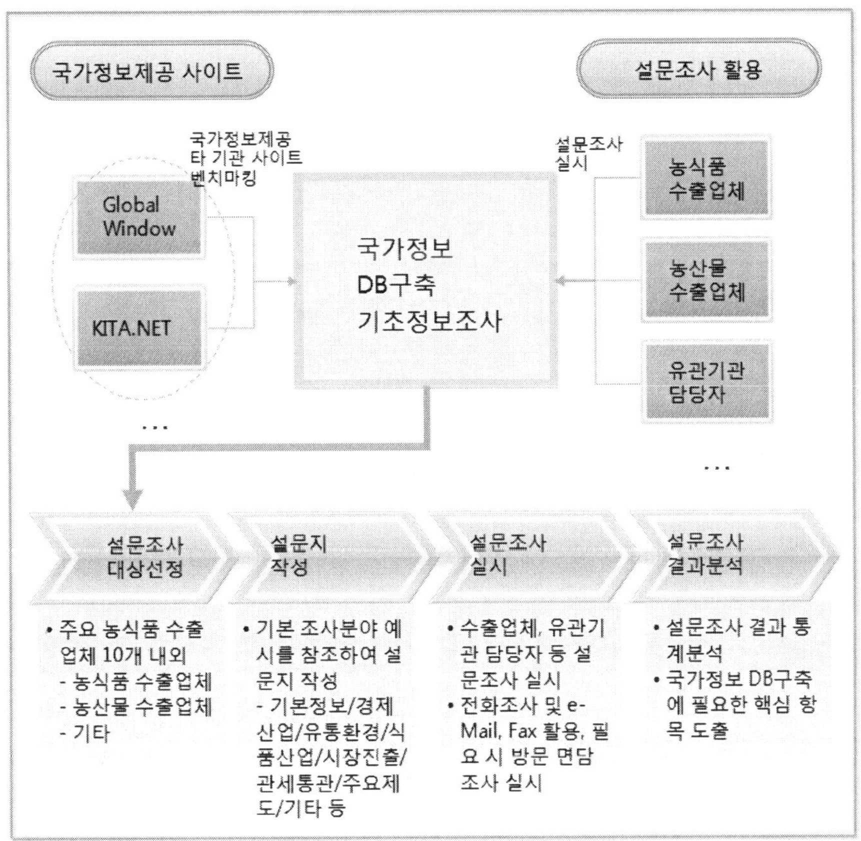

나. 해외 네트워크를 활용한 시장조사

해외 현지 네트워크를 통하여 현지 유관기관 방문 및 상담 등의 방법으로 직접 조사를 진행함으로써 보다 구체적이고 객관적인 정보를 수집하여 수출업체들의 효율적인 정보 활용에 도움을 준다.

- 인터넷 조사 : 현지어에 능통한 해외 N/W를 통한 현지 수출 유관기관, 협회 등의 웹사이트, 전문연구 기관 웹사이트 검색
- 직접 방문 조사 : 현지 협회, 상공회의소, 무역 유관기관, 전시회 등의 방문을 통한 농수산식품 시장정보 및 수출입정보 직접 조사
- 문헌자료 조사 : 도서, 논문, 연구자료 등 현지에 발간되어 공개되어 있는 문헌자료를 통한 조사 및 국립도서관 자료나 년도 별 무역통계자료조사

▌해외 네트워크 활용 예시▌

해외현지 네트워크 활용

EUROPE
ASIA
N. AMERICA
AFRICA
S. AMERICA
OCEANIA

해외현지 네트워크 활용
오프라인 시장조사

인터넷 조사	직접 방문 조사	문헌 자료 조사
▪현지어에 능통한 해외 N/W를 통한 현지 수출 유관기관, 현회 등의 웹사이트, 전문연구 기관 웹사이트 검색	▪현지 협회, 상공회의소, 무역 유관기관, 전시회 등의 방문을 통한 농수산식품 시장정보 및 수출입정보 직접 조사	▪도서,논문,연구자료 등 현지에 발간되어 공개 되어 있는 문헌자료를 통한 조사 ▪국립도서관 자료나 년도 별 무역통계자료조사

3 웹프로모션

웹기반의 프로모션은 상대적으로 적은 비용으로 많은 효과를 얻을 수 있는 방법이다. 이런한 웹기반의 마케팅은 많은 기업들이 활용하고 있다. 보다 효과적인 홍보를 위해서 검색엔진에 상위노출을 위한 노력을 기업들이 하고 있으며, 또한 SNS를 활용한 마케팅도 지속적으로 증가하고 있는 추세이다.

가. 웹을 활용한 마케팅

다양한 검색엔진 중에 Google은 B2B 관련 온라인 검색 사용자 및 트래픽에서 가장 높은 점유율(82.9%)을 차지하고 있다. 즉 글로벌 B2B거래에서 검색엔진을 활용한 마케팅을 진행한다면 Google을 활용하는 것이 가장 효과적으로 보인다.

▌검색엔진별 점유율▐

[U.S 검색엔진 점유율]
검색엔진 점유율(%) Aug 2010, hitwise.com
Google 71.6%, Yahoo 14.4%, Bing 9.9%, ASK 2.3%, AOL 1.2%

[Global 검색엔진 점유율]
검색엔진 점유율(%) Nov 2010, hitslink.com
Google 85.2%, Yahoo 6.4%, Baidu 3.4%, Bing 3.3%, ASK 0.7%

B2B 사업자가 제품 및 서비스 조사 시 사용하는 검색사이트
The Role of Search in B2B Buying Decisions, Enquiro & Marketing Sherpa
Google 82.9%, Yahoo 7%, Others 5%, All the web 3%, MSN 2%

또한 구매자들이 시간을 할애하는 매체로는 인쇄매체보다는 온라인 매체를 활용하는 시간이 늘어나고 있다.

▌B2B 구매자들의 미디어 소비 시간 조사(주당 시간)▐

구매품 종류	인쇄 매체	온라인 매체
Mechanical components	5.5	**19.7**
Consulting services	7.1	**27.1**
Financial services	7.0	**24.2**
Office supplies	6.4	**23.2**
Telecom systems	6.4	**24.4**
Web services	7.2	**28.9**

MRL Spring 2008

연간 대비 매체별 광고 성장률을 살펴보면 인터넷을 활용한 광고 성장률이 매우 높아지고 있다.

▌매체별 광고 성장률▐

Interpublic Group, Dec. 2008

구분	성장률
TELEVISION	-4.2%
RADIO	-6.5%
MAGAZINES	-7.0%
NEWSPAPERS	-10.0%
DIRECT & MAIL	-2.0%
INTERNET	+5.0%

SEM(Search Engine Marketing)이란 마케팅 대상 웹사이트를 관련 키워드 검색 시 해외 주요 검색엔진(Google, Yahoo, Bing)에 노출되게 하여 해당 사이트로 잠재고객의 방문을 증대시킴으로써 바이어를 발굴하고 온라인 인지도를 향상시키기 위한 온라인 마케팅 기법이다. 방식으로는 PPC(or CPC: 클릭당 과금)방식과 SEO(Search Engine Optimization) 등이 있으며, 그 중 SEO(검색엔진최적화)는 사이트 내·외부의 검색환경을 분석하여 검색엔진 친화적 사이트로 수정함으로써 검색엔진에서의 노출결과를 향상시키는 방법이다.

즉 SEM을 적용하여 방문자 증가 및 온라인 브랜드 인지도 향상에 도움이 된다.

▌CPC와 SEO▐

CPC와 웹검색 노출 중에 어느 쪽을 활용한 검색이 더 높을까? 결론부터 말하자면 웹 검색결과 클릭율이 CPC보다 SEO 적용이 3배 이상 높다.

즉 광고에 의한 노출보다는 검색결과에 대한 클릭이 더 높다. 해외 인터넷유저들의 클릭선호도를 조사한 리서치 결과에 따르면 응답자의 70% 이상이 웹 검색결과(SEO)를 더 선호하는 것으로 나타났다.(iProspect Search Engine User Behavior Study, April 2006)

▌CPC와 SEO 비교▐

CPC		SEO
빠른 결과(1~2일) 소요	▶	오랜 기간 소요(2~4개월)
쉽게 검색 노출 가능	▶	학습과 시행착오를 통하여 지속적인 모니터링 필요
언제든지 게시하거나 중지 가능	▶	트래픽 컨트롤 불가능
방문자나 전환에 비용 발생	▶	최적화 후 비용 대 효과가 뛰어남
노출 효과에 비해 클릭율 저조	▶	스폰서 광고보다 효과가 뛰어남
SEO경쟁으로 등록 불가능한 키워드 노출 가능	▶	지속적으로 경쟁력 유지가 어려움
관련된 사이트에 광고 노출 가능	▶	관련된 웹사이트나 디렉토리에 노출
타겟트된 지역에 광고 가능	▶	지역을 타겟할 수 없다
캠페인을 사용하여 짧은 기간에 유리	▶	장기간에 걸친 마케팅에 유리

• **구글의 마케팅 - Google Adwords**

한동안 수익모델이 없어 구글의 성공 여부를 부정적으로 보는 견해도 있었으나 2001년 애드워즈(Adwords)라는 검색광고를 수익모델로 도입하자 구글은 인터넷 광고시장을 빠르게 점유해 나갔다. 2003년 애드센스 광고서비스를 시작하였고 애드워즈처럼 검색광고로 성공하였다.

Google Adwords의 특징은 국내에서 계정 하나로 글로벌 시장을 Control한 수 있다는 것이다. 즉 국가별 광고를 설정하고, 언어별로 광고할 수 있고, 국가별/언어별 수요를 확인하여 실질적인 광고효과를 확인하고, 국가별 광고 실적분석 데이터를 제공하므로써 실질적으로 얼마나 홍보가 되었고 얼마나 클릭이 되었는지 관리할 수 있다.

또한 구글 협력 네트워크 사이트를 통한 노출을 제공하므로써 효과를 극대화할 수 있는 장점이 있다.

▌Google Adwords 주요특징▌

• 가장 높은 ROI를 보여주는 마케팅 수단

온라인 마케팅은 가장 높은 ROI를 제공한다. 또한 타 매체에 비해 가장 저렴한 광고비용이 소요된다.

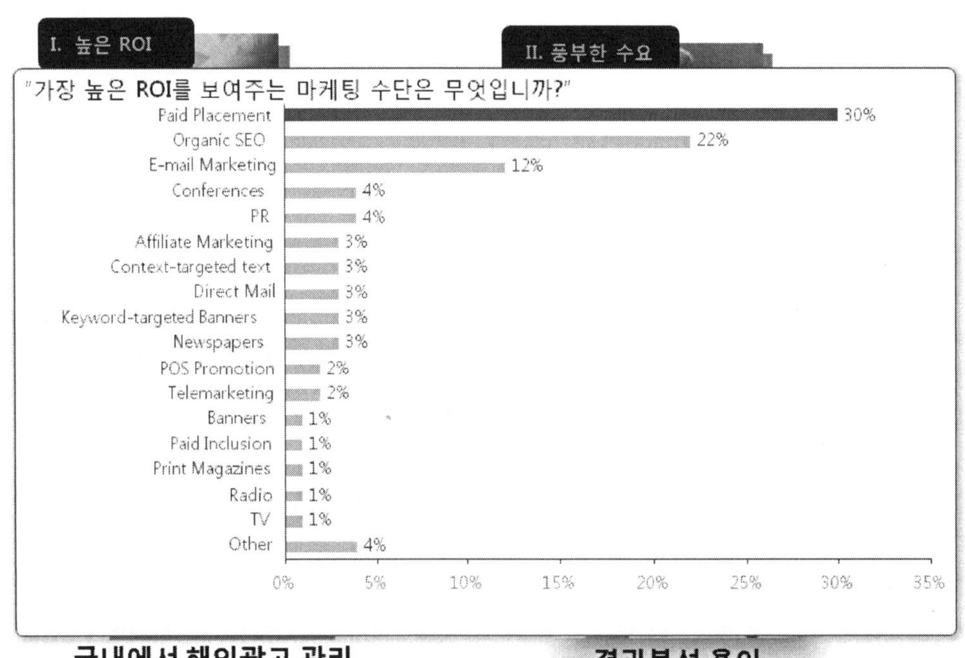

IntelliSurvey, Inc. and Radar Research commissioned by Search Engine Marketing Professional Organization (SEMPO), February 2007.

나. SEO(Search Engine Optimization)

SEO란 검색엔진 최적화라는 뜻으로서 그 주체는 개별사이트가 되며 SEO 작업은 순수한 검색엔진이나 각종 포털에 탑재되어 있는 검색엔진이 개별사이트를 방문했을 때 랭킹을 규정하는 검색엔진의 알고리즘에 맞게 사이트/페이지구조를 맞추어 검색결과에서 상위에 노출되도록하는 작업을 말한다.

궁극적으로는 내 사이트로의 트래픽을 향상시켜서 사이트의 목적을 구현하는 것이고 또한 이들의 내부업무시스템 간에 전자문서교환이 이루어지게 하는 가장 핵심적인 역할을 수행한다.

▌CPC와 SEO 영역비교▐

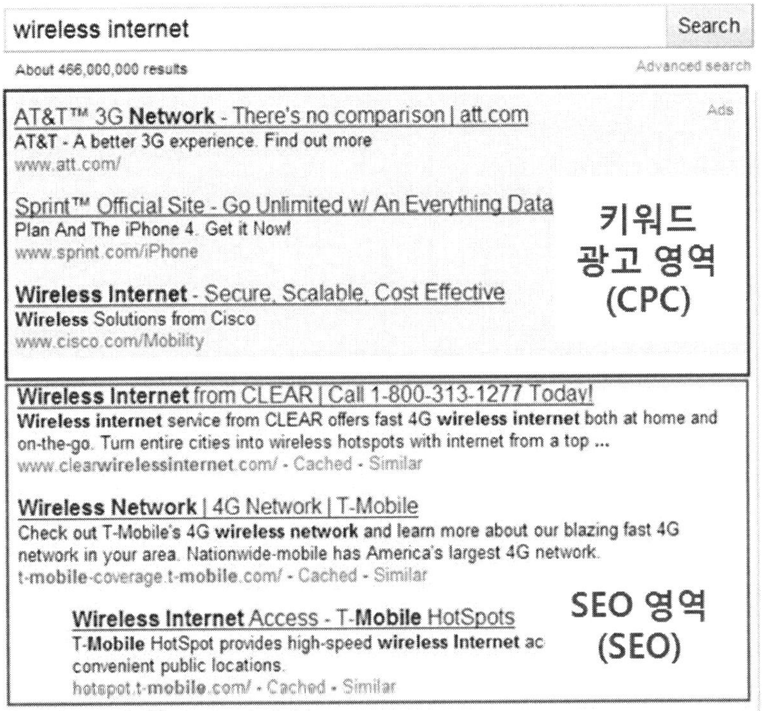

CPC영역은 구글에 광고비를 내고, 페이지 상위에 랭크를 하는 사이트이며, SEO영역은 검색엔진 상의 자연검색 결과로 자사의 사업 내용을 가잘 잘 나타낼 키워드를 이용해 검색엔진에서 검색 결과를 상위에 노출시키고 선점한다.

홈페이지가 검색 결과 상위에 랭크가 되면 자사의 홈페이지로의 방문객을 증가시키고, 이를 통해 오프라인에서 창출된 고객을 자연스럽게 유치하거나 새로운 시장으로 그 영역을 확장하여 잠재 고객을 확보할 수 있다. 해외에서는 CPC보다는 SEO영역에 트래픽이 더욱 높은 비율을 차지한다. 이러한 환경에서 해외 온라인 마케팅에 중요한 축이 되고 있는 것이 바로 검색엔진최적화 SEO이다.

- **검색엔진 최적화 방법**
  - 내부 최적화 작업 : Title & Meta 최적화 작업, Body Coding(Contents 최적화), Link Analysis(내부 링크분석)을 통해서 내부 최적화 작업을 진행한다.
  - 외부 최적화 작업 : 검색엔진 등록, 링크분석, 외부링크 확장의 방법으로 최적화한다.

▌검색엔진 최적화 작업절차▐

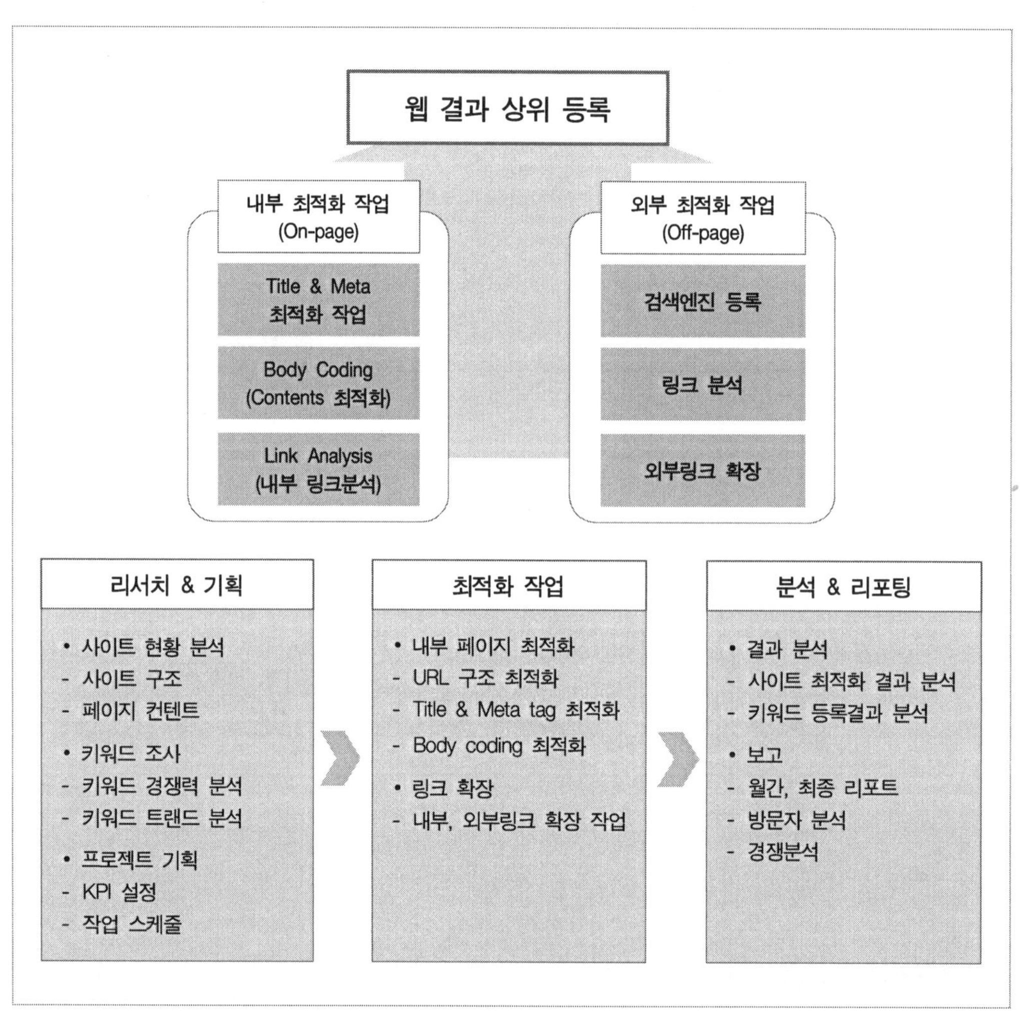

▌검색엔진 최적화 : Title 태크 삽입 방법▌

Title Tags

SEO - Search Engine Optimization | Read SEOmoz, Rank Better - Mozilla Firefox

File Edit View History Bookmarks Yahoo! Tools Help del.icio.us

http://www.seomoz.org/

<title>SEO - Search Engine Optimization | Read SEOmoz, Rank Better</title>

Google seomoz Search Advanced Search Preferences

Web

SEO - Search Engine Optimization | Read SEOmoz, Rank Better Web Development

SEOmoz, a Seattle-based search engine optimization company, serves as a hub for search marketers worldwide, providing education, tools, resources and paid ...

www.seomoz.org/ - Jun 16, 2007 - Similar pages - Note this

Page Strength SEO Tool - www.seomoz.org/page-strength

Tools - www.seomoz.org/tools

Blog - www.seomoz.org/blog

Articles - www.seomoz.org/articles

More results from www.seomoz.org »

▌검색엔진 최적화 : Meta Description 삽입▌

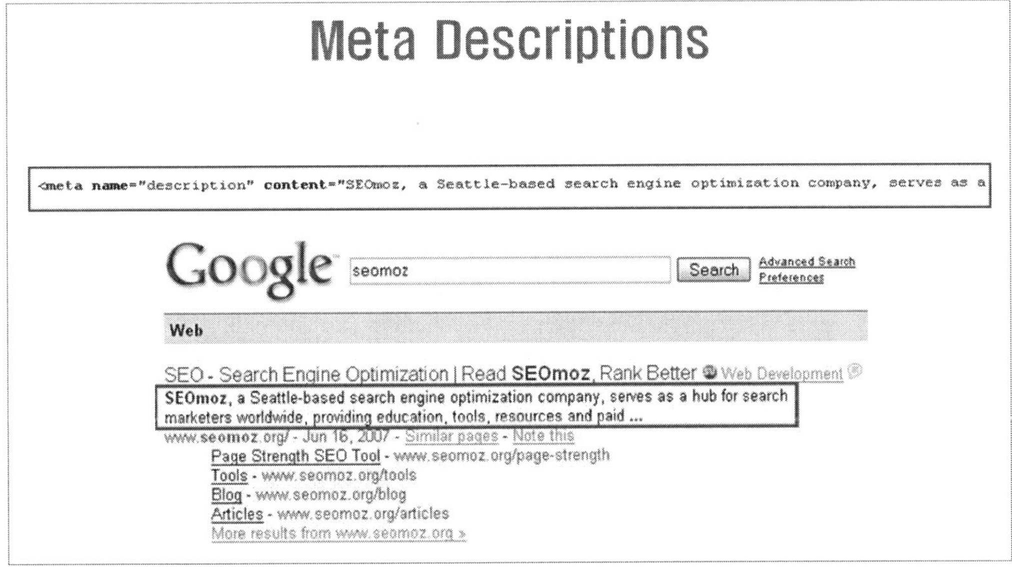

- **키워드 선정방법**

키워드 선정 시 세밀하게 Targeting된 키워드를 활용하는 것이 홈페이지 방문율 및 인콰이어리 수신을 높일 수 있다.

▌키워드의 성격▐

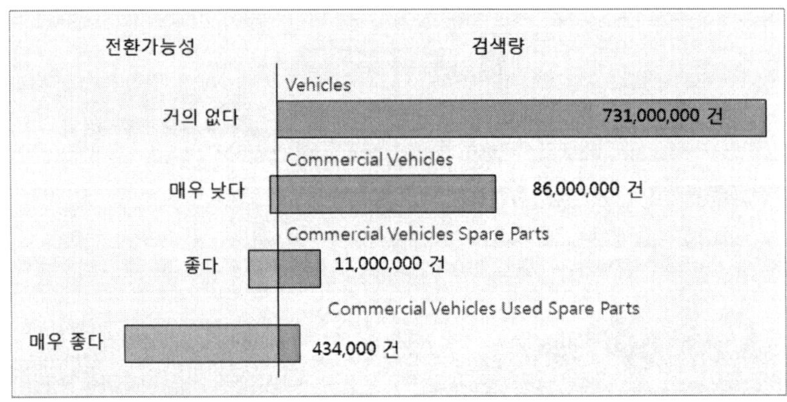

이상적인 키워드 조건은 High Volume(many searches/month), Low Competition(weak sites/pages in the top 10), High Value(large % of visitors convert)의 기준으로 적용했을 때가 가장 이상적인 키워드 검색조건이다.

다. SNS 서비스

SNS 서비스란 1인 미디어, 1인 커뮤니티, 정보 공유 등을 포괄하는 개념이며, 참가자가 서로에게 친구를 소개하여, 친구관계를 넓힐 것을 목적으로 개설된 커뮤니티형 웹서비스이다. 국내에서는 B2C거래에서 많이 활용하고 있다.

▌SNS 서비스▐

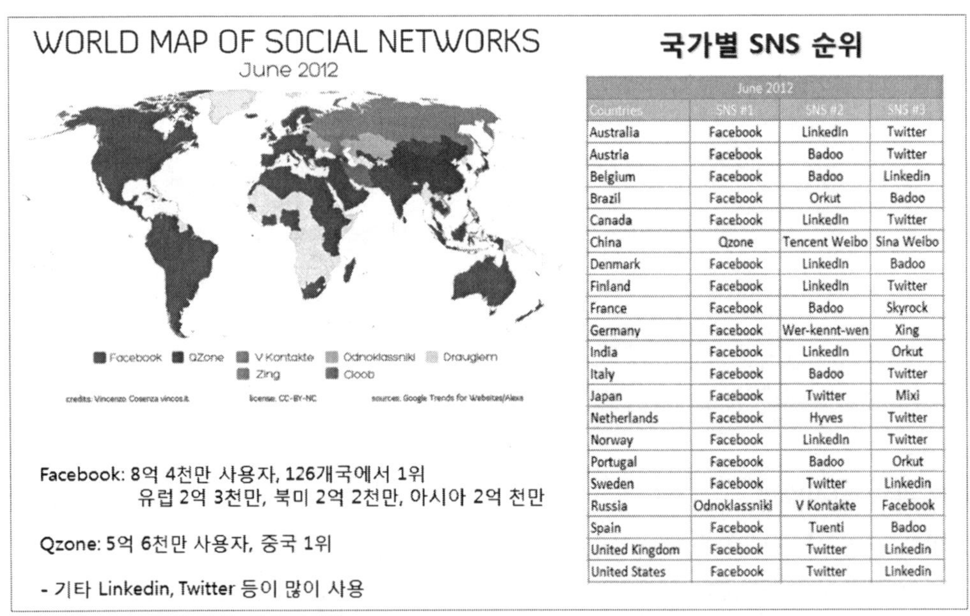

Countries	June 2012 SNS #1	SNS #2	SNS #3
Australia	Facebook	LinkedIn	Twitter
Austria	Facebook	Badoo	Twitter
Belgium	Facebook	Badoo	Linkedin
Brazil	Facebook	Orkut	Badoo
Canada	Facebook	LinkedIn	Twitter
China	Qzone	Tencent Weibo	Sina Weibo
Denmark	Facebook	LinkedIn	Badoo
Finland	Facebook	LinkedIn	Twitter
France	Facebook	Badoo	Skyrock
Germany	Facebook	Wer-kennt-wen	Xing
India	Facebook	LinkedIn	Orkut
Italy	Facebook	Badoo	Twitter
Japan	Facebook	Twitter	Mixi
Netherlands	Facebook	Hyves	Twitter
Norway	Facebook	LinkedIn	Twitter
Portugal	Facebook	Badoo	Orkut
Sweden	Facebook	Twitter	Linkedin
Russia	Odnoklassniki	V Kontakte	Facebook
Spain	Facebook	Tuenti	Badoo
United Kingdom	Facebook	Twitter	Linkedin
United States	Facebook	Twitter	Linkedin

SNS 서비스는 온라인을 통한 인맥관리 서비스로 정의할 수 있으나 광의로 해석하면 커뮤니케이션 기능과 댓글 기능이 있는 블로그, 카페, 가상현실 서비스를 포함할 수 있다.

- 협의의 SNS : 온라인을 통한 인맥관리 서비스
  - OPEN SNS : 비회원도 일부 콘텐츠에 접근 가능한 SNS
  - 폐쇄 SNS : 회원만 사이트내 콘텐츠 및 서비스 접근
- 광의의 SNS : 사람과 사람간의 연결을 촉진하고 지원하는 기능을 가진 서비스
  - 가상현실서비스, 커뮤니티 서비스, 인스턴트 메신저
- SNS유사 서비스 : 사회적 네트워크를 온라인상에서 구축하는 서비스 전반을 의미
  - 블로그, 미니홈피, 동영상UCC

국내SNS는 오프라인의 인맥 중심으로 적용되는 경우가 대부분이고, 최근에는 고가의 제품을 공동구매 등의 형태를 SNS방식으로 적용하고 있다. 해외 SNS는 오프라인 뿐만 아니라 새로운 온라인 인맥 만들기, 오픈 소스화로 인한 다양한 API 지원을 통한 확장성, 사이트간 연동 확대 등의 특징을 살펴볼 수 있다.

▌대표적인 국내/국외 SNS 형태▐

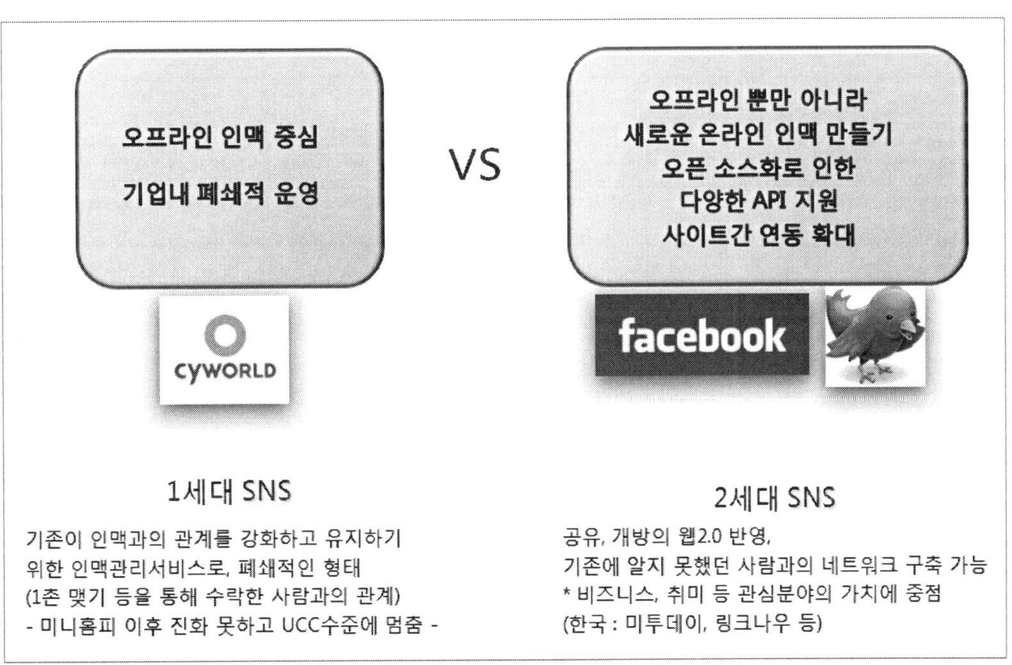

▌주요 소셜미디어서비스 특징▐

명칭	콘텐츠 형태	URL	특징	주요활용방법
트위터	텍스트 + 인용링크	twitter.com	140자 이내의 단문. 각종 소셜미디어 링크를공유할 수 있는 소셜 북마크적 역할	RT를 발생시켜 소셜미디어 전체의 트래픽 향상에 이용
블로그	텍스트 + 사진, 동영상, 태그, 링크 등	typepad.com	사용자의 콘텐츠를 총괄하여 보존 가능	멀티미디어 콘텐츠의 저장고로 활용
페이스북	텍스트 + 사진, 동영상, 태그, 링크 등	facebook.com	3억 명 이상의 사용자를 보유한 세계 최대의 SNS	전 세계로의 콘텐츠 송신에 활용
믹시	텍스트 + 사진, 동영상, 태그, 링크 등	mixi.jp	일본 최대의 SNS	젊은 층 대상의 PR에 활용
유튜브	동영상	youtube.com	세계 최대의 동영상 사이트	바이럴 비디오의 저장 공간으로 활용
유스트림 TV	동영상	ustream.tv	라이브 동영상 공유 사이트. 트위터나 페이스북 등에 동영상 콘텐츠의 URL을 자동올림 가능	이벤트, 세미나 등의 간이 방송용으로 활용
트위픽	사진	twipic.com	트위터의 사진 공유 사이트	트위터의 사진 저장 공간으로 활용
플리커	사진	flickr.com	사진 공유 사이트	공유 가능한 사진 앨범으로 활용

* "소셜미디어마케팅, 무엇이고 어떻게 활용할 것인가", 더숲, 2010.07.

소셜미디어는 사람들이 자신의 생각과 의견, 경험, 관점 등을 서로 공유하고 참여하기 위해 사용하는 개방화된 온라인 툴과 미디어 플랫폼으로 SNS를 지원하는 시스템이다.

검색엔진 서비스와 차별성은

- 검색엔진의 경우 많은 검색결과로 인해 검색을 포기하는 단점이 있으나
- SNS의 특징은 검색엔진에서 제공하는 광고로 도배된 광고를 더 이상 믿지 않고, 지인들의 이야기나 추천평 한마디에 집중
- SNS는 익명성에서 실명성 정보로 인한 검색결과 신뢰성이 높은 장점이 있으며
- 검색엔진에서는 서로 아무런 관련이 없는 사람들끼리 정보 주고받으나
- SNS는 사용자가 올리는 정보는 계속 연결되어 공유가 가능한 특징이 있다.

4 eMarketplace 시스템

글로벌 무역거래의 시스템은 현재 국내에서 무역협회, KOTRA, ECPLAZA, EC21, 환경산업기술원, 중소기업진흥공단 등에서 거래알선 등 다양한 서비스를 포탈로 운영하고 있다.

eMarketplace의 주요기능은 수출자/수입자 간의 거래관리기능, 회사정보 관리, My Catalog, inquiry, offer 등의 기능이 있다.

가. 주요기능

• **MTO**

퀵메뉴, 거래상담 내역관리, 해외 홍보, 자사상품홍보, 내 회사정보관리, 내 정보관리, 바이어발굴 등을 관리한다.

메뉴 구성내용	활용 영역
My Trade Office	퀵메뉴
Inquiry	거래상담
Buying Tools	해당사항없음
Selling Tools	해외홍보
My Products	해외홍보
My Homepage	내정보 관리
TradeMall	해당사항없음
My Account	내정보 관리
Promotion	해당사항없음
Buyer DB	바이어발굴

• **My Account**

자사의 오퍼/상품에 대한 홍보 및 관리, 내 홈페이지의 상품적용 등 정보에 대한 관리를 지원한다.

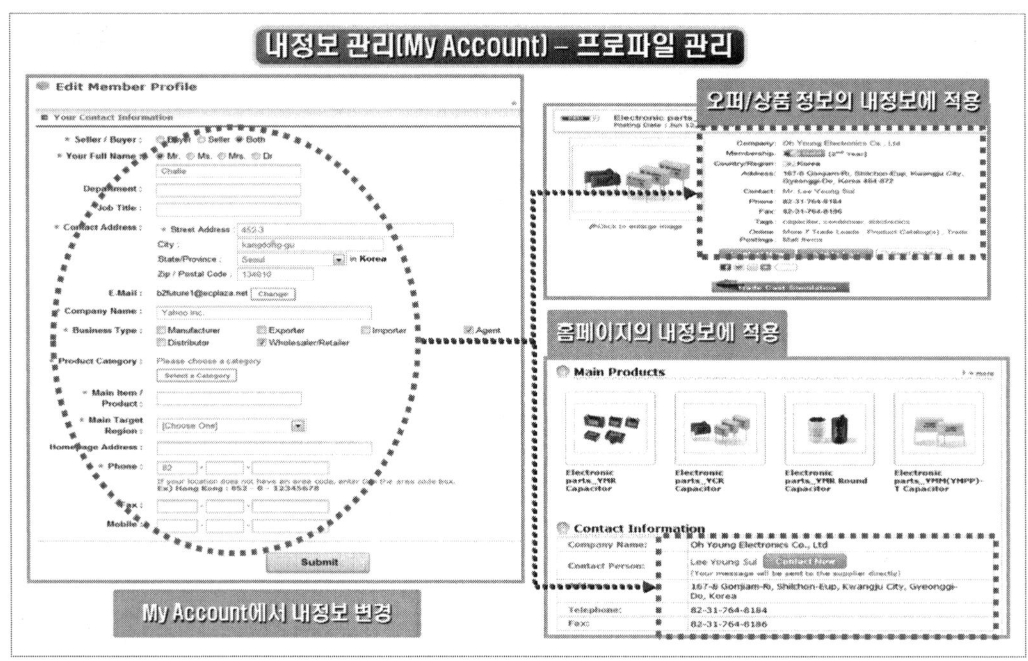

생성된 홈페이지 예시이다.

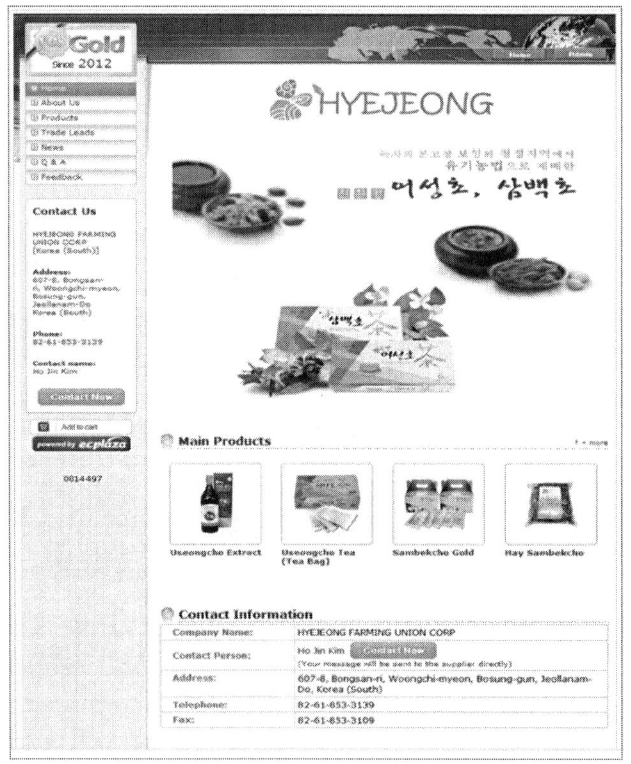

- **My Homepage관리자 기능**

My Homepage에서는 회사정보관리, 프로파일 관리, 상품홍보관리, 홈페이지 스타일 관리, 메뉴 편집기능, 페이지별 게시판 관리, 데이터관리 및 이미지 등록 등 다양한 기능을 제공하여 일반적인 홈빌더와 판매상품 관리 등의 기능이 추가되어 있다.

My Homepage 관리 페이지

구성 및 활용 영역

메뉴 구성내용	활용 영역
•My Homepage	e-MP제공 홈페이지 주소
•Company Information	회사정보 관리
- Company Profile	회사프로파일 관리
- Product Information	회사상품 관리
-Introduction	회사소개 관리
•Homepage Style	홈페이지 스타일 관리
- Site Style	홈페이지 스타일 관리
- Main Page	메인페이지 형태 선택
- Menu Editor	메뉴 편집
-Option	페이지별 게시여부 선택
•Data Storage	데이터 관리
- File Manager	파일 등록 관리
- Image Gallery	이미지 등록 관리
•BBS Manage	게시판 관리
-News	News 관리
- Q&A	Q&A 관리

- **My Products(상품 등록)**

신규상품 등록 및 기존상품에 대한 변경관리를 한다.

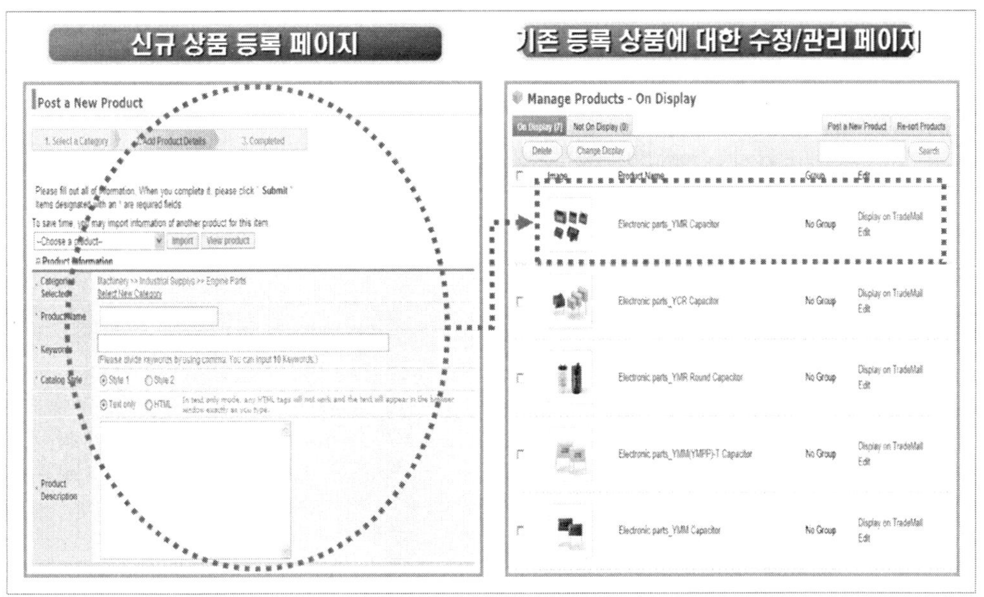

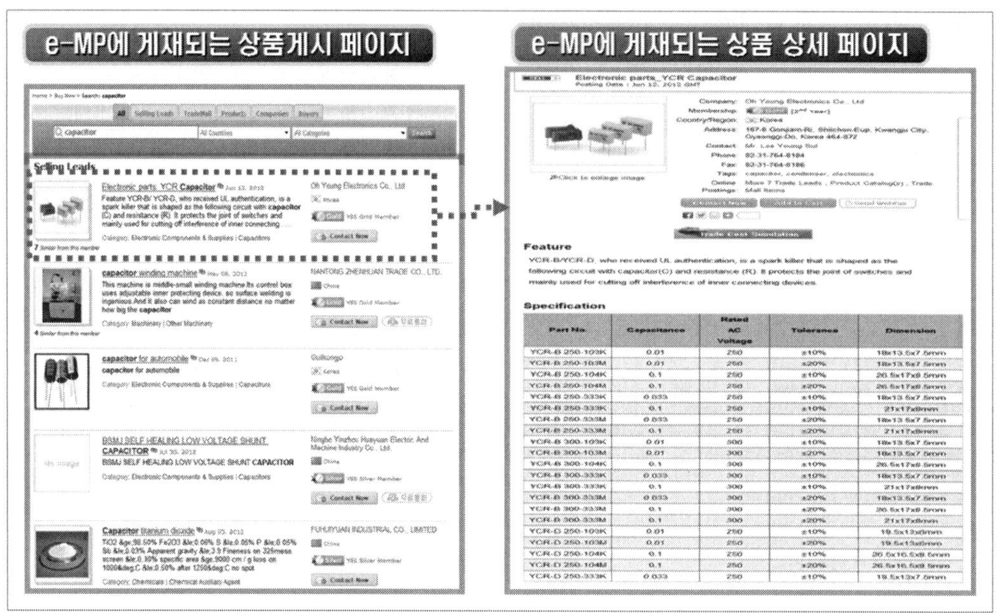

• **바이어DB검색**

글로벌 Buyer DB 중에서 자신이 취급하는 상품을 구입이 가능한 Buyer를 검색하여 선택하고 필요에 따라, 메일 등으로 거래제의를 보낸다.

다양한 지역별, 국가별 Buyer를 대상으로 Cart에 넣고 한꺼번에 거래제의서를 발송할 수 있다.

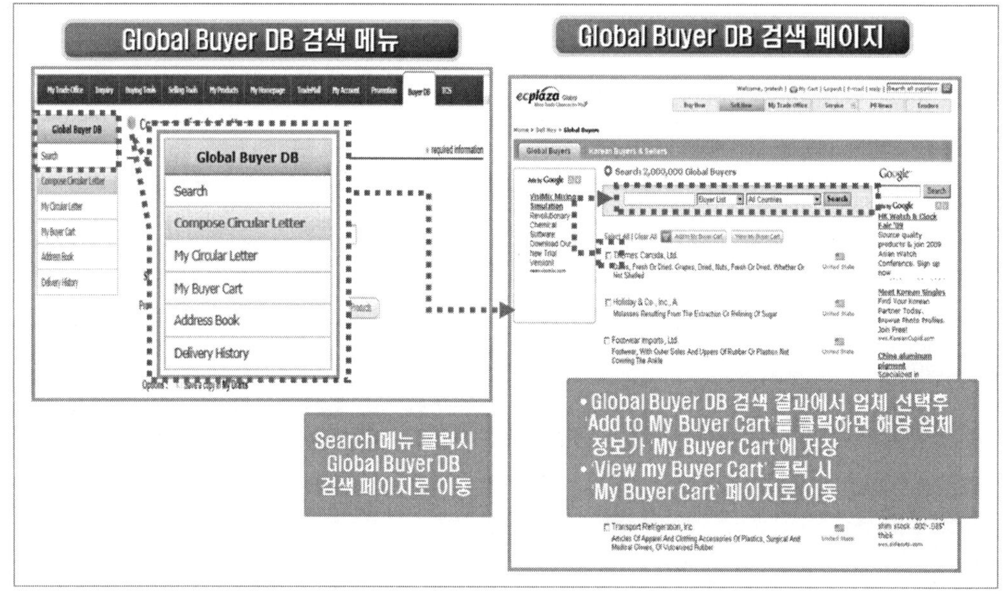

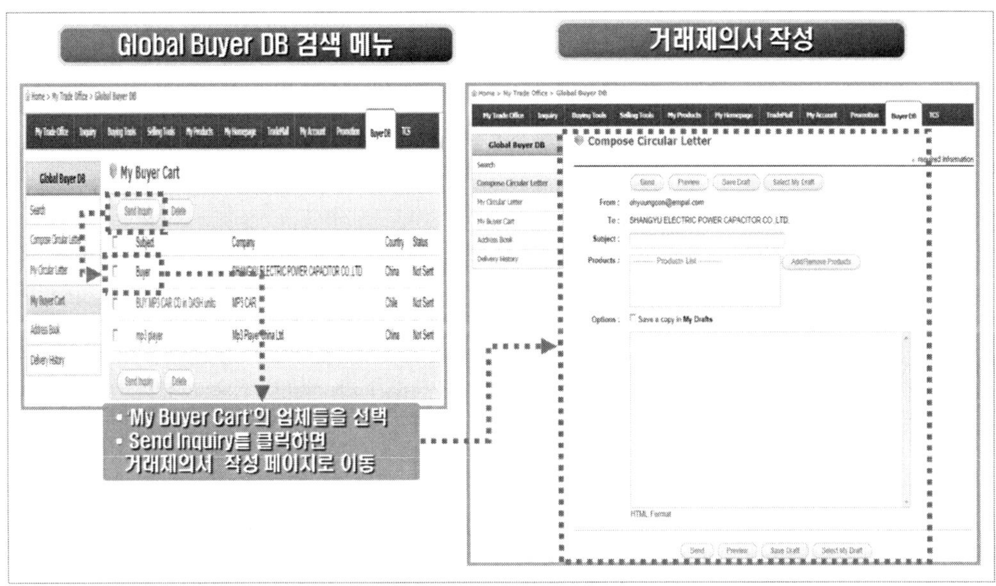

• **거래제의서 작성**

거래제의서 작성 Tool을 활용하여 C/L을 작성하고, 여러 가지 템플릿 중에서 본인이 원하는 거래제의서 발송 Form을 활용하여 발송한다.

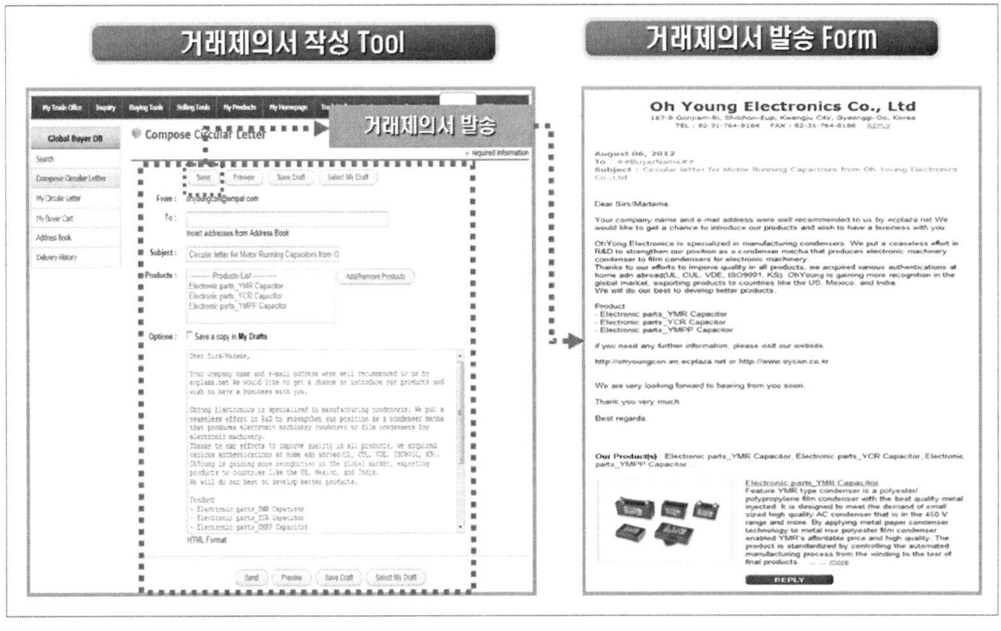

• **인콰이어리 관리**

이러게 발송한 거래제의서(C/L)를 통하여 홍보를 하고 Inquiry에서 수신, 발송 및 저장관리, 필터링 서비스, 중요 바이어관리, 주요 상품/오퍼 등의 정보를 관리한다.

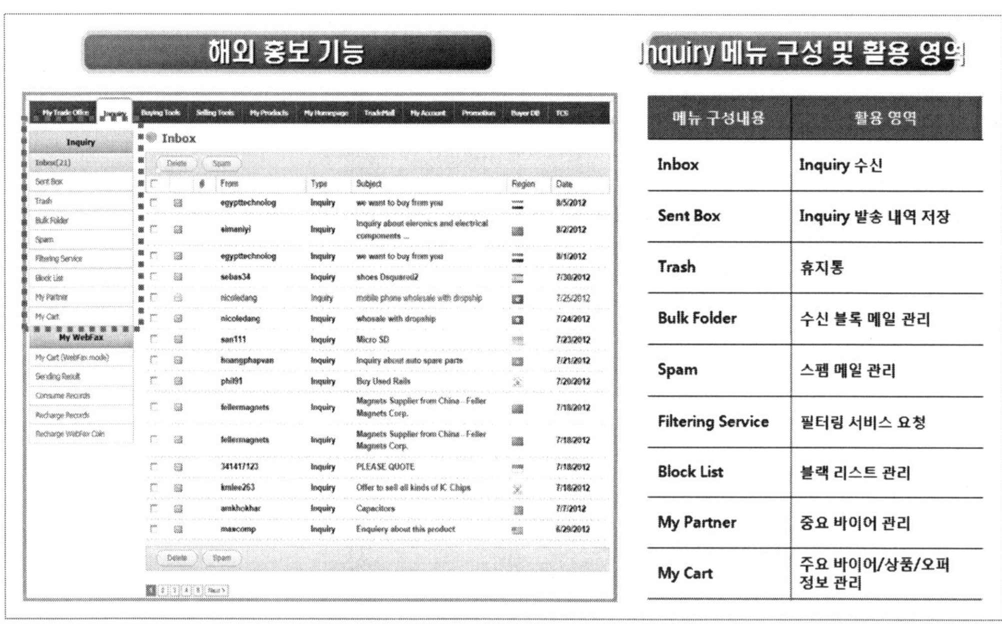

메뉴 구성내용	활용 영역
Inbox	Inquiry 수신
Sent Box	Inquiry 발송 내역 저장
Trash	휴지통
Bulk Folder	수신 블록 메일 관리
Spam	스팸 메일 관리
Filtering Service	필터링 서비스 요청
Block List	블랙 리스트 관리
My Partner	중요 바이어 관리
My Cart	주요 바이어/상품/오퍼 정보 관리

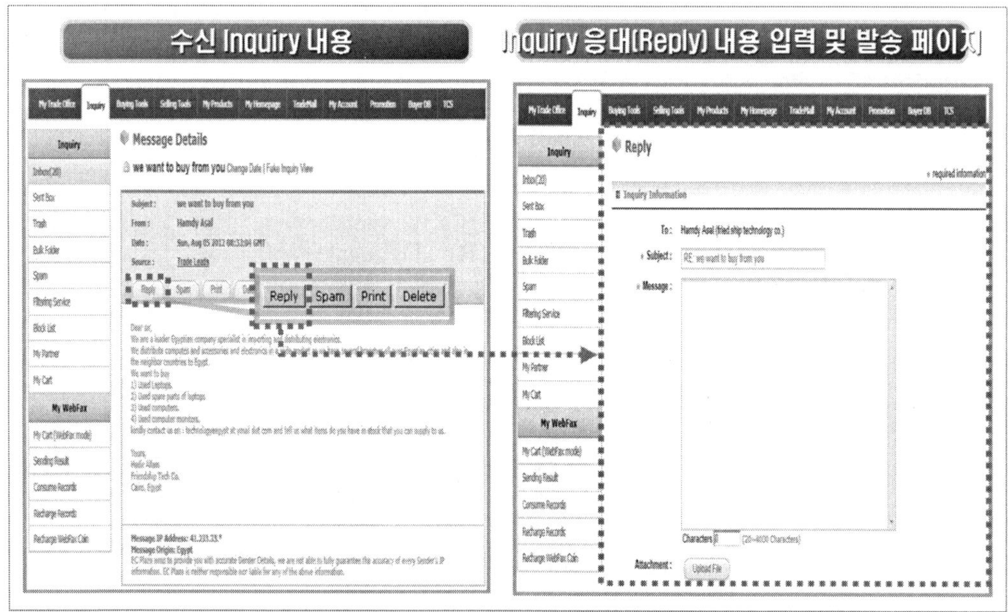

나. 인콰이어리 응대

• 인콰이어리 진위 여부

인콰이어리를 받았다고 해서 모두 바이어가 보낸 인콰이어리는 아니다. 단순 스팸 메일일 수도 있고 경쟁사들이 가격조사를 위해 보내는 메일일 수도 있다. 인콰이어리의 내용 분석과 검토를 통해 실제 바이어가 보낸 인콰이어리 응대에 집중해야 한다.

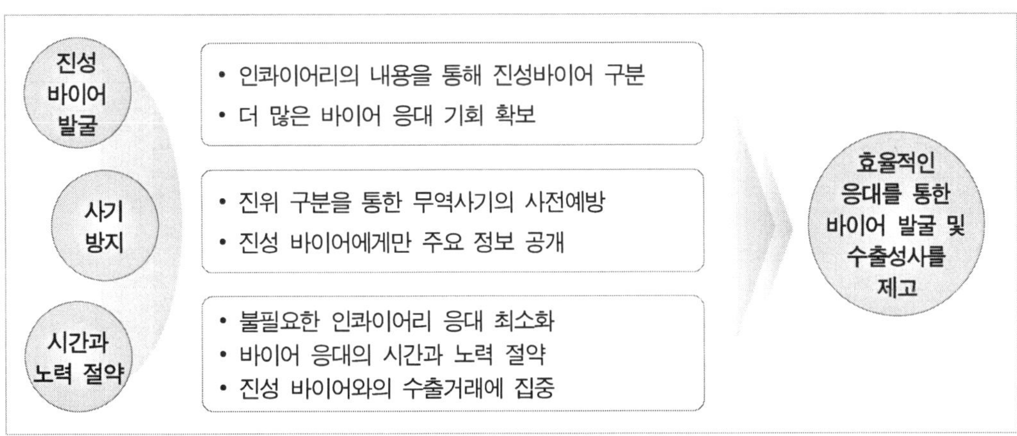

• 인콰이어리 응대의 필수조건

구분	주요 내용
신속한 응대	• 즉시 회신을 하지 못하면 바이어는 빠른 회신을 하는 다른 셀러를 찾아 주문할 확률이 높다. • 신속한 응대는 오더로 이어지는 가장 중요한 첫걸음이다.
성실한 응대	• 바이어 입장에서 셀러가 성실히 응대해오지 않으면 셀러를 신뢰할 수 없어 구매를 하지 않는다. • 어떠한 질문에도 답변은 반드시 해줘야 한다.
바이어 정보 요구	• 바이어에게 회사 소개서, 수입현황(품목, 금액, 국가) 등을 요청하여 바이어의 구매력 등을 판단한다. • 바이어의 구매력 정도에 따라 응대 전략을 세워야 한다.
정확한 자료 제공	• 바이어가 요구한 자료(가격리스트, 상세 스펙, 제품소개자료 등)는 반드시 신속히 제공하고 제품관련 정보는 정확한 정보만을 제공한다. • 입증 불가능한 자료나 애매모호한 자료는 제공하지 않는 것이 낫다.
제품의 특장점 제시	• 다양한 셀러의 제품을 접하는 바이어의 구미를 당기기 위해서는 타사 제품들과 비교하여 월등히 나은 점을 제시해 주어야 한다. • 가격, 품질, 시장성 등 어느 한가지라도 제시해야 구매 고려 대상이 된다.

• **유형별 인콰이어리 응대 요령**

① 샘플 요구에 대한 응대

구분	바이어 특성	응대 요령
실제 바이어	• 소량의 샘플 요구 • 샘플의 용도 명시(테스트용, 고객제시용) • 샘플 구매비용 부담 • 필요한 제품 사양 구체적으로 제시	• 바이어 요구 제품에 대한 정확한 스펙 제시 • 샘플 수량 및 가격 제시 • 샘플 발송 주소 또는 특송사 Account 요청 • 샘플 확인 후 구매의사 타진
단순 바이어	• 대량의 샘플 요구 • 샘플 발송 재촉 • 샘플 무상 제공 요구 • 제품에 대한 문의가 거의 없음	• 구체적인 샘플의 용도와 스펙을 요청 • 샘플 비용은 바이어 부담임을 강조 • 향후 구매수량 및 금액 정도 확인

② 가격리스트 및 견적 요구에 대한 응대

구분	바이어 특성	응대 요령
실제 바이어	• 제품 사양별, 모델별 가격요청 • Target Price 제시 • 구매수량을 미리 제시하여 수량에 따른 가격 요청	• 제품별 상세한 가격리스트 준비(EXW, FOB, CIF 등 조건별 가격 책정) • 셀러가 제시하는 가격이 최적의 가격임을 강조하고 설득 • 가격 절충에 따른 조건 준비 및 제시
단순 바이어	• 셀러가 생산하는 모든 제품에 대한 가격리스트 요청 • 제품 특성 파악보다는 가격에 더 관심이 많음 • 구매수량에 대한 언급이 없음	• 관심 제품을 알려달라고 하여 해당 제품의 가격만 제공 • 최소구매수량 및 제품의 희소성에 따른 가격 인하폭 명확히 제시

③ 가격인하 요구에 대한 응대

		응대 요령
실제 바이어	• 경쟁상품 및 가격을 알려주며 인하 요청 • 시장 공급가격에 준하는 가격 인하 요청 • 경쟁상품에 비해 높은 가격이 경우, 가격인상 요인 문의	• 가격인하 폭 및 인하 조건을 제시 • 경쟁상품과의 차이점 및 강점 제시 • 제시 가격이 최적의 가격임을 주지시키고 바이어의 요구에 논리적이고 성실하게 응대
단순 바이어	• 처음부터 무리한 가격인하 요구 • 구체적인 가격인하 요청 이유를 제시 못함 • 대부분 주문량이 최소주문수량에 못미치면서도 대폭 가격인하 요구	• 시장공급가격을 사전조사하여 근거로서 제시 • 가격인하에 따른 주문수량 및 거래의 연속성에 대한 부분을 결정한 후 요구 수락

Tip – 가격인하 시 고려사항

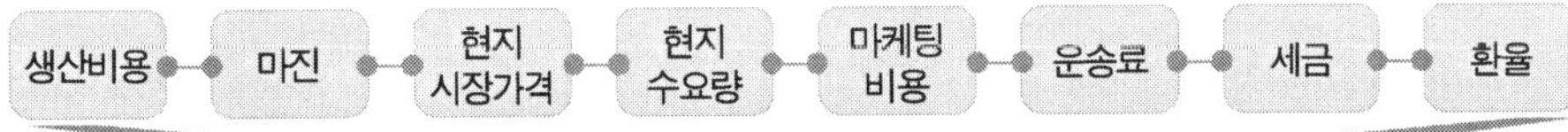

"합리적인 가격 산정을 통한 인하폭 결정이 우선"
"바이어의 무리한 요구는 사절"

• **바이어 상담 요령**

세심한 준비와 성의있는 협상자세로 바이어의 오퍼요청을 받아내는 것이 목적이다.

- ✓ 1. 다양한 가격카드 준비
- ✓ 2. 최상의 가격임을 주지시켜라
- ✓ 3. 시장동향을 분석하라
- 4. 연결고리를 유지하라
- ✓ 5. 제반비용을 사전 계산
- ✓ 6. 생산현황 파악
- 7. 제품 기술정보, 노하우 파악
- 8. 논리적으로 반박한 자료
- 9. '너 아니어도 다른 바이어와 거래할 수 있다'라는 자심감을 내비쳐라
- ✓ 10. 바이어의 무리한 요구에도 흥분하지 말고 침착하고 성실하게 대응하라

제2장 FTA란

1 FTA 개념

국가 간 상품의 자유로운 이동을 위해 모든 무역 장벽을 제거하는 협정으로 자유무역협정(free trade agreement)을 의미한다. 즉 특정 국가 간의 상호 무역증진을 위해 물자나 서비스 이동을 자유화시키는 협정으로, 국가와 국가 사이의 제반 무역장벽을 완화하거나 철폐하여 무역자유화를 실현하기 위한 양국간 또는 지역 사이에 체결하는 특혜무역협정이다.

WTO가 모든 회원국에게 최혜국대우를 보장해 주는 다자주의를 원칙으로 하는 세계무역체제인 반면, FTA는 양자주의 및 지역주의적인 특혜무역체제로, 회원국에만 무관세나 낮은 관세를 적용한다. 시장이 크게 확대되어 비교우위에 있는 상품의 수출과 투자가 촉진되고, 동시에 무역창출효과를 거둘 수 있다는 장점이 있으나, 협정대상국에 비해 경쟁력이 낮은 산업은 문을 닫아야 하는 상황이 발생할 수도 있다는 점이 단점으로 지적된다.

• FTA의 핵심 3가지

FTA의 기본적으로 역외생산, 역외운송, 역외재료를 허용하지 않는다. 즉 자국에서 생산하고 자국의 배로 운송하며, 자국의 원부자재를 사용하는 것이 기본 원칙이다. 이러한 원리를 이해하고 세부적인 사항에 대해서 알아보자.

▌FTA 기본원리▐

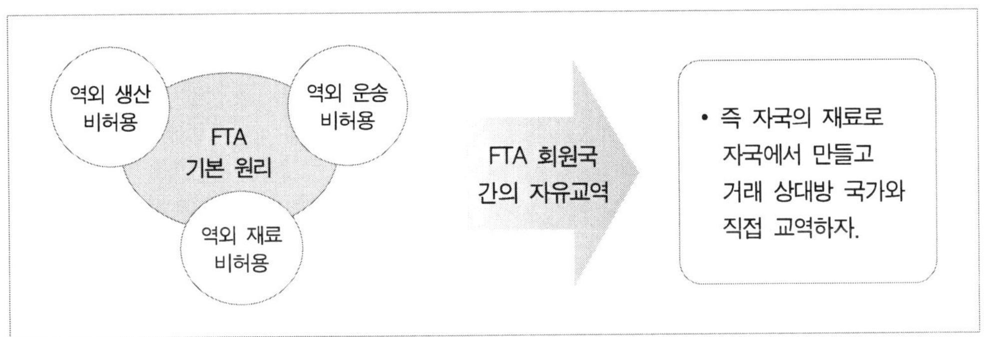

• **FTA 주요내용 및 대상범위**

전통적인 FTA는 상품 분야의 관세인하에 중점을 주고 있는 경우가 많다. 그러나, 최근의 상품의 관세 철폐 이외에도 서비스 및 투자 자유화까지 포괄하는 것이 일반적인 추세며, WTO 체제의 출범(1995년)을 전후하여 FTA의 적용범위도 크게 확대되어 지적재산권, 정부조달, 경쟁정책, 무역구제제도 등 협정의 대상범위가 점차 넓어지고 있다.

다자간 무역협상 등을 통하여 전반적인 관세수준이 낮아지면서 다른 분야로 협력영역을 늘려가게 된 것도 이 같은 포괄범위 확대의 한 원인이라고 할 수 있다.

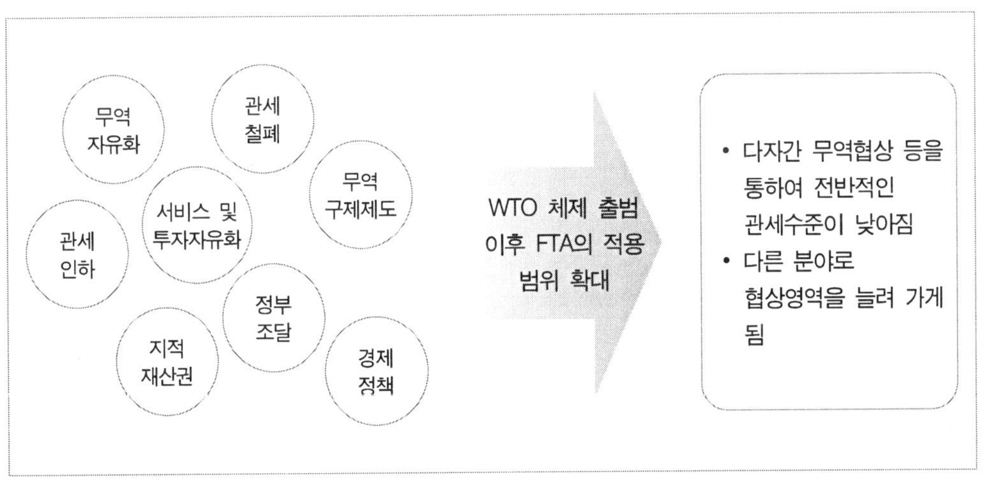

- **FTA 체결현황(발효국가)**

FTA	주요 내용	발효일	비고
칠레	최초의 FTA, 중남미 시장의 교두보	2004.04	
싱가폴	ASEAN 시장 교두보	2006.03	
EFTA	스위스, 노르웨이, 아이슬란드, 리히텐슈타인	2006.09	유럽시장 교두보
아세안	브루나이, 캄보디아, 인도네시아, 라오스, 말레이시아, 미얀마, 필리핀, 싱가포르, 베트남, 태국		거대경제권과 체결한 최초의 FTA
	상품무역협정	2007.06	
	서비스협정	2009.05	
	투자협정	2009.09	
인도	BRICs국가, 거대시장	2010.01	
EU	독일, 프랑스, 이탈리아, 영국, 스페인, 폴란드, 루마니아, 네덜란드, 벨기에, 그리스, 포르투갈, 체코, 헝가리, 스웨덴, 오스트리아, 불가리아, 덴마크, 핀란드, 슬로바키아, 아일랜드, 리투아니아, 라트비아, 슬로베니아, 룩셈부르크, 에스토니아, 키프로스, 몰타	2011.07.01. (잠정) 2015.12.13. (전체)	거대 선진경제권
페루	자원부국 중남미 진출 교두보	2011.08	
미국	세계 최대경제권 (GDP기준)	2012.03	
	개정의정서	2019.01.01.	
터키	기본협정 · 상품무역협정	2013.05.01.	유럽 · 중앙아 진출 교두보
	서비스 · 투자협정	2018.08.01.	
호주	자원부국, 오세아니아 주요시장	2014.12.12.	
캐나다	북미 선진시장	2015.01.01.	
중국	우리의 제1위 교역대상국('19년 기준)	2015.12.20.	
뉴질랜드	오세아니아 주요시장	2015.12.20.	
베트남	우리의 제5위 투자대상국('19년 기준)	2015.12.20.	
콜롬비아	자원부국, 중남미 신흥시장	2016.07.15.	
중미5개국	파나마, 코스타리카, 온두라스, 엘살바도르, 니카라과	2021.03.01. 전체발효	중미 신시장 창출
영국	브렉시트 이후 한영 통상관계 지속	2021.01.01.	

출처: https://www.fta.go.kr/main/situation/kfta/ov/

• 서명타결된 FTA

한 · 인도네시아 CEPA	한 · 이스라엘 FTA	한 · 캄보디아 FTA

• 협상중인 FTA

한 · 중일 FTA	한 · 에콰도르 SECA	한 · 필리핀 FTA
한 · 러시아 FTA	한 · 말레이시아 FTA	한 · 우즈베키스탄STEP

• 재개개시여건조성

한 · PA FTA	한 · EAEU FTA

• FTA 활용에 따른 수입 및 수출 시 효과

① 수출 시 효과

우리나라 제품을 체결국에 수출할 때 상대국 수입관세가 낮아지므로 수입국 시장에서 상대적으로 FTA를 체결하지 않은 나라로부터의 수출제품에 비해 가격경쟁력이 높아진다.

ex) FTA를 통한 관세절감 효과액 측정 방법

관세혜택 = (일반세율 - FTA 협정세율) × 수입금액(CIF)

- FTA 적용 전 한국에서 EFTA협정국가로 세톱박스 수출시 : 관세 16%
- FTA 적용 후 한국에서 EFTA협정국가로 세톱박스 수출시 : 관세 0%

② 수입 시 효과

체결국에서 수입하는 원자재 및 부품에 대한 관세를 절감할 수 있다.

ex) FTA를 통한 관세절감 효과액 측정방법

관세혜택 = (일반세율 - FTA 협정세율) × 수입금액(CIF)

- FTA 적용 전 한국에서 칠레산 구리 수입 시 : 관세 3%
- FTA 적용 후 한국에서 칠레산 구리 수입 시 : 관세 1.3% FTA협정관세

2 FTA 원산지증명서

원산지증명서란 물품이 역내산임을 증명하는 문서이고 FTA체결국가 간의 원산지증명서는 관세특혜에 따른 협정별로 근거하여 FTA 원산지증명서를 발급한다. 협정체결 국가나 단체에 따라 자율발급과 기관발급으로 나눠서 발급을 하고 있다.

• FTA 원산지 증명서 중요성

FTA는 협상체결국간 무관세 또는 저율관세를 적용하여 물품의 자유로운 이동을 촉진하고, 양국간 무역활성화를 통하여 수출입을 확대하는데 목적이 있는 바, 이에 비협상국과의 차별적 수단으로 원산지증명서의 발급이 요구된다.

FTA원산지 규정이 비특혜원산지 규정보다 엄격하고 구체적인데, 이유는 FTA 원산지규정이 FTA특혜관세 혜택의 역외유출 내지 제3국 기업에 의한 우회수입을 방지할 필요가 있고, 역내 부품산업을 육성하는 산업정책을 추진할 필요가 있기 때문이다. 따라서 통상적으로 요구하는 원산지 증명서가 아닌 FTA 협정세율 적용을 위해 해당 국가의 기관 또는 수출자가 발급한 FTA 원산지증명서를 요구한다. 다시 말해 원산지 증명서를 발급받아 비협상국과의 차별적 수단으로 이용하겠다는 것이다.

• FTA 원산지 결정기준 및 확인방법

① 완전생산기준(Wholly Obtained or Produced Criterion)

기초원재료부터 완전히 수출국에서 생산된 제품. 100% 원재료를 이용하여 100% 국내생산의 경우에만 해당된다. 원산지 결정기준의 기본 원칙이나 실질적으로 적용이 힘들어, 농수산물, 광물 등에만 적용된다.

② 실질적 변형기준(Substantial Transformation Criterion)

생산과정이 역내와 역외 이상에 걸쳐 이뤄진 물품에 대해 본질적인 특성을 부여하기에 충분한 정도의 실질적 변형이 최종적으로 수행된 국가에 원산지를 부여하는 것이다.

즉 컴퓨터 본체를 생산하는데 있어 일부 원부자재를 중국이나 일본 등에서 생산한 것을 가공하여 한국에서 생산한 경우이다. 위의 완전생산기준이 충족하기가 어렵기 때문에, 적용되는 기준으로 아래의 3개 기준이 각각 적용되거나 결합하여 적용되기도 한다.

(1) **세번변경기준**(Change in Tariff Classification Criterion)

불완전생산품에 대한 원산지결정기준의 한 종류로써 역내 생산과정에서 투입된 비원산지재료의 세번과 다른 세번의 제품이 생산되면 제품을 원산지물품으로 인정하는 것이다.

HS코드는 6단위이기 때문에, 류단위 변경기준(2단위), 호단위 변경기준(4단위), 소호단위변경기준(6단위 변경기준)이 있다.

(2) **부가가치기준**(Value added Criterion)

완제품을 구성하는 원재료 중 비원산지재료와 역내산 재료의 비율을 따지는 기준으로서, 일정비율 이상의 원재료가 역내산이면 제품을 역내산으로 인정하는 규정이다.

(3) **특정가공공정기준**(Specific Manufacturing or Processing Operation Criterion)

특정한 가공공정이 역내에서 수행되어야 원산지로 인정하는 규정을 말한다. 대개, 실질적인 변형은 있었으나, 세번이 변경하지 않는 제품을 보완하기 위해 쓰이는 규정이다. 재료를 기반으로 하는 가공공정기준이나 HS코드의 변형을 기반으로 하는 세번변경기준과는 달리 공정만 따지는 기준이다.

위의 3가지 유형은 품목별기준이고, 각 협정별로 일반기준이 적용되는데, 역내산으로 인정을 받으려면, 협정별 일반기준과 HS 코드별로 구성된 품목별 기준을 모두 만족시켜야 한다.

- **FTA 원산지 증명서 발급방식**

① 기관발급제

협정이 정하는 방법과 절차에 따라 원산지국가의 관세당국 기타 발급권한이 있는 기관이 당해 물품에 대하여 원산지를 확인하여 발급하는 제도로써 우리나라는 상공회의소와 관세청에서 발급을 하고 있다.

② 자율발급제

협정이 정하는 방법과 절차에 따라 수출자가 당해 물품에 대하여 원산지를 확인하여 작성, 서명(당해 물품의 상업송장 또는 관련서류에 수출자가 원산지 국가를 기재할 것을 포함)하여 사용하는 제도로써 기업이 자율적으로 발급을 하여야 하며, 기업에서 원산지관리 시스템을 보유하지 않은 경우 FTA-KOREA, FTA-PASS를 이용하여 ASP방식으로 발급을 처리할 수 있다.

• FTA 협정국별 원산지 증명서 발급방식

구분	한·칠레	한·싱가포르	한·EFTA	한·아세안	한·미국	한·인도	한·EU	한·페루
발급 방식	자율발급	기관발급	자율발급	기관발급	자율발급	기관발급	자율발급	기관(5년), 자율발급
발급자 (기관)	수출자	세관/ 상공회의소/ 자유무역 관리원	수출자	세관/상공 회의소 (개성공단: 세관)	수출자, 생산자, 수입자	세관 상공회의소	수출자	세관/ 상공회의소, (자율발급 시 수출자)
증명서 서식	양국간 통일 증명서식	국별 증명서식	송품장 신고방식	통일 증명서식 - AK서식	정형화된 양식없음	통일 증명서식 - KIN서식	송품장 신고방식	기관(통일증명 서식) 자율(송품장신 고방식)
유효 기간	2년	1년	1년	6개월	4년	1년	1년	1년
사용 언어	영어	영어	영어	영어	영어/한글 (요구시 번역본 제출)	영어	한글 · EU 당사국 언어	영어

• FTA 원산지 증명서 문서보관

① 서류보관기간

(1) 수출자: 수출신고수리일로부터 5년

(2) 수입자: 수입신고수리일로부터 5년

(3) 생산자: 원산지증빙서류를 작성한 날로부터 5년

• 관련서류 보관

① 수입자

사후 원산지검증 등 협정관세 적용의 적법성을 검증받아야 하므로 원산지증명서와 수출자와 생산자 등으로부터 받은 입증서류를 보관하여야 한다. 이를 위반할 경우 이미 적용한 협정관세를 배재/추징하고, 형사처벌도 받을 수 있다.

② 수출자

사후 검증을 대비하여 자료를 보관해야 한다. 원산지증명서에 대한 정확성은 사후에 검증하는 것을 원칙으로 하므로 이를 위하여 자료보관 의무를 두고 있고, 위반할 경우 협정관세 적용을 배제하고 형사처벌을 병행하도록 하고 있다.

③ 생산자

수출자와 생산자가 다를 경우, 생산자도 사후 원산지검증에 대비해서 자료를 보관해야 한다. 생산자가 원산지검증시 제대로 준비하지 않았다면 이 역시 처벌의 대상이 된다. 또한 수출자에게도 피해가 전가되기 때문에 수출자로부터 소송을 당할 수도 있다.

구분	관련서류
수입자	• 원산지 증명서(전자문서 포함), • 수입신고필증, • 수입거래 관련 계약서, • 수입물품의 과세가격 결정에 관한 자료, • 수입물품의 국제운송 관련 서류, • 사전심사서 사본 및 사전심사에 필요한 증빙서류(사전심사서를 교부받은 경우에 한함), • 지적재산권 거래 관련 계약서
수출자	• 체약상대국의 수입자에게 제공한 원산지증명서 사본 • 원산지증명서 발급 신청서류 사본 • 수출신고필증 • 해당 물품의 생산에 사용된 원재료의 수입신고필증 • 수출거래 관련 계약서 • 해당 물품 및 원재료의 생산 또는 구입 관련 증빙서류 • 원가계산서, 원재료 내역서 및 공정명세서 • 해당 물품 및 원재료의 출납, 재고관리대장
생산자	• 수출자 또는 체약상대국의 수입자에게 해당 물품의 원산지 • 증명을 위해 작성, 제공한 서류 • 수출자와 체결한 물품공급 계약서 • 해당 물품의 생산에 사용된 원재료의 수입신고필증 • 해당 물품 및 원재료의 생산 또는 구입 관련 증빙서류 • 원가계산서, 원재료 내역서 및 공정명세서 • 해당 물품 및 원재료의 출납, 재고관리대장

- FTA 원산지관리 이행절차

수출/공급물품 HS 코드확인	• 수출물품, 공급물품의 HS코드 및 원자재(BOM)의 HS코드 확인. • 관세사, 무협홈페이지(http://fta.kita.net), 관세청 품목분류(http://www.customs.go.kr)
FTA별/품목별 원산지기준 확인	• 일반기준 - 기본원칙(수출입거래자, 직접운송, 불인정공정여부, 역내가공여부) - 분야별 특례(누적, 미소기준,중간재 등), • 품목별기준(세번변경/부가가치기준/가공공정/선택기준/조합기준) • FTA별/품목별 관세 효과분석, 충족관리 전략 마련(거래선관리, 인증수출자 인증) 등
원산지 충족관리	• 원부자재에 대한 원산지 입증자료 수취관리 • 원산지판정을 위한 기준데이터 관리(BOM, 구매/판매업체, 구매원장,매출원장 , 원가산출내역 등) • FTA별/품목별 원산지판정 계산
원산지증명서류 발급 및 관리	• 원산지판정결과를 바탕으로 원산지관련문서를 작성 및 발급 - 원산지확인서/원산지소명서, 자율증명발급/ 기관증명발급
원산지 검증/실사 대응	• 발급내역 및 입증자료 보관(5년) - 수출입신고필증, 원산지증명서 발급 신청서류, - 계약서, 원재료 생산 및 구입 관련 증빙서류 - 원가계산서, 원재료 내역서, 공정명세서, 재고관리대장

- 기업규모에 따른 FTA 원산지업무 관리 방안

① 소규모 기업은 수작업 처리

- 생산(수출)품목수가 적고, 소규모이며 거래선이 한정되어 있는 경우
- 원산지관리 전담자가 관리매뉴얼에 의해 원산지관리업무를 수행
- 업무담당자 변경 시 업무의 연속성 유지, 원산지 증빙자료 관리(5년)
- 정확한 원산지 판정에 어려움 존재

② 대기업과 중견기업은 회사별 독립시스템을 구축

- 원산지관리솔루션을 도입하여 운영
- 원산지판정 기준데이터가 ERP와 연계하여 개발되어 원산지관리가 용이하며
- 회사 맞춤 서비스 개발이 가능하나 도입비용 과다(1억~3억)
- 협정추가나 제도 변경 시 업그레이드 및 유지보수비용 별도 발생
- 협력사의 경우 원가 등 영업비밀노출 우려로 활용 활성화에 어려움 존재

③ 중소기업과 중견기업은 인터넷 ASP서비스 활용

- 인터넷방식의 ASP서비스에 가입하여 사용하며,
- 자사 ERP 보유시 ASP서비스에 자사의 ERP정보를 연계하여 활용하는 것도 가능
- 업무변경 및 협정 변경 등 서비스가 항상 최신 버전으로 관리됨
- 협력사 원가 등 영업비밀 노출 우려 없음

• **인증수출자 협정별 혜택**

구분	인증 前	인증 後
한-아세안 한-싱가포르 한-인도	① 원산지증명서 발급신청서 작성 ② 첨부서류 제출 - 수출신고필증 사본 - 송품장 또는 거래계약서 - 원산지소명서 - 원산지확인서 (생산자와 수출자가 다른 경우) - 그 밖의 원산지 증빙자료 ③ 현지 확인(필요한 경우)	① 원산지증명서 발급신청서 작성 ② 첨부서류 제출 생략 ③ 현지확인 생략 가능
한-EFTA	① 자율발급 원산지증명서로 (통상 Invoice 신고시) 수출자의 서명 필요 * 전자문서 이용 불가능	① 자율발급 원산지증명서로 (통상 Invoice 신고시) 수출자의 서명 생략 * 전자문서 이용가능
한-EU	① 6,000유로 초과 물품을 수출할 경우 특혜관세혜택 불가능 (기관발급도 불가능)	① 6,000유로 초과 물품을 수출할 경우 자율적으로(통상 Invoice 신고시) 원산지증명서 발급 가능 (특혜관세 적용 가능)
한-페루	① 미화 2,000달러 초과 물품을 수출할 경우 원산지 증명서 기관발급만 가능	① 미화 2,000달러 초과 물품을 수출할 경우 원산지 증명서 기관발급 및 자율발급 모두 가능

• **인증수출자 인증 심사기준**

- 원산지관리를 위한 전산시스템 또는 업무매뉴얼에 의해 원산지 증명이 가능해야 함
- 원산지관리능력을 갖춘 전담관리자를 지정(자격증 소지자 또는 FTA교육 이수자)
- 원산지증명서 작성대장을 관리 및 원산지입증서류의 보관(5년)
- 최근 2년간 원산지조사 거부, 서류보관의무 위반 등 처벌사례가 없어야 함

3 FTA 원산지증명서 발급 시스템

우리나라 원산지증명서 기관발급 기관은 관세청 및 대한상공회의소이며 자율발급은 기업이 자율적으로 시스템을 구비하여 발급하는 것이다. 많은 중소기업들은 자율적 시스템 구비가 어려움으로 ASP서비스 방식(FTA-KOREA, FTA-PASS)을 활용할 수 있다.

FTA-KOREA, FTA-PASS 비교

구분	FTA-KOREA	FTA-PASS
서비스 방식	인터넷기반 서비스	PC설치버전('10년) 인터넷기반서비스
운영 주체	국가전자무역기반사업자(uTH, KTNET)	FTA국제원산지정보원(관세청 지원)
지원협정	8개 FTA 협정 지원	8개 FTA 협정 지원
전자문서 송수신	원산지(포괄)확인서, 원산지소명서, 원산지확인요청서, 원산지증명서	원산지소명서, 원산지확인요청서, 원산지증명서
기초데이터 입력	직접입력, 엑셀업로드, Web 서비스연계	직접입력, 엑셀업로드, API 데이터 송수신
사후검증 대비 자료 관리	전자무역문서보관소 사용	사설 운영서버 이용

가. 기관발급 시스템

관세청에서 발급하는 시스템은 통관포탈(http://portal.customs.go.kr)을 활용하여 발급한다.

- **발급 프로세스**
  - 전자공인인증서를 구입
  - 관세청 전자통관포탈시스템(Uni-Pass) 가입
  - 이용신청서를 작성하여 관할세관장으로부터 전자민원 사용승인
  - Uni-Pass 시스템에 접속하여 FTA 원산지증명서 발행신청서 내역을 입력 후 첨부서류를 PDF파일 등으로 첨부하여 발급 신청

▌관세청 이용 발급 프로세스▐

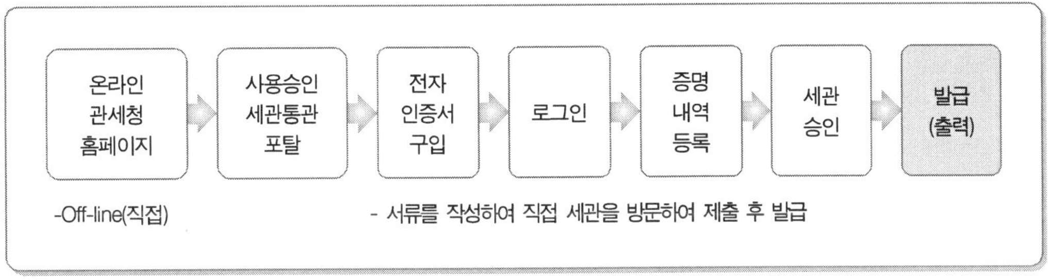

상공회의소의 경우 무역인증홈페이지(http://cert.korcham.net/certweb/index.htm)를 이용하여 발급한다.

- **발급 프로세스**
  - 상공회의소에 서명등록하고 사용자 ID를 발급
  - 로그인 후 FTA 원산지증명서 발행신청서 내역을 입력 후 첨부서류를 PDF파일 등으로 첨부하여 발급신청

▌상공회의소 발급 프로세스▐

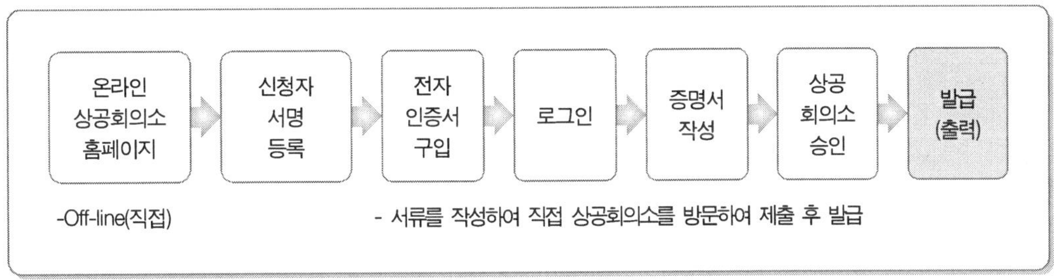

나. 자율발급 시스템

기업에서 자율적으로 준비하는 시스템 외에 FTA-KOREA, FTA-PASS를 활용하여 발급하는 것에 대해서 알아본다.

1) FTA-KOREA

FTA-KOREA는 인터넷 ASP서비스로 별도의 프로그램 설치나 구축비용이 없으며, 여러 수출회사와 거래관계가 있는 중견/중소기업의 원산지관리에 적합하다.(전자문서에 의한 원산지판정자료 교환) 또한 uTH의 전자무역업무와 전자무역문서보관소 활용이 가능하다.

▌서비스 구성도▐

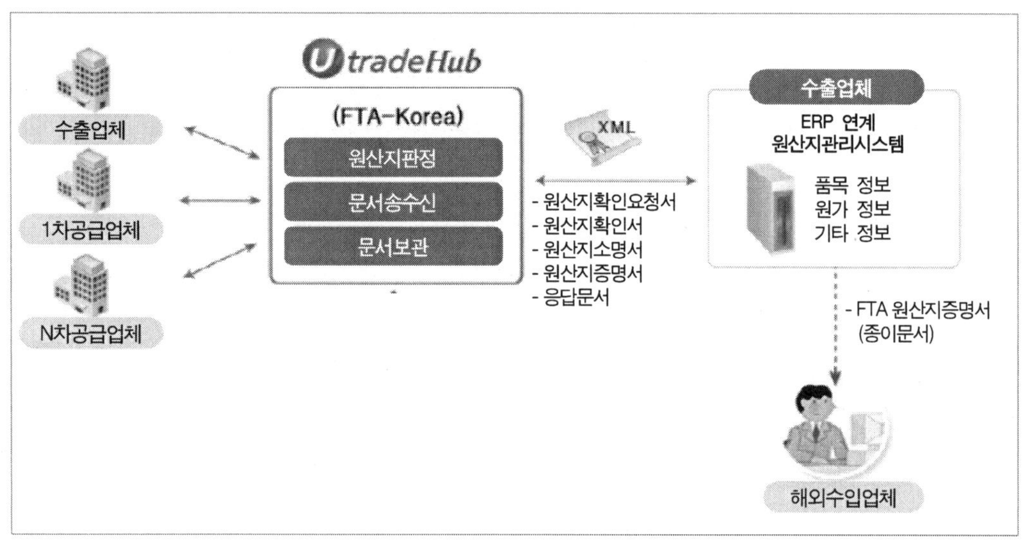

- 주요기능

구분	내용
FTA 정보 조회 시뮬레이션	• 협정별/지역별 원산지정보 조회 • FTA Rule 관리/ HS 코드 조회 • 시뮬레이션
기준정보 관리	• 회사/사용자/권한 관리 • 품목관리/구매업체관리/판매업체 관리/표준 BOM/ 제조공정관리 • 직접입력, 엑셀 일괄업로드
판정관리	• 원재료수불부, 제품수불부, 제품별 원산지판정대상 • 제품별 원산지 판정/ 매출별 원산지 판정 • 개별확인서 발급/ 포괄 확인서 발급
전자문서송수신	• 증명서 출력/발급 * 원산지확인서, 원산지소명서/제품원가산출내역서 • 송수신관리(원산지확인서,원산지소명서/미결요청서/결과통보서 등)
사후관리	• 서명권자대장, 확인서 수취사항, 발급문서별 이력관리, 기준정보관리 등

- HKMC 적용모델

자체 원산지관리 시스템을 미보유한 협력사와 FTAHUB와 직접연계가 어려운 2~N차 협력사간의 원산지 판정 및 문서 송수신업무를 적용하였다.

▌HKMC 적용모델▌

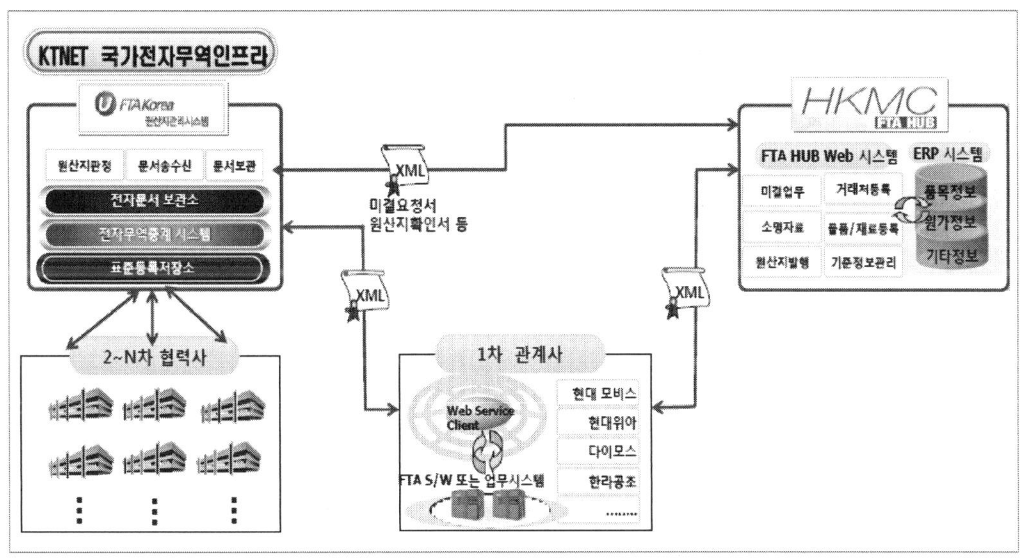

• 원산지판정 관리

기준정보 등록정보 및 원산지확인서 수취정보를 바탕으로 협정별 원산지판정을 자동으로 판정한다.

• 확인(증명)서 발급관리

원산지판정이 완료된 매출 건에 대하여 원산지확인(증명)서를 발급내역을 관리한다.

• 전자문서 송수신

공급업체와 구매업체간 원산지확인서, 미결요청서, 원산지소명서 등 원산지판정결과를 전자문서로 송수신 관리한다. 전자문서로 수신 받는 경우 확인서 등록업무가 자동 관리된다.

전자문서 송수신

HOME > 외부원산지 확인서(외부용) > 전자문서 송수신

생성일자	2012-01-01 ~ 2012-01-20	처리상태	전체
원산지증명구분	전체 / 송수신구분 전체	입고번호 여부	전체
검색조건	원산지증명번호		검색

원산지확인서 | 원산지소명서 | 결과통보서 | 미결요청서 | 원산지확인서 사본

총건수 : 6 건 50 전체선택 전체해제 재처리 입고번호수정

	선택	송수신구분	유형	처리상태	원산지증명번호	발행일자	고객명	구매업체
1	☐	송신	원산지확인서(포괄)	정상	TAKOREA1-20120117-0000	2011-12-01	한미 ENG	FTAKOREA1
2	☐	송신	원산지확인서(포괄)	정상	TAKOREA1-20120117-0000	2011-12-01	한미 ENG	FTAKOREA1
3	☐	송신	원산지확인서(포괄)	정상	TAKOREA1-20120117-0000	2011-12-01	한미 ENG	FTAKOREA1
4	☐	송신	원산지확인서(포괄)	정상	TAKOREA1-20120117-0000	2011-12-01	한미 ENG	FTAKOREA1
5	☐	송신	원산지확인서(포괄)	정상	TAKOREA1-20120117-0000	2011-12-01	한미 ENG	FTAKOREA1
6	☐	송신	원산지확인서(포괄)	정상	TAKOREA1-20120117-0000	2011-12-01	한미 ENG	FTAKOREA1

- 원산지확인서 수취대상

원산지판정의 근거서류인 구입원재료에 대한 원산지확인서의 수취여부를 구매품목별/구입업체별로 관리한다.

수취대상

HOME > 외부원산지 확인서 > 수취대상

사업부	기본사업부	수취여부	전체
검색조건	품명	포괄적용일자	2012-01-20

총건수 : 6 건 50

전체선택 전체해제 미결요청서 발송 등록 삭제

	선택	구매업체	품번	품명/규격	HS코드	수취여부
1	□	디엔씨테크	R_ITEM_1_001	응고유와 응고크림/	0404902000	Y
2	□	일성산업	R_ITEM_1_002	밀크와 크림/	0401102120	Y
3	□	전진공업사	R_ITEM_1_003	탈지분유/	0402101010	Y
4	□		R_ITEM_1_004	유장농축 단백질/	0404102130	Y
5	□	한국쌀마스타(주)	R_ITEM_1_005	냉동크림/	0401301000	Y
6	□	(주)두성하이텍	R_ITEM_1_006	유장분말/	0404101010	Y

- 원산지증명서 발급현황

원산지판정이력을 매출번호별, 증명서별, 기간별로 관리한다.

U FTA-Korea 기준 정보 | 인터페이스 | 확인서 수취 | 원산지 판정 | 확인서 발급 | FTA정보 및 시뮬레이션

증명서발급현황

HOME > 원산지증명서관리 > 증명서발급현황

매출 사업부	기본사업부	발행일자 *	2011-12-01 ~ 2012-02-03
증명서구분	전체	검색조건	증명번호

총건수 : 5 건 50

	원산지증명번호	증명서타입	고객명	발행일자	포괄기간
1	FTAKOREA1-20120117-000001	포괄	한미 ENG	2011-12-01	2011-12-01 ~ 2012-11-30
2	FTAKOREA1-20120119-000002	포괄	한미 ENG	2011-12-01	2011-12-01 ~ 2012-11-30
3	FTAKOREA1-20120120-000003	포괄	한미 ENG	2011-12-01	2011-12-01 ~ 2012-11-30
4	FTAKOREA1-20120120-000004	포괄	한미 ENG	2011-12-01	2011-12-01 ~ 2012-11-30
5	FTAKOREA1-20120120-000005	포괄	한미 ENG	2011-12-01	2011-12-01 ~ 2012-11-30

2) FTA-PASS

FTA-PASS는 원산지관리시스템을 자체적으로 개발/운영하기 어려운 중소수출업체를 위하여 관세청의 지원으로 (재)국제FTA원산지정보원에서 개발한 것으로, 회원가입 후 무료로 사용할 수 있다.

• FTA-PASS 사용절차

• 주요 기능

구분	주요 설명
기준정보	원산지를 판정하기 위한 거래처, 물품/재료, 자재명세서, 원산지기준관리, 생산공정 등 기초적인 자료를 입력하는 메뉴
거래정보	원산지 판정 시 원가관리, 원산지근거서류, 완제품가격관리 등 필요한 거래정보를 입력하는 메뉴
판정관리	원산지판정 마법사를 이용하여 3단계에 걸쳐 판정을 진행하는 원산지판정, 시간별로 판정내역을 관리하는 판정이력 화면으로 구성
서류관리	원산지 충족으로 판정된 완제품 또는 중간재에 대하여 원산지증명서(기관발급, 자율발급), 원산지(포괄)확인서, 원산지소명서를 발급하거나 전송한다.
활용정보	사용자가 FTA-PASS를 사용하여 원산지판정을 하고난 후, 판정통계, 품목통계, 협정통계, 서류통계 등 다양한 요소별로 통계정보를 확인한다.
FTA 일반	FTA 정보, 추진현황, FTA협정문과 FTA 관련 법령에 관하여 검색
조회서비스	협정 및 세변별 원산지결정기준 및 HSK에 존재하는 품목정보를 관리한다. 원산지 기준조회, HSK 품목조회를 제공한다.

제3장 전자무역의 외환 분야

1 신용장

은행이 거래처의 요청으로 신용을 보증하기 위하여 발행하는 증서로써 신용장이라는 문서(이는 국제상업회의소 규칙으로 정해진 형태에 따라)는 수입업자는 거래 은행에 의뢰하여 자신의 신용을 보증하는 증서를 작성하게 하고, 이를 상대국 수출업자에게 보내 그것에 의거한 어음을 발행하게 하면 신용장 발행은행이 그 수입업자의 신용을 보증하고 있으므로 수출지의 은행은 안심하고 어음을 매입할 수 있다. 수출업자는 수입업자의 신용상태를 직접 조사·확인하지 않더라도 확실하게 대금을 받을 수 있게 된다.

▌신용장 흐름▐

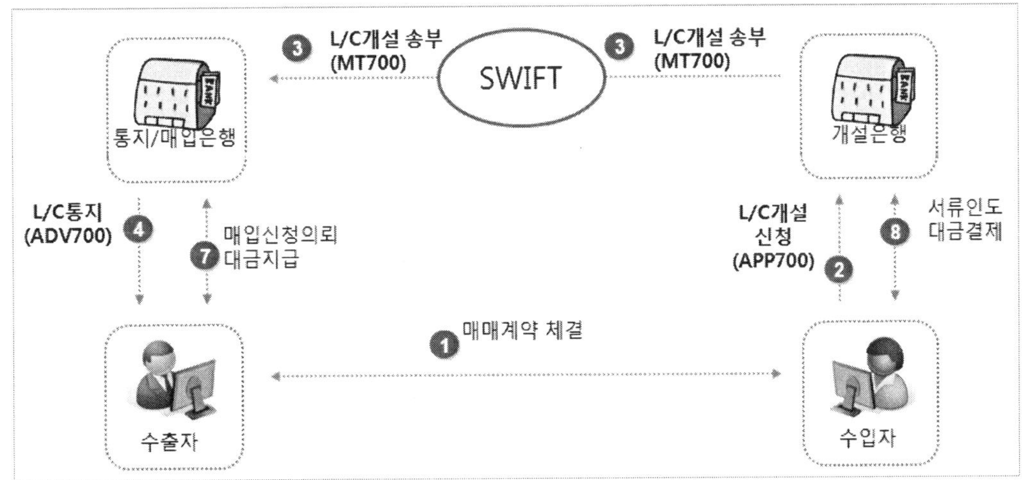

이미 은행은 국제간의 거래에서 SWIFT망을 이용하여 MT***문서를 이용하여 신용장을 전자적으로 운영하고 있으며, 국내에서는 수출신용장통지, 수입신용장 개설에 대해서 전자문서로 적용 운영하고 있다. 또한 신용장 한도관리를 통하여 이중 Nego가 이루어지지 않도록 Check하여 운영된다.

즉 전자문서로 수입자 신용장을 개설하면 "APP700" 전자문서로 송신이 되고, 수출자는 "ADV700"이라는 전자문서를 통해 수신을 받게 된다. 또한 SWIFT망을 통해서 움직이는 전문은 MT700이라는 문서를 통해 전자적으로 적용된다.

• 신용장의 종류

신용장은 신용장의 용도, 확인 여부, 취소가능 여부, 양도가능 여부, 확약방식 등 기준에 따라 일반적으로 사용되는 일반신용장과 회전신용장, 전대신용장, 기탁신용장 등 특수한 경우에 사용되는 특수신용장으로 구분할 수 있다. 실무에서는 일반신용장으로 대금지급시기에 따른 At Sight 방식과 Usance 방식을 주로 적용한다.

▌신용장 종류▐

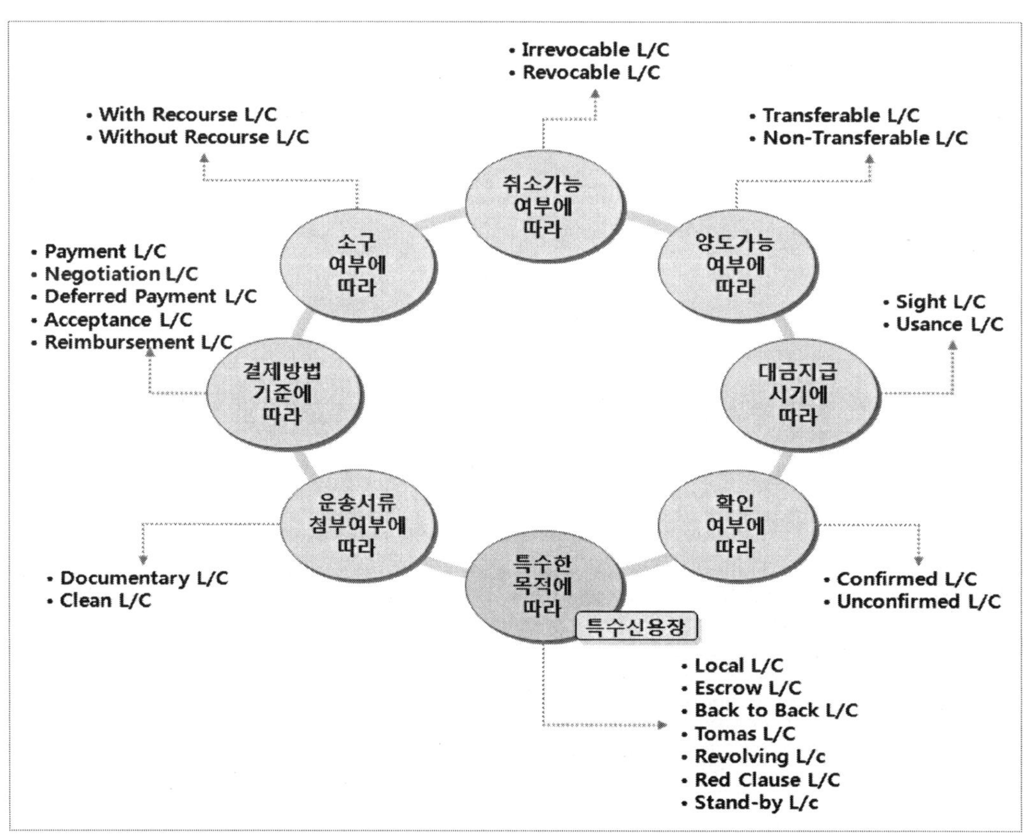

구분	분류기준	신용장 종류	주요내용
일반 신용장	취소가능 여부	Revocable L/C	신용장은 취소불능(irrevocable)의 표시가 없는 경우에도 취소불능임. 취소불능 신용장인 경우에는 기본 관계당사가 전원의 서면합의가 없으면 조건변경 및 취소를 할 수 없으며, 취소가능신용장인 경우 취소권의 행사는 매입은행의 매입통지가 개설은행에 도착할 때까지만 가능함.
		Irrevocable L/C	
	양도가능 여부	Transferable L/C	신용장상에 transferable이라는 문구가 있는 경우에 한하여 양도가 가능하고, 양도는 1회에 한하여 가능하며 분할선적이 가능한 경우에만 분할양도가 가능
		Non-Transferable L/C	
	대금지급 시기 관련	At Sight L/c	Sight L/C는 지정은행이 선적서류를 송부하면 개설은행은 서류상의 하자가 없는 한 즉시 신용장 대금을 결제하며, Usance L/C는 신용장에 정해진 기간에 대금을 결제하는 외상방식임
		Usance L/C	
	확인여부에 따라	Confirmed L/C	수익자가 개설은행의 대외신용을 의심하거나 수입자 소재국의 정치, 경제 상태가 불안정할경우 등에 신용장의 확인을 요구하게 되며, 통상 개설은행의 요청에 따라 통지은행이 확인을 추가하여 통지함. 이때 확인은행은 개설은행과 동일한 지급의무를 짐
		Unconfirmed L/C	
	운송서류 첨부 여부	Documentary L/C	Documentary L/C는 수익자가발행한 환어음에 선하증권등의 운송서류를 첨부하여, 개설은행이 지급, 인수 또는 매입할 것을 확약하는 신용장이며 Clean L/C는 환어음에 운송서류가 첨부되지 않고 어음 하나만으로 지급, 인수, 매입을 확약하는 신용장을 말함
		Clean L/C	
특수 신용장	Revolving L/C		일정기간 동안 일정금액의 범위 내에서 신용장 금액이 자동으로 갱신되어 다시 사용할 수 있는 신용장을 말함
	Advance Payment L/C		수입자가 수출자의 생산자금을 위해 대금을 선불해주는 신용장을 Advance Payment L/C라고 함
	Escrow L/C		수출업자가 원 신용장 개설자로부터 수입하는물품의 결제에만 사용할 수 있도록 규정한 신용장을 말함
	Thomas L/C		한쪽이 먼저 신용장을 개설하고 상대방은일정기간 이내에 신용장을 개설하겠다는 보증서를 발행하는 것을 상대방 신용장의 발효조건으로 하는 신용장을 말함
	Stand-by L/C		국내회사의 해외지사가 현지 은행으로부터 융자를 받고자 하는데 담보가 부족한 경우, 해외법인의 거래은행을 수익자로 하여 개설하는 신용장을 말함
	Back to Back L/C		한 나라에서 일정액의 수입신용장을 개설할 경우, 그 신용장은 수출국에서 같은 금액의 수출신용장으로 개설하여 오는 경우에만유효한 신용장을 말함

• 신용장, D/A, D/P, 송금방식

무역거래에서 계약이 성립되면 계약서(Contract)에서 정한 계약방식에 의하여 신용장방식, D/A, D/P, 송금 방식 중에 결정된다. D/A는 DOCUMENTS AGAINST ACCEPTANCE로 기한부환어음 방식이며 일반적으로는 최대 180일까지 허용되며, 신용장의 Usance방식과 유사하고, D/P는 DOCUMENTS AGAINST PAYMENT로 수출자가 발행한 화환(貨換)어음을 수입자가 지불하여 선적서류를 인도하는 지불인도조건으로 신용장의 At Sight 방식과 유사하다.

구분	지급대상자	내용
신용장 방식	지급은행	수출업체가 수출 후 Nego은행에 Nego서류를 제출하여 대금을 수령함
D/A, D/P	수입자	수입자와 수출자가 계약에 의해 은행이 보증하지 않고 직접 거래하는 방식으로 첫 거래가 아닌 자주 거래를 함으로써 서로간의 신용이 있는 상태에서 많이 사용
송금방식	수입자	CWO, COD, CAD, T/T의 송금방식이 있으며, 주로 본사, 해외지사와의 무역 거래 시 사용하는 방식

• 전자무역 적용시 장점

은행에 직접 방문하여 수입신용장 개설을 할 경우, 수입신용장개설신청서 외에 첨부서류(수입승인서, 물품매도확약서 또는 매매계약서, 담보제공증서 등)를 제출해야 되며 수입신용장 원본 수령 시 은행에 직접 방문해서 받아야 하는 불편함이 있다. 또한 해외수익자의 통지기간까지 기간이 오래 걸리는 단점이 있다.

전자무역 미적용	전자무역 적용
신청서 작성 + 첨부서류 제출 - 수입승인서, 물품매도확약서 등	신청서만 작성하여 전자무역으로 송신 - 첨부서류 제출 면제
L/C원본 수령 시 은행 직접 방문	사무실에서 전자무역 시스템으로 L/C원본 수신
법정서식 사용에 따른 관리비 증가	A4용지에 Free Format 형태로 출력됨 - 유관기관에서 원본문서로 인정함
해외수익자로부터 L/C통지기일까지 장기간 소요	은행이동시간 및 개설은행에서 재입력 절차가 생략되므로 수익자까지 통지 기일이 2~3일 단축

그러나 은행에 직접 방문하지 않고 전자무역을 적용하여 전자문서로 이용할 경우, 첨부서류 제출면제는 물론 은행에 직접 방문하지 않고 사무실에서 L/C를 개설할 수 있어서 관리비용을 줄일 수 있는 장점이 있다. 또한 실제 은행에서 받는 수수료 중 Cable Charge의 경우도 은행별로 상이하지만 약 50% 이상의 수수료 절감효과가 있다. 예를 들어 월 300건 이상의 신용장을 개설하는 기업의 경우 Cable Charge만 년간 3,000만원 이상의 절감 효과를 얻을 수 있다.

최근에는 기업내의 ERP시스템과 연동하여 DATA를 처리하는 기업들이 많기 때문에 이중입력을 하지 않고 신용장을 관리할 수 있어서 실무담당자 입장에서는 매우 편리하다.

2 대금결제

무역거래의 대금결제는 아직 미비한 실정이다. 국제적으로는 볼레로, TradeCard 등이 있으나 활용도가 거의 없고, 국내에서는 eNego시스템으로 적용하고 있으나, 현재 시범업체를 선정하여 운영하고 있는 실정이다. 이에 일반적인 무역대금처리 방법을 살펴보자.

실무에서 주로 쓰이는 무역대금 결제방식은 크게 송금방식, 추심방식, 신용장방식이며, 국제팩토링방식, 포피팅방식, 오픈어카운트 방식 등의 특수한 결제방식도 있다. 송금방식은 무역물품 대금을 외화로 결제하는 방식을 말하며 물품을 인도하는 시기에 따라 선적 전 송금과 선적 후 송금의 방식으로 나눌 수 있으며, 추심방식은 신용에 의해서만 거래되는 방식이다. 수출자가 수입자의 신용상태만 믿고 먼저 물품과 화환어음을 보낸 후 결제가 이루어지므로 쌍방이 매매계약을 성실히 이행해야 한다. 신용장방식은 취소불능화환신용장에 의하여 대금의 전액을 결제하는 조건으로 선적서류의 첨부를 요하는 수출입거래 중 가장 안전한 방식이다.

▌신용장 방식과 추심방식▐

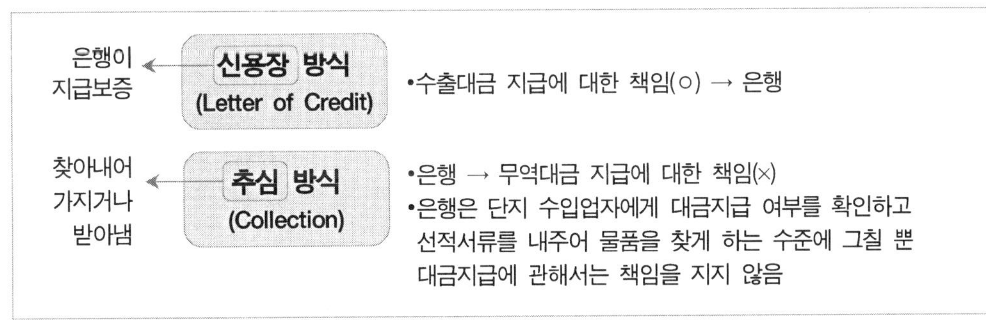

결제방식	종류	내용
송금방식	사전송금방식 (CWO)	수출자 입장에서 가장 유리한 방식으로 무서류 방식으로 먼저 공급대금을 받은 후 수출하는 방식
	사후송금방식 (COD, CAD)	• COD : 상품인도결제방식으로 수입자가 상품을 인도받으면서 대금을 결제하는 방식 • CAD : 서류인도방식으로 수출자가 선적 후 서류를 수입자에게 인도하면서 대금을 결제하는 방식
추심방식	D/A	수출자가 물품을 선적 후 거래은행을 통해 추심지시서를 활용하여 의뢰하면, 수입자는 해당 환어음을 인수받고, 만기일에 대금을 지급하는 방식
	D/P	수출자가 선적 후 추심지시서를 통해 의뢰하면, 수입자 거래은행이 수입자로부터 대금을 지급받고, 서류를 인도하는 방식
신용장방식	At Sight L/C	발행된 환어음을 즉시 결제하는 방식
	Usance L/C	발행된 환어음이 기한부신용장으로 만기일에 지급하는 방식

• **결제 방식에 따른 업무 흐름도**

▌신용장(Letter of Credit) 방식▐

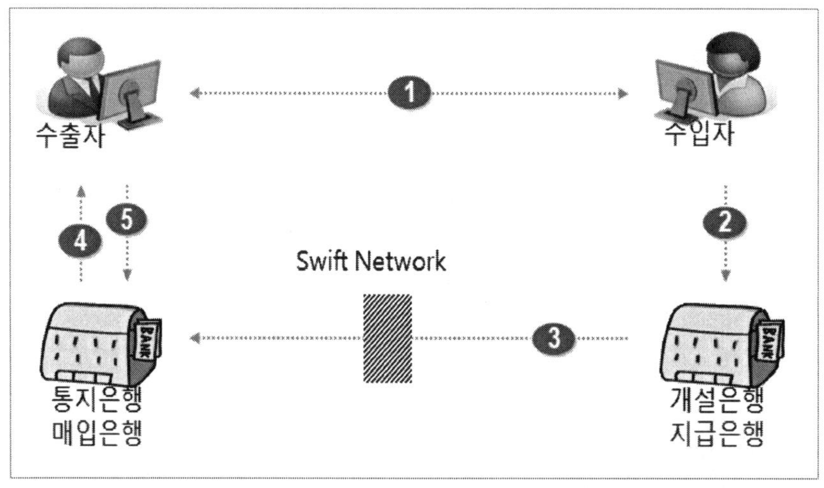

① [매매계약 체결]

② [L/C 개설 의뢰] 수입자는 개설은행을 통해 수입L/C 개설 의뢰

③ [L/C 개설] 개설은행은 통지은행에 L/C 통지

④ [L/C 통지] 통지은행은 수출자에게 L/C내용 통지

⑤ [매입신청] 전자무역의 경우, 수출자가 수출환어음매입(추심)신청서 문서를 작성하여 은행에 전송

- ④번 이후에 수출자는 수출승인(요건확인) 업무, 원산지증명신청 업무, 적하보험업무, 수출통관 업무, 물류(S/R, B/L) 업무 등을 수행한다.
- 개설은행이 통지은행으로 신용장내역을 통지할 때는 Swift를 통해서 전송한다.

▮추심(Collection) 방식▮

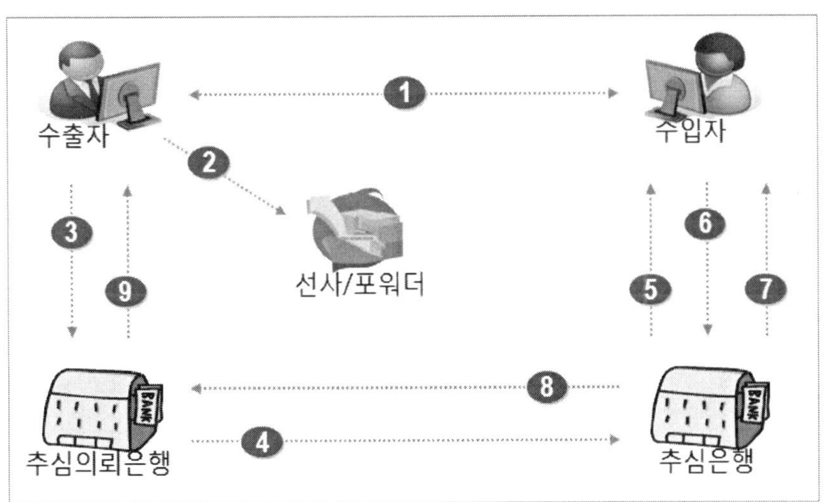

① [매매계약 체결]

② [선적] 선사/포워더에게 S/R요청 B/L발급 후 선적

③ [환어음, 선적서류 제시]

④ [환어음 및 선적서류, 추심의뢰 요청]

⑤ [선적서류 도착 통지]

⑥ [환어음인수 또는 대금결제]

⑦ [선적서류 인도]

⑧ [대금 송금]

⑨ [수출대금 회수]

- ⑥번에서 D/P의 경우는 은행의 대금지급요청에 대금결제 후 선적서류를 인도하지만 D/A의 경우는 환어음 인수 후에 서류를 인도받고 만기일이 도래하면 대금을 지급한다.
- D/A조건에서 인수의 의미는 '의사표시와 서명날인'의 행위를 말한다.

• **수출대금 회수방법**

수출대금을 회수하는 방법 중 가장 안전한 방법은 먼저 대금을 받고 물품을 선적하는 선수금에 의한 대금결제방법이다. 그러나 나중에 대금을 지급 받는 경우에도 신용장을 이용하는 경우에는 그 위험이 적다고 할 수 있다. 수출대금 매입신청은 수출물품을 선적한 후 수출자는 매입은행에 매입신청을 하고 신용장에서 요구하는 선적서류를 준비하여 은행에 제출하고 수출대금을 회수한다. 매입은행은 신용장과 선적서류를 대조해서 확인한 후 매입(대금지급)한다.

전자무역의 경우, 매입신청 시 전자적으로 수출환어음매입신청서를 작성하여 은행에 전송한다. 그러나 환어음 작성 및 선적서류 제출을 위해 은행에 직접 방문을 해야 하기 때문에 현실적으로는 전자문서 사용이 많이 활성화되어 있지는 않다.

▌수출대금 매입신청 업무 흐름도▐

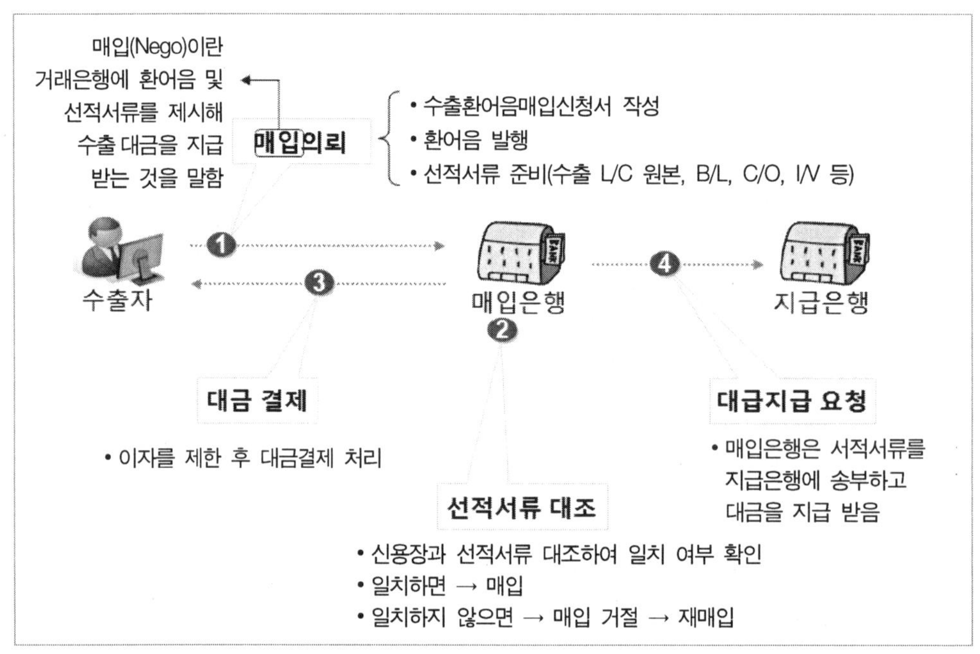

3 내국신용장 및 구매확인서

내국신용장은 국내 수출기업에게 무역금융 활용, 영업세 면제, 법인세 감면, 수출실적 인정, 관세환급 적용 등의 다양한 혜택을 부여하는 제도로써 국내에서 신용장거래를 통하여 수혜(공급)업체도 수출하는 효과를 나타낸다.

2011년 7월부터 구매확인서업무가 전자무역으로 의무화 적용이 되면서 사용량이 매우 높아졌다. 2013년 3월부터는 내국신용장업무도 의무화로 적용하였다.

가. 내국신용장

내국신용장은 개설업체와 수혜(공급)업체 간의 업무처리로써 먼저 양 사 간의 offer를 확약한다.

이 offer를 근거로 내국신용장을 개설업체가 개설하고, 공급업체에게 내국신용장을 통지한다. 이후 공급업체는 물품을 생산하고, 개설업체에게 물품을 전달하면서 물품수령증명서를 수혜(공급)업체가 작성하여 전달한다. 이후 발생 건에 대해서 세금계산서를 발행하고, 수혜(공급)업체는 Nego은행에 위 내국신용장을 근거로 Nego를 진행한다.

▌내국신용장 업무 흐름도▐

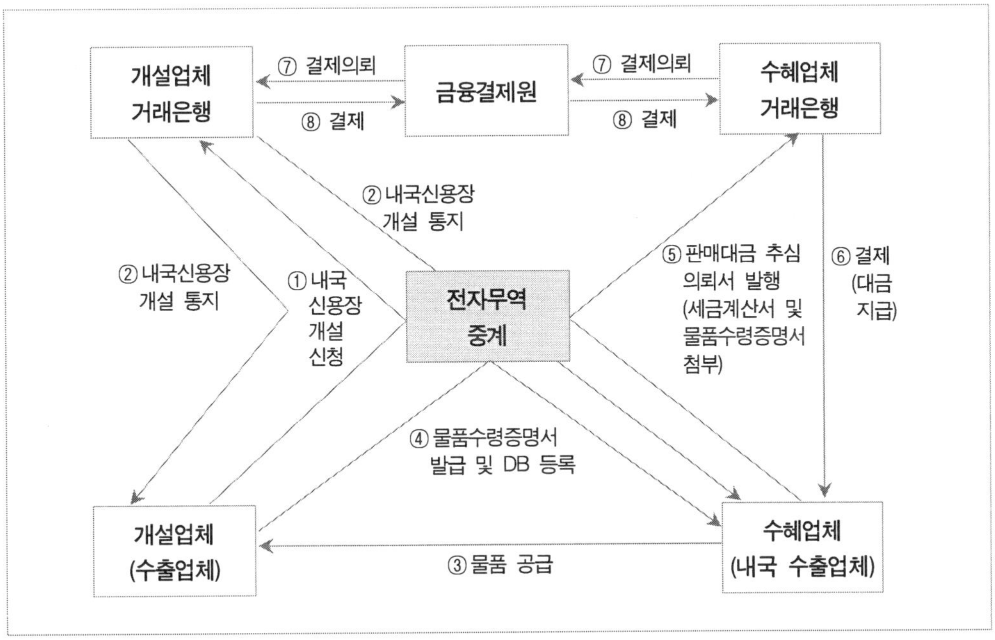

내국신용장 개설 근거는 수출신용장, 계약서 등이 있으며, 전년도 수출실적에 의해서 개설할 수 있다. 대부분의 기업들이 전년도 수출실적을 근거로 개설을 하고 있으며, 첨부근거서류는 기업이 보관을 하고 있어야 한다.

구분	내용
개설대상	수출용 수입원자재와 국내에서 생산된 수출용원자재 또는 수출용완제품을 구매(임가공위탁 포함)하고자 하는 업체 ① 내국신용장 개설 이전에 이미 물품공급이 완료된 분에 대하여는 당해 물품대금 결제를 위한 내국신용장을 개설할 수 없다. ② 국내업자간에 매매계약에 따라 국외에서 어획물을 수집하여 직접 수출하는 경우라도 동 거래의 특수성에 비추어 내국신용장을 개설할 수 있다. ③ 수출입업자가 원자재 및 완제품을 임가공계약에 의하여 위탁생산하고자 하는 경우 당해 수탁가공업자에 대한 가공임을 지급하기 위하여 내국신용장(원자재 및 완제품 임가공 내국신용장)을 개설할 수 있다.
근거 서류	수출신용장 수출계약서 외화표시물품공급계약서 외화표시건설용역공급계약서 내국신용장 실적기준금융 수혜업체의 과거 수출실적에 의한 금융한도
준비서류	공급자발행 물품매도(수탁가공 포함)확약서 당해 내국신용장의 개설근거가 되는 원수출신용장 등 소요량증명서(원자재내국신용장 개설시에 한합니다.)

내국신용장개설시 종이서류로 처리할 경우 offer sheet 등 첨부서류를 제출하여야 하나, 전자무역으로 적용 시에는 첨부서류가 생략이 되며, 품명도 대표품명만 기재하면 된다.

• 내국신용장업무의 Nego시 제출서류

① 내국신용장

② offer sheet

③ 물품수령증명서(인수증)

④ 세금계산서

이러한 서류를 전자무역으로 제출하면 Nego업무도 전자무역으로 처리를 할 수 있다.

나. 구매확인서

최근에는 내국신용장보다 구매확인서의 활용도가 더욱 높아지고 있는 추세이다. 구매확인서는 전자무역으로 의무적용이 되고 있으며, 국세청에 세금계산서도 전자세금계산서로 신고를 하고 있다.

내국신용장과 유사한 성격으로 활용하고 있으며, 무역금융의 활용도의 차이가 있다.

▌내국신용장과 구매확인서의 차이점▐

구분	내국신용장	구매확인서
관련법규	대외무역관리규정 별지 4-2호 서식	무역금융취급세칙 제31조
개설기관	외국환은행	외국환은행
지급보증	수출자(구매자)에서 지급함 발행은행이 지급보증	발행은행의 지급보증 없음
수출실적	인정	인정
부가가치세	영세율 적용	영세율 적용
관세환급	환급대상	환급대상
무역금융	대상	비대상
발급제한	최대 3차까지 발급 가능	외화획득용원료 또는 물품의 제조가공과정이 여러 단계일 경우에는 각 단계별로 순차로 구매확인서를 발급할 수 있음

내국신용장과 차이점은 지급보증을 은행이 아닌 수출자가 보증을 하고 지급을 하는 것이다. 즉 수출자와 장기적인 거래, 대기업과 거래 시에는 내국신용장보다 구매확인서를 이용하는 경우가 많다.

또한 발급기관이 외국환은행이었는데 전자무역기반사업자까지 확대가 되어 발급기관으로 지정이 되었다. 이에 KTNET도 구매확인서를 발급하는 기관으로 업무가 처리되고 있다.

제 4 장 전자무역의 상역 분야

1 요건확인업무

수출입 요건확인대상물품을 수출입하고자 하는 자는 원칙적으로 산업통상자원부장관으로부터 수출입 요건확인을 받아야 한다. 수출입 요건확인 업무는 수출입 요건확인기관으로 지정된 기관이 무역업체의 요청에 따라 수출입 물품의 허가·승인·표시, 기타 조건을 확인·증명하는 제도이다. 수출입 제한 품목에 대하여는 당해 물품을 관장하는 기관이나 단체에 수출입요건확인권한이 위임되어 있다. 과거의 E/L, I/L이 폐지가 되었지만, 요건확인업무로 대처가 되어 있다. 분야 및 업무별 대표적인 수출입 요건확인기관은 다음과 같다.

구분	내용
승인업무 전자민원 (7개)	안전인증확인/수입승인 산업기술시험원, 한국전자파연구원, 한국전기전자시험연구원, 한국단미사료협회, 한국사료협회, 한국항공우주산업진흥협회, 화학물질관리협회(06년 자진신고 시스템으로 전환)
추천업무 전자민원 (16개)	양허/할당/FTA/관세감면 추천업무 한국단미사료협회, 농수산물유통공사, 농협중앙회, 한국반도체산업협회, 염색공업협동조합, 섬유직물수출입조합, 한국대용유사료협회, 한국유가공협회, 한국제지공업연합회, 대한직물공업협동조합, 한국화섬협회, 식품공업협회, 골판지포장공업협동조합, 철강협회, 농협중앙회(양곡/축산/사료), 한국기계산업진흥회
승인/추천 세관통보 (65개)	원주지방환경청, 한강유역환경청(자연환경과), 한강유역환경청, 전주지방환경청, 낙동강유역환경청, 대구지방환경청, 식품의약품안전청, 농촌진흥청, 대구지방경찰청, 경북지방경찰청, 기술표준원, 정보통신부 지식정보센터, 국립환경연구원,

구분	내용
	철강재사전수입신고,(사)한국섬유직물수출입조합,(사)한국생사수출입조합, 한국반도체산업협회, 농협중앙회, 한국가스안전공사, 한국항공우주산업진흥협회, 농업협동조합중앙회(양곡부), 농협중앙회(축산컨설팅부), 제주감귤농업협동조합, 대한염업조합, 한국유가공협회, 대한석유협회, 한국생활환경시험연구원,(재)한국화학시험연구원, 한국화학시험연구원부산지원, 한국화학시험연구원충남지원, 한국사료협회, 한국작물보호협회,(사)한국종자협회, 국립종자관리소, 한국화학물질관리협회, 농수산물유통공사, 대한방직협회, 대한주류공업협회, 대한직물공업협동조합연합회, 한국염색공업협동조합연합회,(사)한국단미사료협회, 한국대두가공협회,(사)한국대용유사료협회, 한국비철금속협회, 한국식품공업협회, 한국염료안료공업협동조합, 한국전분당협회, 한국정밀화학공업진흥회, 한국제지공업연합회,(사)한국합판보드협회, 한국화섬협회, 한국비철금속공업협동조합연합회, 산업기술시험원, 한국산업기술시험원, 산업기술시험원, 한국전기전자시험연구원, 한국전자파연구원, 한국농촌경제연구원, 한국한의학연구원, 한국완구공업협동조합, 한국석유공사, 한국골판지포장공업협동조합, 한국프라스틱공업협동조합연합회, 한국플라스틱포장용기협회

다양한 요건확인기관들이 있으나 100% 전자무역으로 적용되지는 않고 있고, 이중 요건확인 업무가 빈번하게 이루어지고 있으며 전자무역을 활용하는 요건확인기관 위주로 살펴보자.

▌요건확인기관 업무처리 시스템 구성도▐

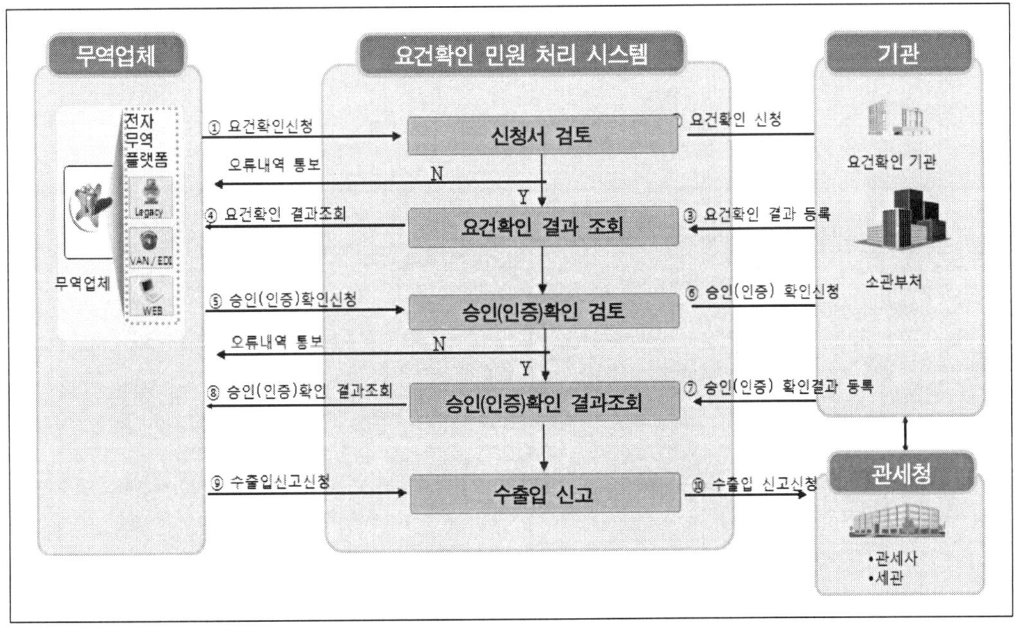

수출입 요건확인 대상은 대외무역법에 따라 거래하는 품목의 수출입이 제한되는지 여부에 따라서만 결정하고 있다. 즉, 수출입공고 등에서 수출 또는 수입이 제한되는 극히 일부의 품목에 대해서만 요건확인을 받도록 하고 있으며, 수출입에 제한이 없는 대부분의 품목은 요건확인을 받을 필요가 없다. 약 70% 이상은 자동승인 품목으로써 요건확인을 받을 필요가 없으나 PVC파이프나 섬유, 귀금속, 동물 및 식물 검역, 의약품, 의료용구 등의 관련 품목들은 요건확인을 받아야 한다.

요건확인기관에 따라 전자문서들이 각각 다르다. 이에 각각의 업무성격에 맞게 전자문서를 개발하여 관련 업체 및 기관이 사용하고 있다.

• 표준통관예정보고서

한국의약품수출입협회, 의료기기협회, 치과기재협회, 동물의약품협회 등에서 수입요건확인 업무로 표준통관예정보고를 하고 있다.

표준통관예정보고는 수입신고를 하기 전에 수입요건대상인지 확인, 증명하는 문서이다.

• 특정물질수입허가신청서

특정물질수입허가 신청을 위하여 무역업체에서 작성하여 한국정밀화학산업진흥회에 제출하는 문서이다.

• 관세감면확인신청서

관세감면확인 신청을 위하여 무역업체에서 작성하여 한국항공진흥협회에 제출하는 문서이다.

▌요건확인업무 서비스 시스템▐

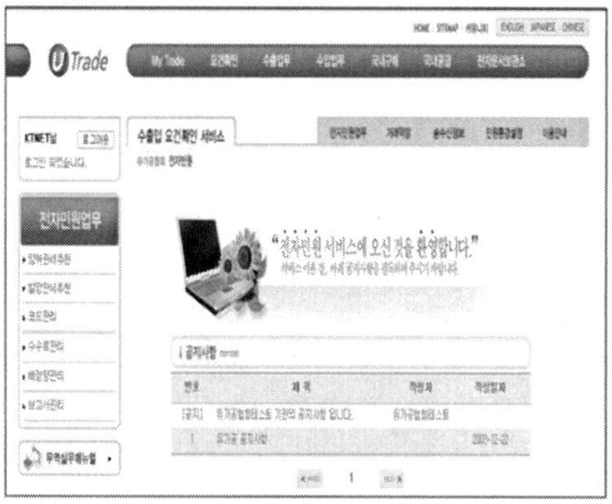

[uTradehub]

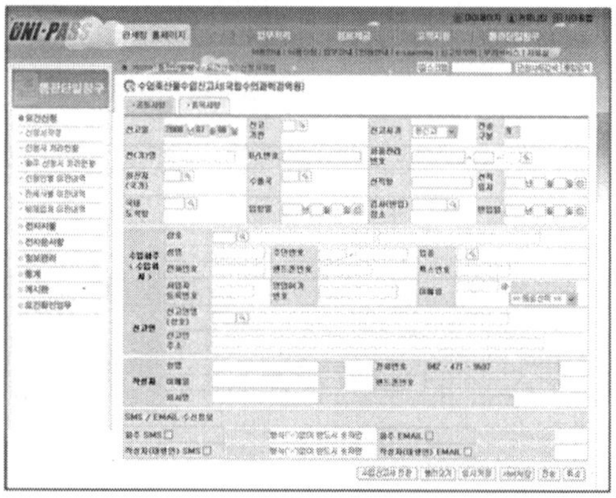

[UNI-PASS]

[수입식품관리]

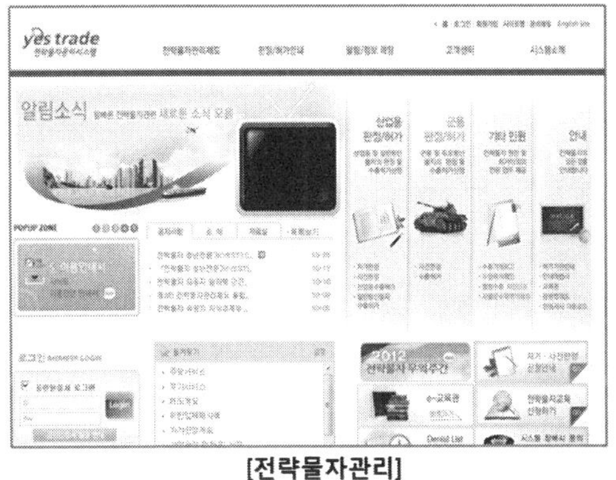
[전략물자관리]

현재 요건확인기관의 전자무역 서비스는 KTNET의 uTradehub에서 서비스를 하고 있으며, 관세청의 UNI-PASS에서도 요건확인업무에 대해서서 서비스를 하고 있다. 또한 취급품목이 식품관련 품목일 경우 식약처에서 식품수입신고시스템에서 요건확인 서비스를 하고 있다. 또한 전략물자의 경우 전략물자관리원과 한국원자력통제기술원에서 서비스를 하고 있다.

즉 무역업체는 요건확인기관과 업무처리를 하는 시스템이 어느 것인지 확인하여 업무를 적용하여야 한다.

2 원산지증명 업무

원산지증명서는 당해 물품이 확실하게 그 국가에서 생산되거나 제조된 것이라는 것을 증명하는 공문서로서 통상은 수출국에 주재하는 수입국 영사가 발급한다. 수입국 영사가 없는 경우 기타 특별한 경우에는 수출국의 상업회의소에서 발급하는 것을 사용한다.

수입국 영사가 발급하는 경우를 제외하고 일반 원산지증명서 발급은 현재 상공회의소에서 원산지증명서를 발급하고 있다. FTA C/O는 기관발급의 경우 상공회의소와 관세청이 발행하고 있으며, 자율발급의 경우 무역업체가 직접 발급하는 형식이다.

현재 상공회의소에서는 서명등록, 원산지증명, 일반무역인증, FTA원산지증명서, ATA까르네 관련 업무를 지원하고 있다.

- **서명등록**

서명등록은 원산지증명서를 비롯한 무역서류 인증을 위한 사전절차로서 기업의 서명권자

정보를 비롯한 기업정보를 상공회의소에 사전에 등록함으로써 무역관련 증명서를 진실하고 투명하게 작성, 신청할 것을 약속하는 제도이다.

또한 서명등록은 상공회의소 인증서비스 이용에 따른 원산지증명서 및 제반 무역증명서 발급 관련 법규 및 규정을 준수함은 물론, 인증 받고자 하는 증명서에 사용되는 서명의 위조나 타인의 서명 도용 행위를 방지하게 하는 기능을 함으로서 잘못된 서류가 발급되어 부정적으로 사용되는 일이 없도록 예방하는 기능을 한다.

• 원산지증명서

산업통상자원부 고시 수출물품원산지증명발급규정에 의하면 원산지증명서는 수출물품이 우리나라에서 재배, 사육, 제조 또는 가공된 것임을 증명하는 문서"를 말한다.

이러한 원산지증명서는 화환어음의 부대서류로서 수출물품의 원산지를 확인하기 위한 통관 필요서류로서 적성국의 생산물인가를 판별할 목적으로 이용되기도 하며, 또한 수입국의 관세 특혜 적용 여부에 따라 특혜원산지증명서와 비특혜원산지증명서로 구분된다.

• 일반무역인증

무역서류의 진정성 및 객관성 확보를 위해서는 공신력 있는 기관의 인증이 요구되는 바, 무역인증은 수출기업이 발행한 각종 무역서류 및 국가기관이 발행한 무역서류(상업송장, 포장명세서, 가격증명서 등)에 상공회의소 인증이 필요한 경우 관련서류를 상공회의소에 제출하여 부가적으로 인증을 받는 것을 의미한다.

• FTA원산지증명서

FTA는 협상체결국간 무관세 또는 저율관세를 적용하여 물품의 자유로운 이동을 촉진하고 협정국간 무역원활화를 통한 수출입을 확대하는데 목적이 있는바, 협정국 물품과 비협정국 물품을 구별하기 위한 수단으로 FTA 원산지 증명서를 요구하고 있다. 특혜를 적용받기 위한 서류로서 FTA 원산지증명서는 당해 협정이 규정하고 있는 원산지규정, 발행주체, 작성요령 등의 요건을 충족한 문서여야 한다.

• ATA까르네

ATA까르네는 ATA협약 가입국 간에 일시적으로 물품을 수입/수출 또는 보세운송하기 위하여 필요로 하는 복잡한 통관 서류나 담보금을 대신하는 증서로서 통관절차를 신속하고 편리하게 하는 제도이다. 따라서 ATA 협약가입국간 통관 시에 ATA까르네를 이용하면, 부가적인 통관서류의 작성이 필요 없음은 물론 관세 및 부가세, 담보금 등을 수입국 세관에 납부할 필요 없이 신속하고 원활한 통관을 할 수가 있다.

원산지증명서 발급은 전자문서를 통해 발급되고 있으며, 전자문서의 출력은 상공회의소 무역인증 사이트에서만 가능하다.

• 일반 원산지증명서 주요내용

수출신고필증 및 상업송장, B/L(선하증권)과 일치하는 내용으로 작성하여야 한다.

(1) Exporter : 매도인 또는 송하인

원산지증명서 신청자와 수출자는 반드시 일치해야 하며, 수출자의 상호, 주소, 국가명을 기재한다. 신용장 또는 계약서에 의해 수출자란에 제3국 바이어 정보를 기재하려고 하는 경우에는 on behalf of 문구를 사용하여 우리 수출기업정보와 함께 병행하여 기재할 수 있으며 이 경우 관련 신용장 또는 계약서를 제출해야 한다.

(2) Consignee : 수하인

화물 수취인을 기재하며 신용장 거래일 경우 수하인은 일반적으로 신용장 개설 은행이지만 수입자(Buyer)도 수하인이 될 수 있다.

신용장이나 선수출계약서(D/A, D/P)상에 수하인을 매수인(Buyer)으로 별도 명시하도록 요구하지 않았을 경우에는 운송서류인 선하증권(B/L)이나 항공화물상환증권(Air Way Bill)의 내용을 참조하여 기재한다.

(3) Country of Origin : 원산지

해당상품의 원산지국명을 기재한다. 우리나라에서 생산 또는 제조된 물품인 경우에는 "The Republic of Korea"와 같이 국가를 나타내는 정식 영문명으로 기재한다.

원산지가 제3국인 경우에는 제3국가의 정식 국가명을 정확하게 기재해야 한다.

교토협약 원산지증명서류에 관한 부속서(D2) 10조에 의거, 물품의 원산국으로부터 수입하여 제3국으로 수출하거나 중개 무역일 경우, 물품 원산지에서 발행한 원산지증명서를 기초로 원산국 원산지증명서를 재발행할 수 있다.

(4) Transport details : 운송에 관한 사항

상품의 선적지(국명, 지명), 최종도착지(경유지가 있는 경우에는 경유지도 기재), 선박 또는 항공기 등 운송수단의 명칭, 선적일자 등을 기재한다.

항구가 없는 국가로 수출되어 수입국이 아닌 다른 국가의 항구를 통해 하역된 뒤 내륙운송으로 물품이 이동하여 최종 목적지로 수출되는 경우에는 하역항구를 경유지로 기재한다.

(5) Remark : 비고

원산지증명서상의 항목 외에 추가사항을 표기하는 항으로 신청자가 자유롭게 기재할 수 있다. 추가사항 기재 시에는 기재내용의 제목을 명기해야 한다.

(6) Marks & numbers : **상품명세**

당해 화물의 포장표면 또는 용기 등에 표시된 화인(Shipping Mark) 및 화물번호를 기재하며 Container 선적 등으로 특별한 화인이 없는 경우에는 “In Container”, 특수포장 없이 선적된 경우에는 “In Bulk” 또는 “No Mark(N/M)”, 우편발송인 경우에는 “As Addressed”라고 기재하는 등 포장명세서(Packing List)에 기재된 내용과 동일하게 기재한다.

상품의 명세는 정확하게 표기해야 하며 수출신고필증 등에 기재된 내용과 일치해야 한다.

(7) Quantity : **수량**

상품의 수량 및 무게(중량) 등을 기재한다.

상품의 수량 단위(piece, set, dozen, metric ton, yard, meter 등)를 정확하게 기재해야 하는데 수량단위란 상품의 단가를 결정하는 기준단위를 말하며 원산지증명서의 수량단위와 상업송장상의 단가 기준 단위는 일치해야 한다.

상품이 무게로서 단가가 결정되는 경우에는 반드시 순중량(Net Weight), 총중량(Gross Weight)을 동시에 기재한다.

(8) Declaration by the Exporter : **수출자 선서**

수출자(신청기업)가 당해 수출물품을 제3항의 원산지 국가에서 생산 또는 제조하였다는 사실을 선서하는 난으로 서명등록 시 상공회의소에 등록된 서명권자의 서명과 서명자의 영문성명, 직위 등을 기재한다.

바이어가 상공회의소 발급자의 실서명을 요구하는 경우에는 기업 서명권자의 서명도 특별한 경우를 제외하고는 실서명으로 진행하는 것이 좋다.

3 전략물자관리 업무

우리나라 대외무역법은 전략물자를 “국제평화 및 안전유지, 국가안보를 위하여” 수출입을 금지하거나 제한하는 물품이라고 정의 하며(대외무역법 제21조 1항) 무기류(WMD 및 재래식무기 포함) 및 유기류의 제조, 개발에 이용 가능한 민군겸용 기술이나 물품을 의미하는 광범위한 개념이며, 즉 재래식무기 또는 대략파괴무기와 이의 운반수단인 미사일의 제조, 개발, 사용 또는 보관 등에 이용 가능한 물품, 소프트웨어 및 기술로서 국제평화와 안전 유지, 국가안보를 위해 수출입에 제한을 받고 있다.

즉 국제평화와 안전을 위해 무기류 또는 그와 관련된 민·군 겸용 물품 및 기술 등을 분쟁지역이나 우려국가, 테러집단과 같은 비국가적 행위자의 손에 들어가지 않도록 예방하거나 차단하는 것을 의미한다.

- **전략물자 수출통제**

전쟁과 테러에 이용되는 핵무기, 생·화학무기, 미사일 및 운반수단, 재래식무기를 통칭하여 대량파괴무기라 하며, 이를 개발하는 데 사용되는 모든 관련 물자가 자유무역과 수출경쟁으로 우려국가 또는 우려집단에 넘어가는 현실에 대하여 국제적 안전보장을 위협하는 요소로 인식하고 이들에 대한 확산 통제하는 것을 의미한다. (http://www.yestrade.go.kr/)

- **전략물자 수출입 관련 법 체계**

1989년 대외무역법에 「전략물자수출입허가」제도를 도입하고 세부 역할은 각 부처와 관련 법률에 분장되어 있다.

- 대외무역법 : 전략물자수출입의 일반법, 일반산업용 물품 및 소프트웨어에 대한 전략물자 수출입관리
- 원자력법, 기술개발촉신법 : 원자력 분야, 전략기술 수출입관리
- 방위사업법 : 방산물자 중 주요 방산물자에 대한 전략물자 수출입관리
- 남북교류협력촉진법 : 남북한간 반·출입에 대한 전략물자 수출입관리
- 화학·생물무기의 금지 및 특정화학물질·생물작용제 등의 제조·수출입규제 등에 대한 법률 : 화학무기금지협약, 생물무기금지협약에 대한 우리정부의 이행책임 관련 내용 규정

- **자율준수무역거래자(CP)**

자율준수무역거래자(CP)란 전략물자 해당 여부 판정능력, 수입자 및 최종사용자에 대한 분석능력 등을 갖추고 거래내용을 자율적으로 심사하여 수출허가 등을 준수할 수 있는 체계를 갖춘 무역거래자로써 산업통상자원부는 대외무역법령에 의거, 전략물자 자율준수체제를 구축하여 전략물자를 자율관리하는 업체에 대해 "자율준수무역거래자"로 지정(인증)하고, 특례규정을 두어 개별수출허가 신청시 첨부서류 사후제출 가능(수출 후 7일 이내) 등 행정처리에 대해서 우대를 하고 있다.

해당 품목에 대한 수출량이 많은 기업일 경우 CP로 지정을 받아 업무처리를 하는 것이 빠른 업무처리에 도움이 된다.

- **전략물자통제 관련 업무 흐름**

전략물자 수출입관리 판정/허가 업무는 크게 수출부분에서 수출통제기준 설정, 전략물자 판정, 수출허가 및 통관, 사후관리 프로세스와 수입부분에서 수입증명 프로세스로 구분되어 있다. 자율적인 전략물자관리를 위하여 정부에서는 CP제도를 활용한다.

▌전략물자 수출통제 흐름도▐

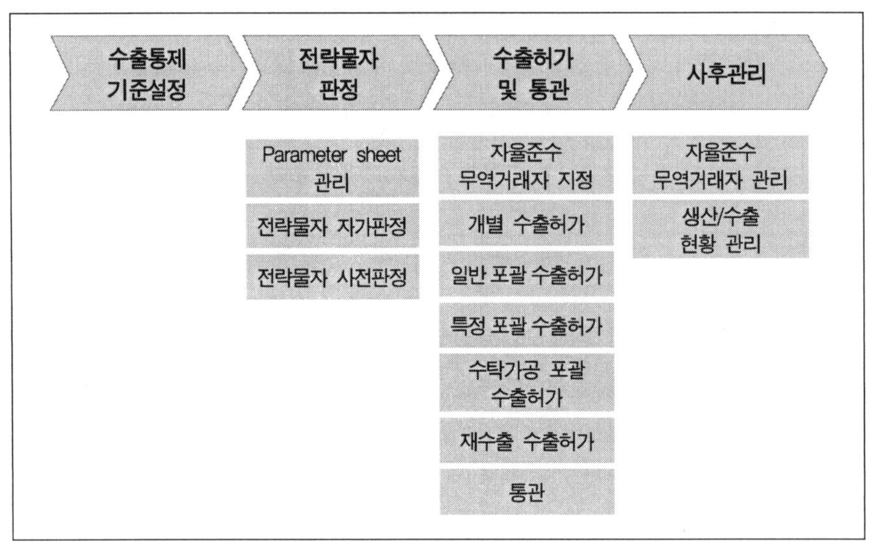

관련 업무 흐름에 따라 세부적으로 살펴보면 수출통제기준을 설정하고, 자기판정 또는 사전판정을 거쳐서 전략물자수출허가를 받는다. 수입 시 전략물자 유무에 대한 주문사항을 확인받는 수입증명업무가 있다.

구분	내용
수출통제기준 설정	• 다자간 수출통제체제의 통제품목 및 기준 변경 등의 이슈 발생 시 해당 품목 소관부처가 내용을 검토하고, 업체의 의견을 수렴하여 전략물자, 기술 수출입 통합공고를 개정 공표하는 업무
전략물자판정 -자가판정	• 수출업체가 전략물자의 판정도구인 Parameter Sheet를 이용하여 스스로 자사의 제품과 기술이 전략물자에 해당되는지 유무를 1차적으로 확인하고 • 자가판정 신청을 통하여 스스로 전략물자 유무를 판정하는 방법으로 많은 기업들이 자가판정을 하고 있음
전략물자판정 -사전판정	• 수출업체가 전략물자수출입통합공고 또는 자가판정을 통해서도 전략물자 해당여부를 판정할 수 없는 경우 전략물자 사전판정을 신청하여 해당 유무를 판정 • 사전판정은 전략물자관리원에 의뢰를 하며, 관리원에서는 전문가group을 운영하여 판정을 의뢰 함
수출허가	• 수출업체는 수출하고자 하는 제품과 기술이 전략물자 또는 기술로 판정된 경우 전략물자 수출허가를 받아야 하며, 전략물자허가를 신청하여 전략물자수출허가서를 받음 • 관련 품목에 따라 산업통상자원부(전략물자관리원), 과기부(한국원자력통제연구원), 국방부(방위사업청), 통일부에서 수출허가를 함
수입증명	• 외국의 전략물자 수출자가 우리나라에 수출할 때 수입목적확인서를 요구하는 경우, 정부는 우리나라에서 수입하여 사용한다는 수입목적확인서를 발급

• 전략물자에서 Catch all 제도

HSK에 의한 전략물자와 최종 사용용도가 전략물자로 전용이 가능한지에 따른 Catch all로 나누어진다. 즉 국제수출통제체제에서 규정하고 있는 Control List상의 통제품목 여부와 상관없이 대량살상무기(WMD) 및 이의 운반수단인 미사일 개발에 전용될 수 있는 모든 품목(all)을 통제(catch)하는 제도이다.(과거에는 2종 전략물자로 불렸음)

국내기업이 최종 용도 및 사용자 확인없이 이중용도품목 수출 시, 동 품목이 무기개발과 관련된 경우, "Catch-all 통제" 시행국으로부터 수출입금지조치를 당할 수 있으므로 기업이 스스로 내부수출통제제도를 구축하여 자사 생산품, 수출품이 이중용도(Dual use)에 사용되는지 감시해야 하며 수출 이후 사후관리를 강화해야 기업 스스로를 보호할 수 있다.

• Parameter Sheet란?

수출업체가 수출하고자 하는 물품과 기술이 전략물자·기술수출입통합공고에서 정하는 전략물자와 기술이 대상이 되는지 여부를 자가판정 도구인 Parameter Sheet를 이용하여 업체 스스로 전략물자 해당 여부를 판정하는 도구이다. 전략물자에 대한 판정을 받기 전에 자체적으로 기본적인 시뮬레이션이 가능하다.

• 전략물자 통제제도를 하는 이유

1) 대량파괴무기 또는 불법목적에 이용될 수 있는 무기류의 획득을 위한 시도 지연
2) 국제적으로 신뢰구축을 통하여 첨단기술 교역을 진흥하고 재이전을 감시
3) 대량파괴무기의 시도를 저지
4) 통제 하에 있는 기술의 불법이전을 막는다.
5) 비확산 규범을 강화

수출기업 입장에서 가장 중요한 점은 기업이 전략물자에 대한 수출을 임의로 진행하다 적발이 될 경우 국제적으로 수출하기 어려운 상황이 되며, 기업의 존폐위기에 처할 수 있다.

• 전략물자 관련 국제기구

구분	내용
국제체제 및 기구	• Missile Technology Control Regime Annex Handbook • UN(국제연합) • 국제원자력기구(IAEA) • 미사일통제체제(MTCR) • 바세나르협정(WA) • 핵공급그룹(NSG) • 호주그룹(AG) • 화학무기금지협정(CWC)

구분	내용
4대 국제수출통제기구	• 미사일통제체제(MTCR) : 34개 회원국, 미사일 및 운반체 88종 • 바세나르협정(WA) : 39개 회원국, 재래식무기 243종 • 핵공급그룹(NSG) : 45개 회원국, 핵무기 135종 • 호주그룹(AG) : 40개 회원국, 생화학무기 135종

4 적하보험 및 수출보험 업무

가. 적하보험

해상운송 중의 화물은 각종 위험에 노출되어 있으며 항해 중 악천후를 만나 침몰해 버리는 일도 많다. 침몰과 같은 대 사고는 드물다고 해도 선창 내에 해수가 침입하여 당하는 사고는

▌적하보험 및 적용약관▐

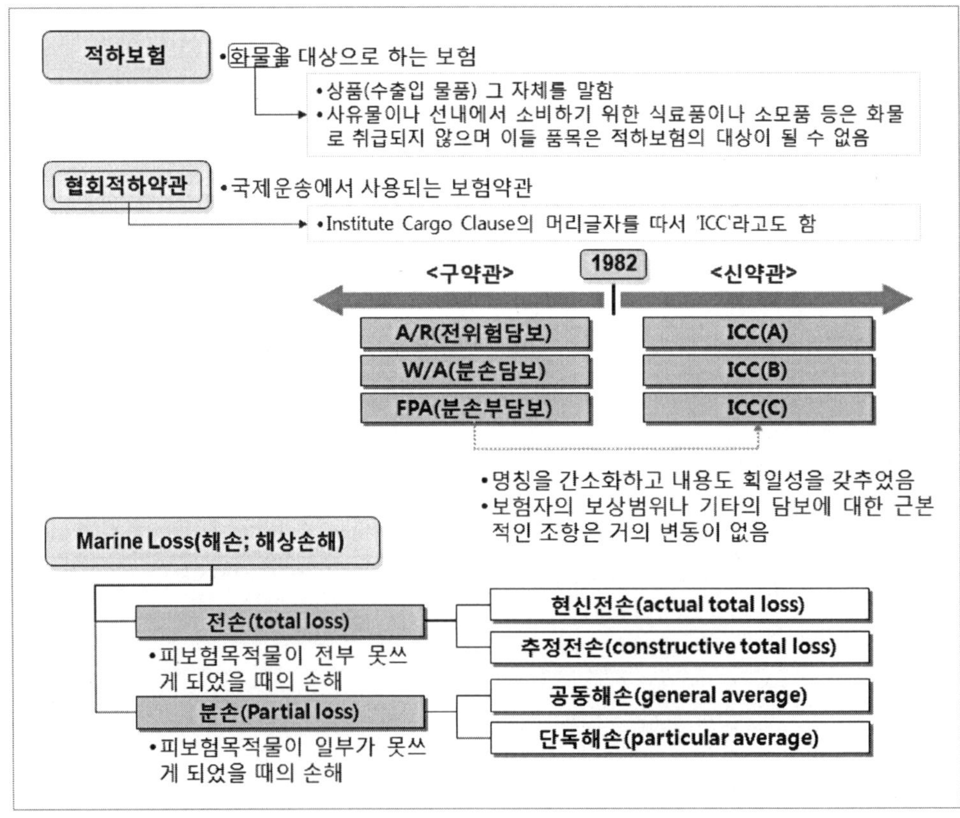

빈번히 발생하며, 선박간의 충돌이나 선박화재 등도 종종 나타난다. 해상운송에 부수해서 발생하는 이러한 각종의 위험에 의해 화물 기타의 재산이 손해를 입은 경우에 보험을 인수한 보험자가 그 손해를 보상할 것을 약속하고, 보험가입자 즉 보험계약자가 그 대가로서 보험료를 지불하는 의무를 부담하는 것을 내용으로 하는 계약이다. 그럼 적하보험에 관련하여 중요한 몇 가지 사항에 대해 알아보자.

• **적하보험 청약조건**

적하보험은 무역조건에 따라 보험의 부도 당사자가 정해진다. 무역조건이란 국제간 무역에 있어 거래당사자 간의 의무와 한계를 각각 명시하는 것으로 현재 INCOTERMS(무역용어의 해석에 관한 국제규칙)상 개정된 11가지의 무역조건을 기준으로 삼고 있다. 무역 조건은 거래당사자 간의 비용부담관계를 비롯하여 보험계약의 성립요건인 피보험이익의 존재 여부를 규정하는 소유권의 이전시점을 결정하는 중요한 요소로서, 소유권(피보험 이익)을 가지고 있는 당사자나 무역조건상 보험료를 부담해야 하는 측이 보험부보 당사자가 된다.

▌부보조건과 가격조건▐

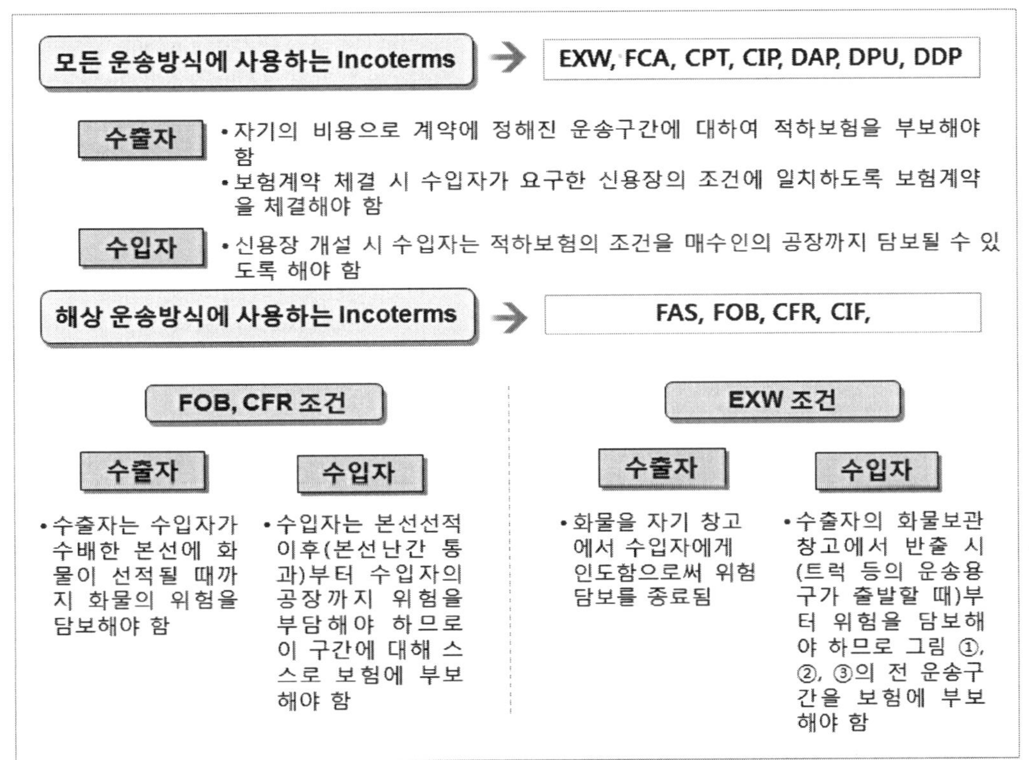

- **보험조건과 보상범위**

적하보험에서 적용되는 보험조건은 신협회적하약관에 따른 ICC(A), (B), (C)와 구협회적하약관에 준한 ICC(F.P.A.), (W.A.), (All Risks) 등 세 가지가 있으며 이외에 우리나라 실무에서 사용중인 것으로 TL(Total Loss)가 있다.

ㅇ 신협회적하약관(Institute Cargo Clause(NEW)상 보험조건

1982년 1월 1일부터 시행된 신협회약관은 기본약관으로 ICC(A), ICC(B), ICC(C) 약관이 있으며 이는 구약관과 담보상 다소 차이가 있다.

(1) ICC(C)(Institute Cargo Clause C)

① 화재 또는 폭발

② 본선 또는 부선의 좌초, 교사, 침몰, 전복

③ 육상운송용구의 전복 또는 탈선

④ 본선, 부선 또는 운송용구와 물 외의 다른 물체와의 충돌 또는 접촉

⑤ 피난항에서의 화물의 하역

⑥ 공동해손 희생손해

⑦ 투하

⑧ 쌍방과실 충돌약관에 의한 손해

⑨ 담보위험으로 인한 행해 종료시 양하, 입고, 계반비용

⑩ 공동해손, 구조비. 단, 면책위험으로 인해 발생되는 것 제외

(2) ICC(B)(Institute Cargo Clause B)

ICC(B)에서는 ICC(C)에서 담보하는 위험에 추가위험을 담보

① ICC(C) 조건 일체

② 지진, 화산의 분화, 낙뢰

③ 투하 또는 갑판유실

④ 본선, 부선, 선창, 운송용구, 컨테이너, 지게자동차 또는 보관장소에 해수, 호수, 강물이 침입

⑤ 본선 또는 부선으로의 선적 또는 하역작업 중 바다에 떨어지거나 갑판에 추락한 화물의 포장당 전손

(3) ICC(A)(Institute Cargo Clause A)

약관상 규정된 면책사항을 제외한 위험으로 인하여 발생한 손해를 담보하는 조건으로 적하보험 조건 중 가장 담보범위가 넓은 조건

① 피보험자의 고의적 비행
② 통상적인 누손, 부족손, 자연소모
③ 포장불완전 또는 부적합
④ 피보험 목적물의 고유의 하자 또는 성질
⑤ 지연
⑥ 선박소유자, 관리자, 용선자 또는 운항자의 채무 불이행
⑦ 원자력, 핵무기의 사용
⑧ 선박, 부선의 불내항
⑨ 화물의 안전 운송을 위한 선박, 부선, 운송용구, 콘테이너 및 리프트밴의 부적합. 단, 피보험자 또는 그 사용인이 상기 사실을 알고 있을 경우에 한함
⑩ 전쟁, 내란, 혁명, 모반, 반란 또는 이로 인해 발생한 국내 투쟁, 교전국에 의해 또는 교전국에 대하여 행해진 적대행위
⑪ 포획, 나포, 강류, 억지, 억류(해적행위 제외)
⑫ 유기된 기뢰, 어뢰, 폭탄 기타 유기된 전쟁병기
⑬ 동맹파업자, 직장폐쇄 또는 노동분쟁소요와 폭동에 가담한 자의 행위
⑭ 동맹파업, 직장폐쇄, 노동분쟁, 소요, 폭동의 결과, 테러리스트, 정치적 동기 행위

○ 구협회적하약관(Institute Cargo Clause)상 보험조건

(1) FPA(Free From Particular Average) : 단독해손부담보조건

① 현실전손 및 추정전손
② 본선 또는 부선의 침몰(Sinking), 좌초(Stranding), 대화재(Burnt)로 인한 단독해손. 이 경우 면책비율과 인과관계를 불문하고 보상한다.
③ 선적, 환적, 하역 중의 매 포장당 전부손해
④ 화재(Fire), 폭발, 본선 및 부선의 물 이외의 물체와의 충돌, 접촉으로 인한 단독해손
⑤ 피난항에서 적하의 양하에 정당하게 기인한 단독해손
⑥ 공동해손
⑦ 손해방지비용
⑧ 중간기항항이나 피난항에서 양하, 창고보관 및 계반을 위한 특별비용

(2) WA(With Average : 분손담보조건)

WA 조건은 FPA조건에서 담보하는 위험에 추가하여 FPA조건에서 보상해주지 않는 즉, 해상고유의 위험 중의 하나인 악천후(Heavy Weather)로 야기된 단독해손 또는 해상위험 중 투하나 강도로 인한 단독해손을 보상하여 주는 조건이다.

(3) A/R(All Risks) : 전위험담보조건

전위험을 담보하는 조건이나 모든 손해나 멸실을 담보하는 것은 아니며, 약관상 규정된 면책사항을 제외한 위험으로 인하여 발생한 손해를 담보하는 조건으로 적하보험 조건 중 가장 담보범위가 넓은 조건이다.

- **약관상 규정되어 있는 면책사항**

① 보험계약자 또는 피보험자의 고의 또는 불법행위로 인한 일체의 손해
② 보험목적물의 고유의 하자 또는 성질에 기인한 손해
③ 운송지연으로 인한 손해
④ 전쟁, 폭동, 파업 등으로 인한 손해
⑤ 위험요건을 구비하지 않은 사유에 의한 손해 즉, 통상적인 손해 상기 면책사항 중 전쟁, 폭동, 파업으로 인한 손해는 전쟁 및 동맹파업 특별약관을 첨부하여 담보할 수 있다.

- **신약관과 구역관의 비교분석**

실무에서는 구약관 신약관 2가지 모두 사용한다.

구분		차이점
신약관	구약관	
신약관(ICC(A))	구약관(A/R)	ICC(All Risk)에서는 Piracy가 면책위험이었으나 ICC(A)에서는 담보
신약관(ICC(B))	구약관(WA)	1. 지진, 화산의 분화, 낙뢰로 인한 손해는 ICC(W.A)에서는 부담보이나, ICC(B)에서는 담보 2. ICC(W.A)에서는 Heavy Weather로 인한 손해는 담보되지만 ICC(C)에서는 Heavy Weather가 발생해도 직접적인 물(해수, 호수, 강물)의 침입이 없는 경우는 부담보, 또한 ICC(B)에서는 빗물(Rain Water)에 의한 손해는 부담보
신약관(ICC(C))	구약관(FPA)	선적, 환적 또는 하역 작업중 화물의 포장당 전손은 ICC(F.P.A)에서는 담보되나 ICC(C)에서는 부담보

나. 수출보험

수출거래에 수반되는 여러 가지 위험 가운데에서 해상보험과 같은 통상의 보험으로는 구제하기 곤란한 위험 즉, 수입자의 계약파기, 파산, 대금지급지연 또는 거절 등의 신용위험(Commercial Risk)과 수입국에서의 전쟁, 내란 또는 환거래 제한 등의 비상위험(Political

Risk)으로 인하여 수출자, 생산자 또는 수출자금을 대출해준 금융기관이 입게 되는 불의의 손실을 보상함으로써 궁극적으로 수출진흥을 도모하기 위한 비영리 정책보험이다.

수출보험의 경우는 수출자, 생산자 또는 수출자금을 대출해준 금융기관이 입게 되는 불의의 손실을 보상함으로써 궁극적으로 수출 진흥을 도모하기 위한 비영리 정책보험이며, 수출자가 원할 경우 보험을 청약한다. 주로 전쟁이 빈번한 지역이나, 중동지역 등 수출하는데 있어 수출품의 유실의 위험도가 높을 경우 수출보험공사에 보험청약을 할 수 있다. 한국무역보험공사에서 다양하게 보험을 취급하고 있으며, 그 중 무역업체와 긴밀한 관계가 있는 보험은 단기수출보험으로 개별보험과 포괄보험 크게 2가지로 나눠 볼 수 있다.

▌단계별 적용하는 보험▐

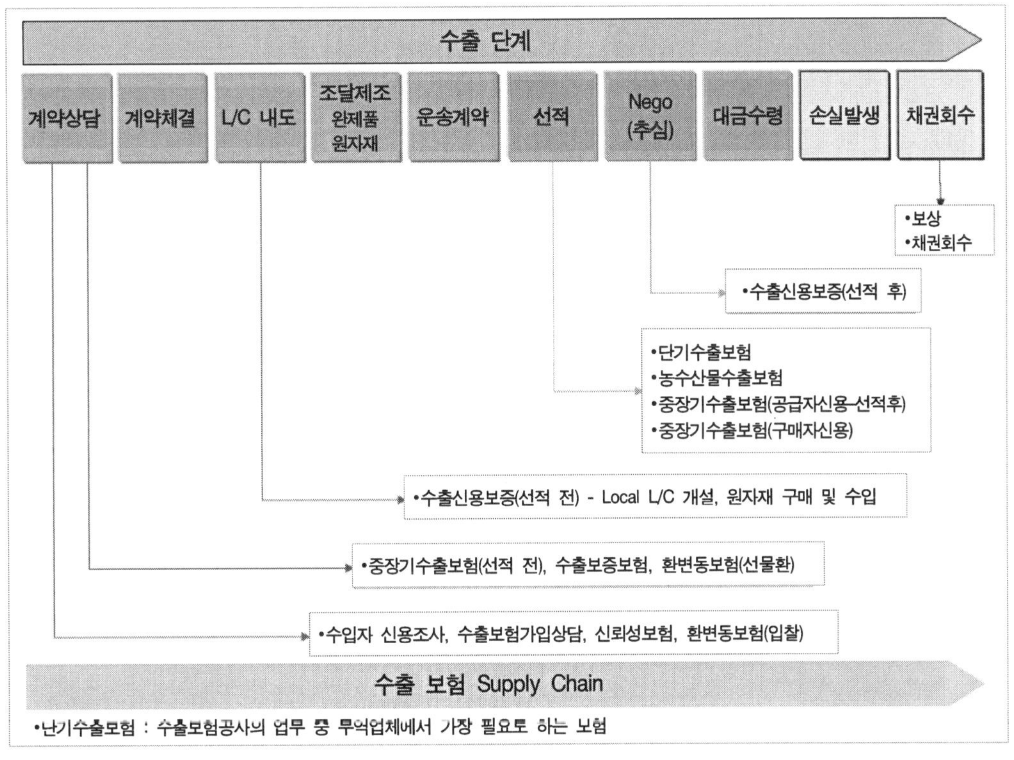

• 수출보험제도의 주요 기능

1. 수출거래상의 불안제거 기능 :

   수입국에서 발생하는 비상위험 또는 신용위험 등으로 인하여 수출불능이 되거나 수출상품의 대금회수가 어렵게 되어 수출자나 생산자 등이 입게 되는 손실을 보상함으로써 안심하고 수출활동을 할 수 있도록 하는 기능

2. 금융보완적 기능 :

수출금융에서는 수출대금의 회수가능성 여부가 대출심사의 중요한 기준이 되는 바, 수출보험에 의하여 이를 해결할 수 있으므로 금융기관은 수출자에게 담보요건 등에서 보다 유리한 조건으로 과감하게 수출자금을 공급

3. 수출진흥 정책수단으로서의 기능 :

정부의 지원하에 운영됨에 따라 보험요율 등을 정함에 있어 장기적 차원에서의 수지균형을 목표로 하여 가능한 한 저율로 책정하는 한편 보상비율 등에서는 최대한 수출자에게 유리한 형태의 보상

4. 해외수입자에 대한 신용조사 기능 :

해외수입자 및 수입국에 관한 신용정보를 제공하여 수출자로 하여금 효과적으로 활용할 수 있도록 함으로써 수출자의 신규수입선 확보와 수출거래 확대에 기여함과 동시에 건전한 수출거래를 유도하는 부수적 기능

• 전자무역 적용문서

1. 수출보험청약신청서
2. 수출보험결과통지서
3. 수입자신용조사의뢰서
4. 신용정보자료통보서
5. 신용조사통보서

제5장 전자무역의 물류 분야

1 운송업무

무역에서 운송은 내륙운송과 선박, 항공을 이용한 운송을 의미한다. 수출에서는 화주가 포워더 또는 선사에게 선적요청(S/R : Shipping Request)을 하고, 이에 필요한 첨부서류 invoice, Parking List와 Shipping notice를 작성하여 보낸다. 수출하는 물량이 콘테이너 기준으로 선적이 가능할 경우 직접 선사를 이용하여 거래를 하고, 선사는 해당물품에 대해서 선적을 하며, 이때 선하증권(B/L : Bill of Lading)을 발행하며 실무에서는 이를 Master B/L이라고 한다. 포워더는 이에 해당하는 물품에 대해서 부킹을 하고 화주에게 선하증권(B/L : Bill of Lading)를 발행한다. 이 때 발행되는 B/L을 House B/L이라고 한다. House B/L은 운송주선인의 자격으로 발행하면 수리가 거절되지만, 운송인 대리인의 자격으로 발행되면 수리가 가능하다.

수입에서는 수입하는 물건이 세관에 도착하고, 하역하여 정식 수입통관이 되기 전에 보세창고에 적재한다. 이 때 보세장치장을 이용하게 되며, 반입보고서를 작성하여 반입을 하고, 수입신고 후에는 반출보고를 통하여 보세창고에서 물건을 일반창고로 옮긴다. 이후 화주는 수입 B/L을 가지고 물건을 찾을 수 있다.

1) 해상운송

운항하는 선박에 의해 수출입 거래되는 상품을 해상으로 운송하는 것으로 대량운송 및 원거리 운송에 적합하며, 오랜 기간 동안 운송에 따라 상품의 변형이나 변질이 없는 경우 주로 활용하며, 항공운소에 비해 상대적으로 운송비가 저렴하다.

2) 내륙운송

차량운송과 철도운송이 있으며, 혼용하여 운송하는 경우가 있으며, 화물차의 대량보급에 의해 종합적인 운송체계의 역할을 담당한다.

3) 항공운송

긴급한 상품이나 고가품을 운송하는데 쓰임. 반도체 같은 고가품의 경우 항공운송을 많이 활용한다.

4) 복합운송

두 종류 이상의 운송수단에 의해 화물을 운송하는 것이며, 전 구간에 통용되는 운임을 적용(Through Rate), 화물이 해상·내수로·육상 등 여러 가지 운송경로를 통해 운송될 때 통용되는 선하증권(Through B/L), 단일운송 책임 하에 적용되며 장점은 여러 운송경로를 사용하므로 환적이 발생하는데, 환적 할 때마다 운송계약을 맺어야 하는 번거로움을 없애고 비용도 절감된다.

• 항공화물운송장

항공화물에 대해서 화주로부터 화물을 인수함과 동시에 Air Waybill을 발급한다. 해상운송에서는 선하증권(B/L)과 같은 용도로 쓰이며, 기본적인 성격은 B/L과 동일하다.

항공화물운송장은 IATA(국제항공운송협회)에서 발행하는 양식과 세부적으로 규정되어 있으며 법률적으로는 항공운송에 대한 Warsaw조약(국제항공운송의 통일규칙에 관한 조약)을 준수한다.

Air Waybill	Bill of Lading
Non-negotiable(양도성 없다)	Negotiable(양도성이 있다)
창고에 반입되면 AWB 발행	성적 후 B/L 발행
기명식	지시식
송화인이 작성	선사가 작성
유가증권이 아닌 단순 화물수취증	유가증권

Air Waybill은 3통의 원본과 6부 이상의 부본으로 구성되어 있으며, 원본은 항공사, 송화주, 수화주용으로 사용된다. 주요 주요기능은 다음과 같다.

- 화물의 운송계약체결에 의한 증거서류
- 화주로부터 화물 수령에 대한 수령증
- 운임, 제요금의 명세서 및 청구서
- 세관신고서류

- 운송인에 대한 물품의 취급, 발송, 인도에 대한 지시서
- 송화인이 화주보험에 부보한 보험가입증명서

2 선적업무

선적서류란 무역품의 재산권을 완전히 나타낸 것으로서 국제무역계에서 인정되고 있는 상용(商用) 서류를 의미한다. 선적서류는 상업송장, 포장명세서, 운송서류 및 보험서류 등 거래시마다 요구되는 기본서류와 그 밖에도 주로 신용장상의 이행 조건을 서류화함에 따라 발행하는 보충서류가 있으며, 우리나라의 경우 선적방법은 선박과 항공기를 이용하는 2가지 방식으로 이루어진다.

▌주요 선적서류▐

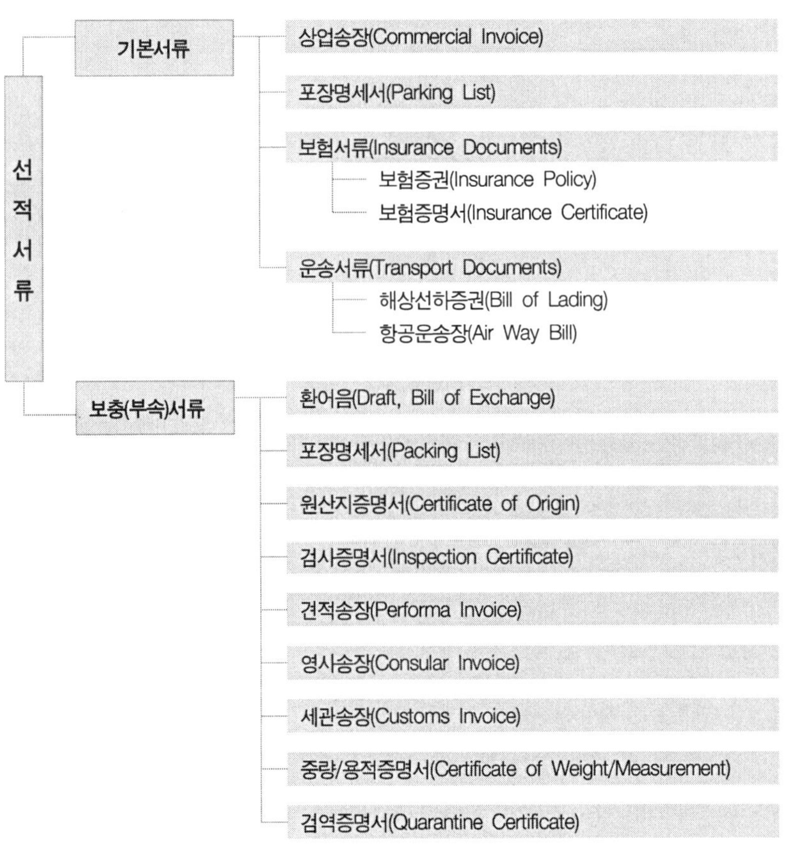

일반적으로 선하증권(船荷證券)·보험증권 및 상업송장(商 業送狀)의 3가지로 이루어지는데, 국가에 따라서는 그 이외에 영사송장·세관송장·원산지증명서·검사증명서·포장명세서·중량용적증명명세표 등을 필요로 하는 경우도 있다. 무역실무에서는 invoice, Parking List를 기본적으로 활용하여 포워더 또는 선사에 팩스로 보내주면 운송사가 B/L를 작성하여 화주에게 전달한다. 최근에는 uTradeHub에서 eB/L 업무를 적용하여 선적서류를 간소화하고 선적업무를 진행 할 수 있도록 구현하였다.

• 전자문서를 활용한 선적서류 적용업무 흐름

기업은 수출하기 위한 S/R을 작성하고 첨부서류 Invoice, Packing list를 선사, 포워더에게 보낸다. 접수된 S/R을 기반으로 B/L을 발급하고, 향 후 월별로 정산하여 세금계산서를 발행한다. Invoice, Packing list는 선적 외에 C/O업무, 통관업무, Nego업무 등에서 다양하게 사용된다.

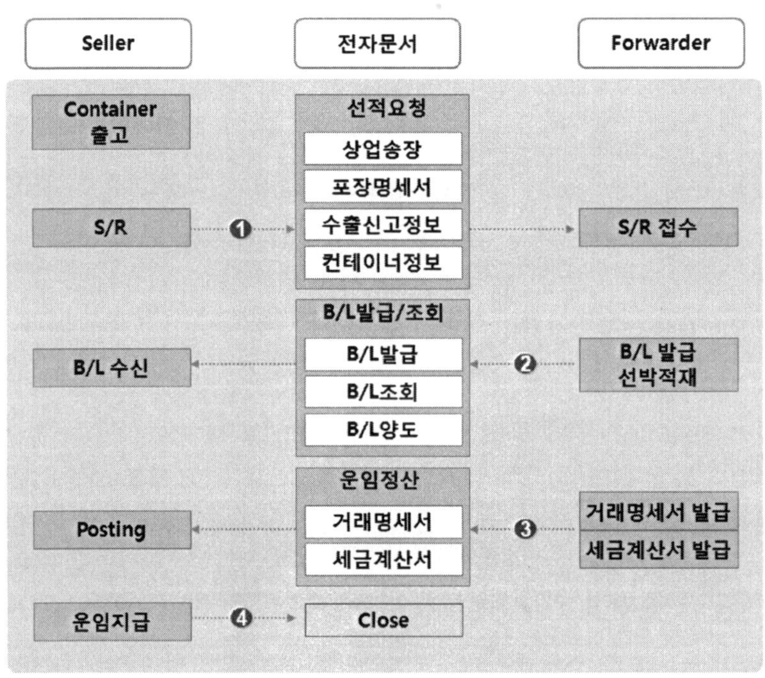

• 수출환어음 적용 절차

수출 환어음은 매입은행의 서식이다. 수출자가 선적을 이행하면서 발생하는 여러 가지 서류들(선하증권, 상업송장, 포장명세서, 보험증권, 검사증명서 등의 제반서류)을 선적서류 또는 선적관계서류라고 말하며, 매입은행에 선적서류 일체를 제시하면서 수출대금을 청구하는 시점에서 매입은행의 수출환어음 서식을 작성하여 함께 제시하면 매입은행은 그 환어음을 매입하는 형태로 업무진행이 되면서 수출대금을 수출자에게 지급한다. 그래서 NEGO를 '수출환어음 매입'이라고 해석을 한다.

▌수출환어음 세부내용▐

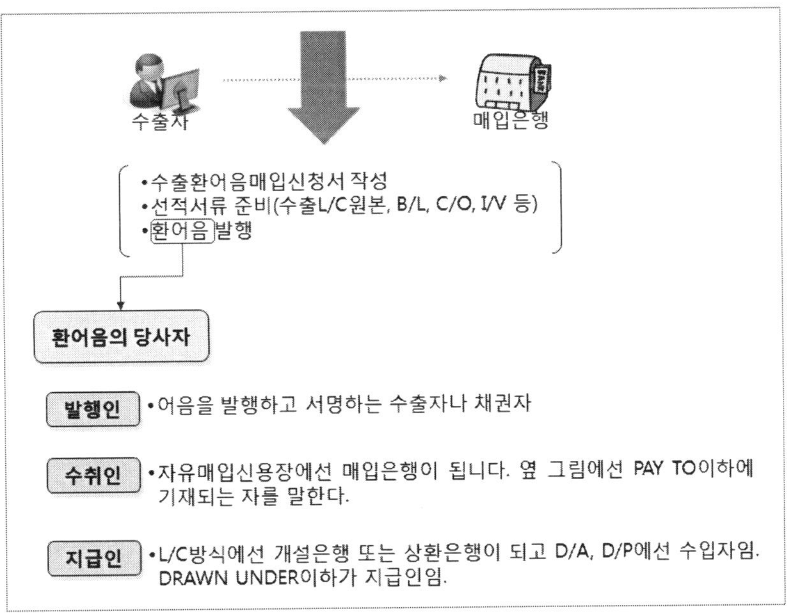

▌수출환어음 예시▐

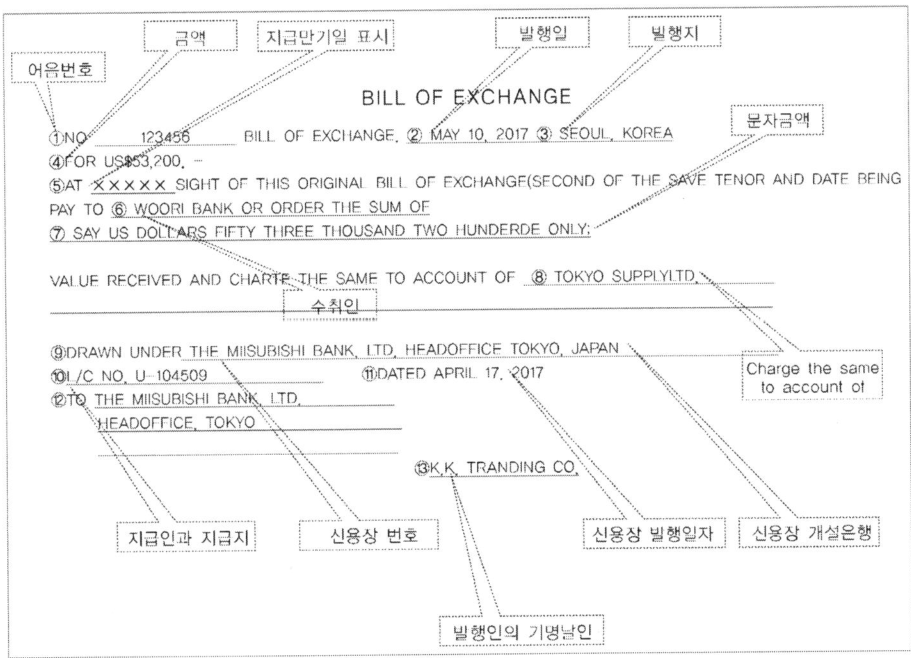

BILL OF EXCHANGE

①NO 123456 BILL OF EXCHANGE, ② MAY 10, 2017 ③ SEOUL, KOREA
④FOR US$53,200. -
⑤AT ××××× SIGHT OF THIS ORIGINAL BILL OF EXCHANGE(SECOND OF THE SAVE TENOR AND DATE BEING
PAY TO ⑥ WOORI BANK OR ORDER THE SUM OF
⑦ SAY US DOLLARS FIFTY THREE THOUSAND TWO HUNDERDE ONLY;

VALUE RECEIVED AND CHARTE THE SAME TO ACCOUNT OF ⑧ TOKYO SUPPLYLTD,

⑨DRAWN UNDER THE MIISUBISHI BANK, LTD, HEADOFFICE TOKYO, JAPAN
⑩L/C NO. U-104509 ⑪DATED APRIL 17, 2017
⑫TO THE MIISUBISHI BANK, LTD,
HEADOFFICE, TOKYO

⑬K.K. TRANDING CO.

수출환어음 서식은 간단하므로 네고금액, 신용장개설은행, 개설신청인, 결제은행 정도의 간단한 내용만 작성하면 된다. 참고로, 신용장의 종류가 매입신용장(= by negotiation)이 아니라, (연)지급신용장(=by(deferred) payment)인 경우에는 원칙적으로 무어음 신용장이기 때문에 이 경우에는 '수출환어음매입'이 아니라 '선적서류매입'이라고 한다. 은행의 네고신청서의 제목을 보면, '수출환어음(선적서류)매입 신청서'라고 되어있다.

• 상업송장과 포장명세서

상업송장은 수출자와 수입자 간의 거래계약 및 매매계약 조건 사실을 입증하는 대표적인 선적서류로써 수출자가 작성하며 선적한 물품의 명세서로서의 역할 외에 대금청구서 등의 역할도 겸하고 있다. 상업송장은 선하증권과 함께 무역거래 시 필수적인 선적서류 중 하나이지만 그 자체가 청구권을 갖는 서류는 아니고 다만 거래이행 및 계약의 사실만을 입증해주는 서류이다. 또한 상업송장은 거래상품의 주요사항을 상세히 명기한 것으로 수출자 에게는 수출통관에 필요하므로 통관용 상업송장을 작성하여 세관에 제출하게 되는 역할과 대금 청구할 때 네고서류로 활용되며, 수입자에게는 매입명세서로서의 역할을 하여 수입 신고 시 과세가격의 증명자료가 되며, 수입 국가에 따라 상공회의소에서 확인란 것을 요청하는 경우가 있는데 이는 일반 업체에서 작성한 것을 상공회의소에서 확인하는 용도로 쓰인다.

▌상업송장 활용용도▐

수출통관 및
대금결제 시 활용

• 통관용 인보이스 작성해서 수출신고 시 활용
• L/C방식일 경우 매입은행에 제출하여 네고 시 활용

수출자

수입신고 시 과세가격의
증명자료로 활용

• 수입세관 신고의 증명자료로 활용
• 과세표준금액산정 시 가장 중요한 자료로 활용

수입자

• 상업송장과 포장명세서의 차이점

상업송장은 물품의 품명, 수량, 단가, 가격 등이 표시되며 포장명세서는 품명, 수량, 순중량, 총중량 등을 자신들의 양식에 맞게 작성을 한다. 상업송장이 포장명세서는 많은 모든 항목이 유사하나 상업송장은 상품의 각각의 단가와 금액을 표현하나 포장명세서는 상품의 포장단위의 표시를 말하며, 상업송장의 보조역할을 한다.

▌상업송장과 포장명세서의 차이점▐

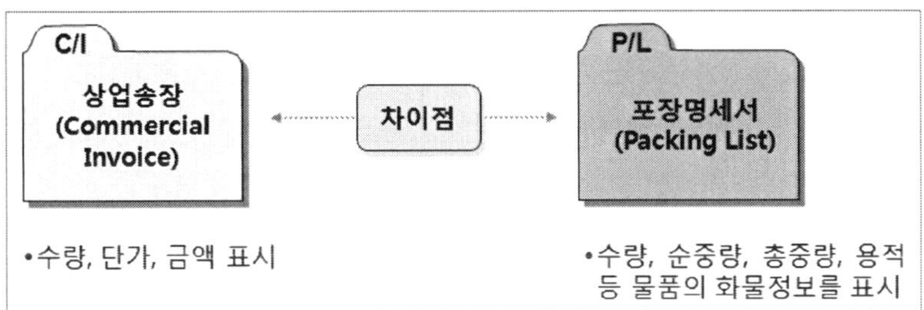

• 상업송장의 종류

송장은 그 용도에 따라 상거래용으로 작성되는 상업송장(Commercial Invoice)과 영사관에서 작성되거나 세관용으로 작성되는 공용송장(Official Invoice)으로 구분할 수 있는데 일반적으로 말하는 송장은 전자의 상업송장을 의미한다.

구분		내용
상업송장	견적송장 (Performa I/V)	• 수입허가, 외화배정 등을 받기 위한 수입상의 요청에 의해 수입상에게 장차 그가 매입할 화물에 대해서 시산적으로 작성 발송하는 송장 • 수출상이 거래를 유발 촉진하기 위한 수단으로 사용
	선적송장 (Shipping I/V)	• 선적된 화물의 내용과 가격을 명시한 서류로 목적에 따라 다음의 4가지로 분류됨 - 수출송장(Export I/V) - 위탁 판매송장 - 매입 위탁 송장 - 견본송장
공용송장	세관송장 (Consular I/V)	• 수입지 세관이 수입화물에 대한 ① 관세가격의 기준을 결정할 목적, ② 덤핑 유무를 확인하기 위한 목적, ③ 쿼터품목의 통상 기준량의 계산목적, ④ 수입통계의 목적 등으로 사용되는 송장 • 국가별로 세관이 요구하는 양식이 상이하므로 소정의 양식에 따라 작성해야 함
	영사송장 (Customs I/V)	• 수입물품 가격을 높게 책정함에 따른 외화도피나 낮게 책정함에 따른 관세포탈을 규제하기 위하여 수출국에 주재하고 있는 수입국 영사의 확인을 받아야 하는 송장. 이는 주로 몇몇 후진국에서 이용되고 있으나 점차 폐지되는 추세

• 상업송장의 주요 기능

1. 국내상거래에서 사용되는 송장과 달리 국제무역에서는 구매서의 역할을 하므로 거래물품의 주요사항인 계약상품의 정확한 규격(Specification of Goods) 및 개수, 포장상태 및

화인(Marks) 등이 상세하게 표시되어야 한다.

2. 송장은 CIF나 CRF의 경우 선하증권이나 보험증권이 계약과 일치되었음을 증명하는 등 특정 거래계약의 존재 및 이행의 사실을 입증하는 증거자료가 된다.
3. 계약상품의 단가, 부대비용, 할인료, 지불방식, 지불시기 등을 구체적으로 명기한 매매계산서 및 대금청구서로서 송장상의 발행금액은 환어음(Bill of Exchange)의 발행금액과 일치하여야 한다.
4. 송장은 모든 무역거래의 필수서류이다. 무역결제는 대부분이 환어음으로 이루어지며 수출지 은행에서 환어음을 매입할 때나 수입지 은행에서 대두(T/R)로 수입물품을 수입업자에게 인도할 때 화환어음의 담보물권이 되는 서류에는 이들 담보물의 명세서 및 계산서의 역할을 하는 송장이 포함되어야 한다.

제6장 전자무역의 통관 분야

1 수출통관업무

수출통관이라 함은 수출하고자 하는 물품을 세관에 수출신고 한 후 신고수리 받아 물품을 외국무역선(기)에 적재하기까지의 절차를 말한다. 수출하고자 하는 모든 물품은 세관의 수출통관절차를 밟아야 하는데 당해 물품을 선(기)적하기 전까지 당해 물품의 소재지 관할세관장에게 수출신고를 하는 수리를 받아야 한다. 일반적인 수출신고는 수출물품을 적재하기 전에 하여야 하나, 수출물품의 특성을 고려하여 다음의 경우에는 적재 후에 수출신고 할 수 있다.

수출신고를 하는데 있어 방법은 관세사에 의뢰하여 진행하는 방법과 화주직접신고(자가통관)로 하는 방법이 있으며, 통관 건수가 많을수록 화주직접신고를 하는 것이 비용 및 시간의 절감을 얻을 수 있다.

• 수출신고의 보완/취하/각하 처리방법

수출신고의 보완은 신고사항의 보완 수출신고서 기재사항이나 제출서류가 미비한 경우로서 수리 이후에 보완이 가능하다고 세관장이 인정하는 경우에는 사후적인 보완이 가능하다.

신고취하는 수출신고인 스스로 신고를 철회하는 것으로서 수입자 사정으로 인해 수출물품을 인수하기 어려운 상황이 발생하는 경우 등에 있게 되는데, 이는 정당한 사유가 있는 경우에 한하여 세관장의 승인을 받아야 하며, 취하시점은 수출신고 이후부터 당해 물품을 선적한 선박이 출항하기 전까지다.

신고각하는 세관장이 직권으로 수출신고의 효력을 무효화시키는 것으로서 세관장으로부터 신고사항의 보완을 요구받고 지정된 기간 내에 보완하지 않는 경우 등이 이에 해당한다. 신고가 각하된 경우에는 물론 수출이 불가능하다.

수출신고수리 최소 수출신고일로부터 30일 이내에 선적항의 보세구역에 반입되지 않은 물품에 대하여는 수출신고의 수리가 취소된다. 수출신고가 수리된 물품은 세관장의 보세구역 반입 연장승인을 받는 경우를 제외하고는 수출신고일로부터 30일 이내에 선적항의 보세구역에 반입하여야 하며 수출신고가 수리된 물품은 언제든지 외국으로 갈 선박에 선적시킬 수 있다.

▌수출신고 보완/각하/취하 흐름▐

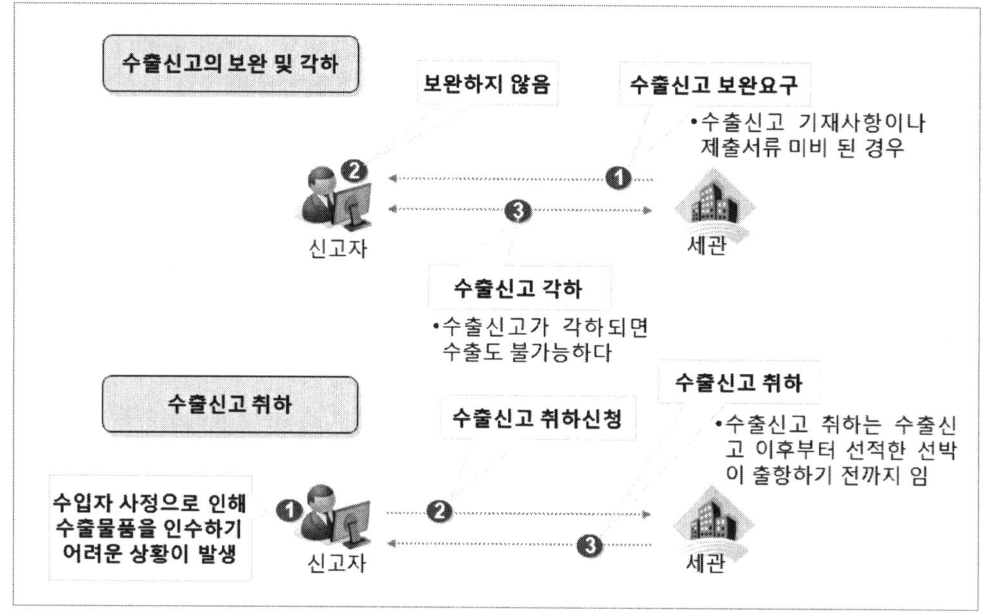

• 수출신고의 흐름

수출신고는 원칙적으로 EDI(Electronic Data Interchange; 전자 서류교환방식)에 의해 진행되고 있으며 예외적인 경우에 한해 수출신고서 및 증빙서류를 세관장에게 제출하도록 하고 있다. 수출통관은 화주직접신고(자가통관)와 관세사의뢰통관 방법이 있으며 관세청 C/S시스템을 통해 자동수리, 서류심사 후 수리, 물품검사 후 수리 등의 방법으로 신고수리를 해주고 있다.

현재는 관세청에서 http://portal.customs.go.kr/를 오픈하여 관세사 및 화주직접신고하는 업체들이 많이 활용하고 있는 추세이다. 관세청에서 인터넷통관으로 직접 수출신고를 처리할 수 있는 사이트로써 수출신고 외에 관련 통관정보 등을 제공하고 있다.

▌수출신고 업무 흐름▐

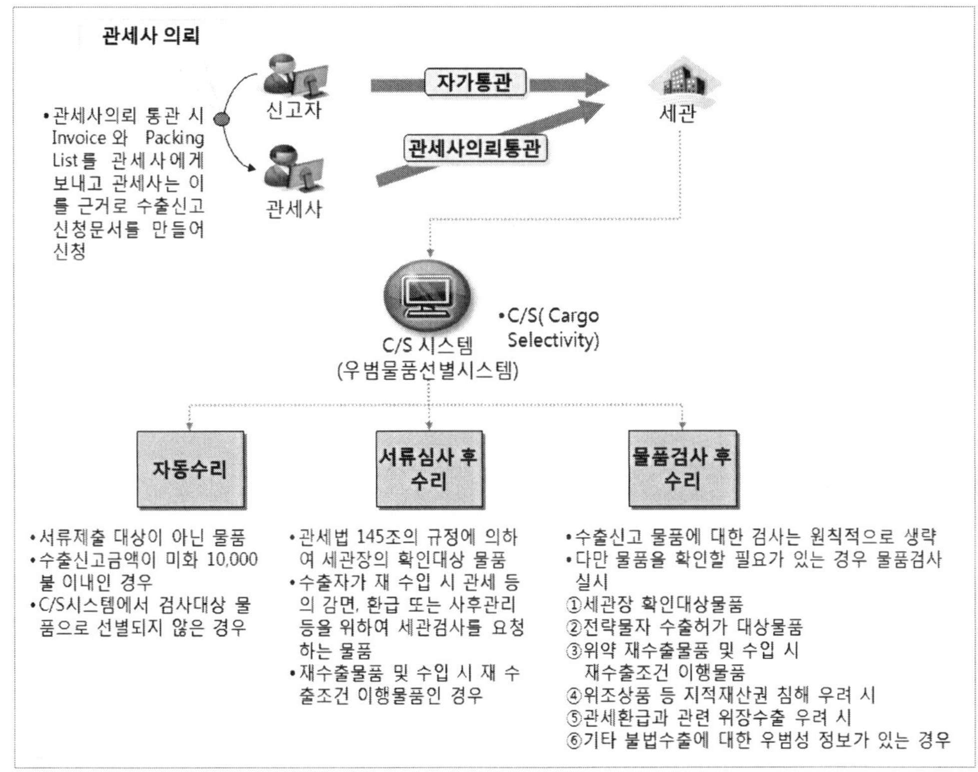

• 화주직접신고의 장점

화주직접신고하는 방법은 2가지가 있다.

첫 번째는 통관EDI시스템을 구입하여 사무실의 PC에 설치하여 수출신고, 임시개청, 수출정정신고 등을 하는 것이고, 두 번째는 관세청 통관포탈사이트를 활용하는 방법으로 http://portal.customs.go.kr/에 가입하여 웹에서 직접 수출신고를 하는 방법이 있다.

과거에는 첫 번째 방법으로 많이 활용하였으나 지금은 관세청통관포탈사이트도 많이 사용하고 있다. 그 이유는 통관EDI시스템을 구입하여 적용시 S/W구매비용, 유지보수비용 그리고 전송료가 발생하는데 관세청통관포탈사이트를 활용하면 그러한 비용이 절감된다. 다만 ERP를 보유하고 있으며, 통관 건수가 많은 기업의 경우 ERP에서 생성된 데이터를 전자통관시스템과 Interface하여, 적용하는 것이 업무의 효율성이 높고 사용자 입장에서 편리함으로 첫 번째 방법을 많이 활용한다.

과거에는 관세사 자격증을 보유하고 있는 사람을 채용하여 업무를 하여야 했으나, 지금은 그러한 규제는 없고 직접 신고를 할 수 있으므로 비용절감 측면에서 중소기업들도 많은 도움이 된다.

구분	관세사 대행 방법	화주직접신고 하는 방법
처리시간	관세사에 요청하여 처리하므로 상대적으로 많은 시간이 소요	수출신고 후 5분 이내에 처리결과 확인
비용	수출신고 건당 약 1만 5천 원	통관포탈사이트 : 전송료 발생 無 KTNET 이용 시 : 전송료 170원/1KB 1건 전송 시 약 1,500원
적용방법	기업에서 Invoice, PackingList를 팩스로 관세사에 보내면 관세사에서 수출신고 후 기업 수출신고서 교부	기업에서 직접 입력한 후 수출신고를 신청하여 수신받은 수출신고서를 출력하여 사용

* 월 평균 수출통관 건수가 100건일 경우 관세사 대행 시 건당 15,000원 × 100건 = 1,500,000원이고 년간 18,000,000원이 소요되나, 관세청 통관포탈사이트(UNI-PASS) 사용 시 사용료가 무료이므로 년간 18,000,000원이 절약됨.

• 수출신고 정정

전송한 수출신고내용에 대하여 전산으로 오류사항을 통보 받거나 신고내용을 정정하고자 하는 경우에는 신고번호가 부여되기 전까지는 수정한 내용을 포함한 신고자료를 당초의 제출번호에 의하여 다시 전송하면 되고, 신고번호가 부여된 후에 정정사항이 발생한 경우에는 수출신고정정승인신청서를 작성하여 신고한 세관장에게 제출하면 된다. 화주직접신고로 수출신고 정정시 주의할 점은 정정을 자주 하게 되면 세관에서 기업에게 벌점을 부과하여 일정기간 동안 화주직접신고를 못하게 된다. 정정내용은 품목이 추가되거나, 수량이 변경되거나, 품목이 빠질 경우에 정정신고를 한다.

• 수출통관 전체 흐름

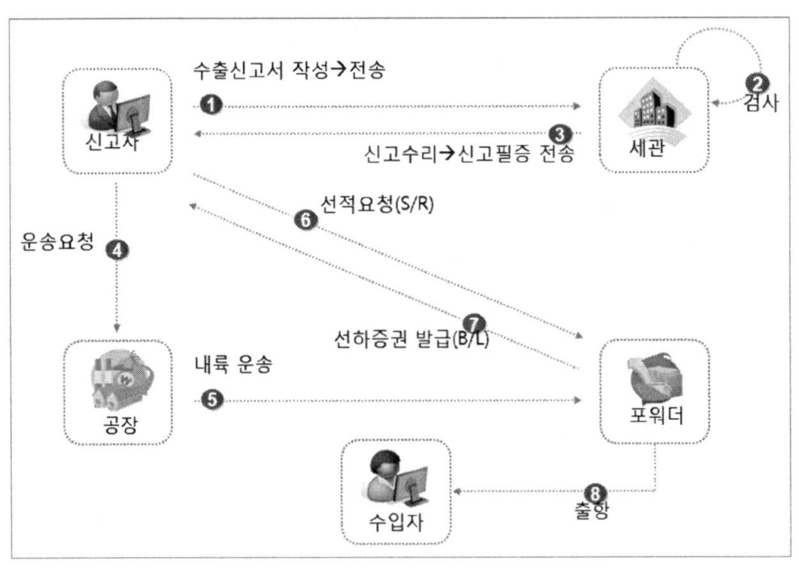

① 신고자(화주 또는 관세사)는 수출신고서를 작성하여 관할지 세관에 전송한다.
② 수출신고서를 수신 받은 해당 세관은 관세청 통관시스템에서 전송 받은 수출신고서를 검사한다.
③ 관세청 통관시스템에서 검사 완료된 수출신고 건에 대해 수출신고필증을 신고자에게 다시 전송한다.
④ 수출신고필증을 받은 신고자는 수출물품이 있는 공장에 운송요청을 지시한다.
⑤ 공장에서 수출물품을 출고하여 포워더로 이동한다.
⑥ 신고자는 선적요청서(S/R: Shipping Request)를 포워더에게 전송한다.
⑦ 선적요청서를 수신 받은 포워더는 수출물품을 선적하고 선하증권(B/L: Bill of Lading)을 발급한다.
⑧ 포워더는 수입자 도착항으로 수출물품을 운송한다.
※ 수출신고필증을 받은 수출자는 30일 이내에 수출물품을 선적해야 한다.

• **수출신고 된 물품에 대한 신고서의 처리방법**

화주(기업)이 수출신고를 하면 세관에서는 해당품목에 따라서 자동처리, 즉시처리, 검사 후 처리하는 3가지 방법으로 수출신고에 대한 처리를 한다. 일반적인 품목으로 지속적으로 수출하는 경우에는 대부분 자동처리 대상이다.

▌수출신고서 처리방법▐

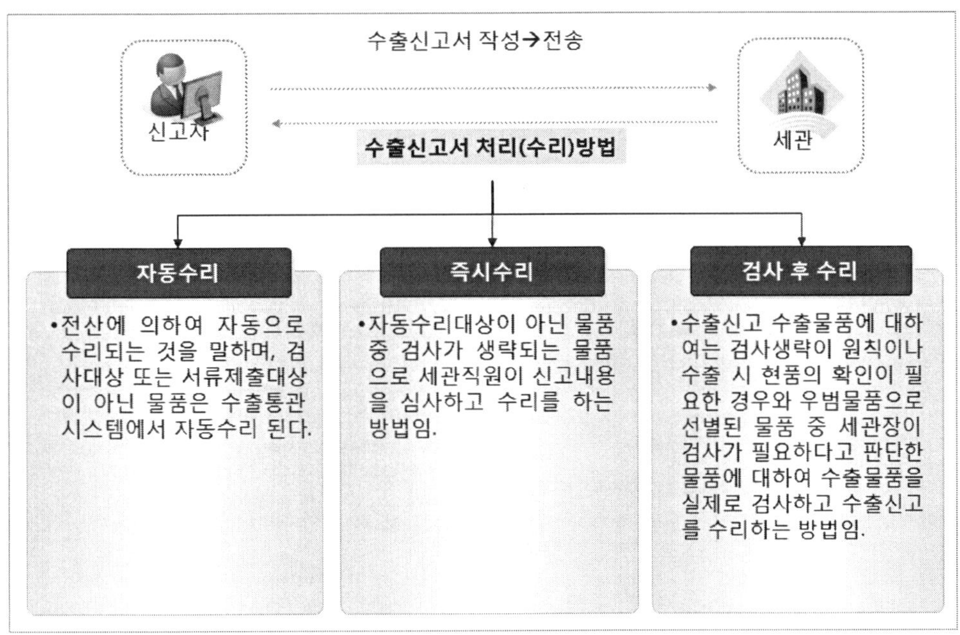

- **수출신고서를 세관에 제출하여야 하는 물품(서류제출 대상물품)**
  - ✓ 법 제226조(허가, 승인 등의 증명 및 확인)의 규정에 의한 세관장 확인물품 및 확인방법 지정 고시 중 수출신고 수리 전에 요건구비의 증명이 필요한 물품 다만, 수출승인기관과 전산망이 연계된 품목은 제외
  - ✓ 계약내용과 상이한 물품의 재수출 또는 재수출조건부로 수입통관 된 물품의 수출
  - ✓ 수출자가 재수입 시 관세 등의 감면, 환급 또는 사후관리 등을 위하여 서류제출로 신고하거나 세관검사를 요청하는 물품 수출통관시스템에서 서류제출대상으로 통보된 물품

2 수입통관업무

모든 수입물품은 세관에 수입신고를 하여야 하며, 세관에서 수입신고를 수리하여야 물품을 국내로 반출할 수 있다. 수입신고는 우리나라에 물품이 도착되기 전에도 가능하며, 이러한 신고를 출항 전 수입신고, 입항 전 수입신고라 한다. 수입을 하고자 할 때에는 해당하는 물품이 관련 법령에 의해 수입요건(검사, 검역, 허가, 추천 등)을 구비하여야 하는지를 우선 알아보아야 한다. 왜냐하면 요건구비대상에 해당되는 물품은 요건확인 기관(검사, 검역, 추천기관 등)의 확인을 받고 해당 구비서류를 갖추어야 세관통관이 가능하기 때문이다.

▌수입통관▐

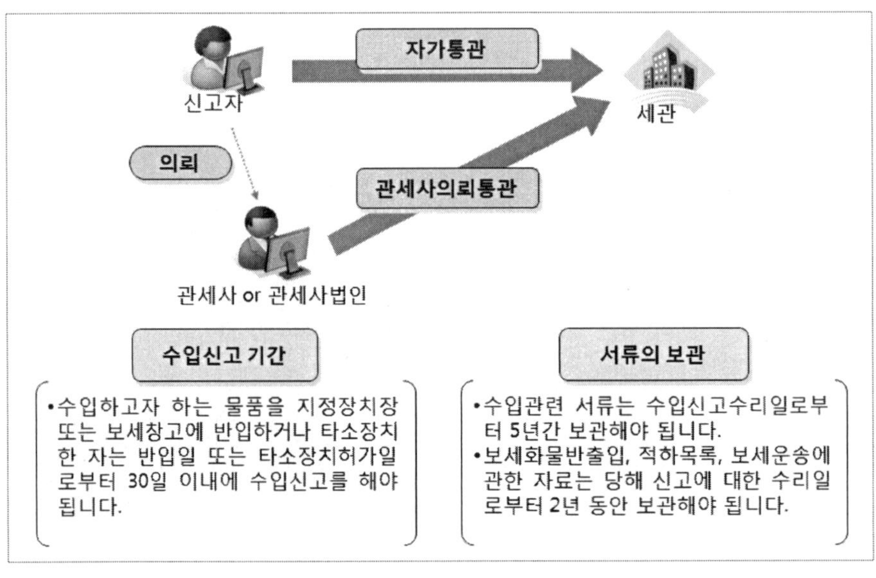

일반적으로는 수입통관 업무의 경우 수출통관업무보다 복잡하고 까다로워서 실제 화주직접 신고하는 화주(기업)은 소수에 불과하다. 또한 관련 세부규칙이 자주 변경되는 부분이 있어서 업무를 이해하는데 있어 화주는 어려운 부분이 많이 있기에 관세사를 대행하는 경우가 90% 이상 된다.

• 수입통관 절차흐름도

수입통관 절차라 함은 수입하고자 하는 물품을 세관에 수입신고 한 후 필요한 경우 심사와 검사를 거쳐 수입신고수리를 받고 수입물품을 인수한 후 신고수리 후 15일 이내에 관세 등을 납부하기까지의 일련의 절차를 말한다.

▌수입통관 절차▐

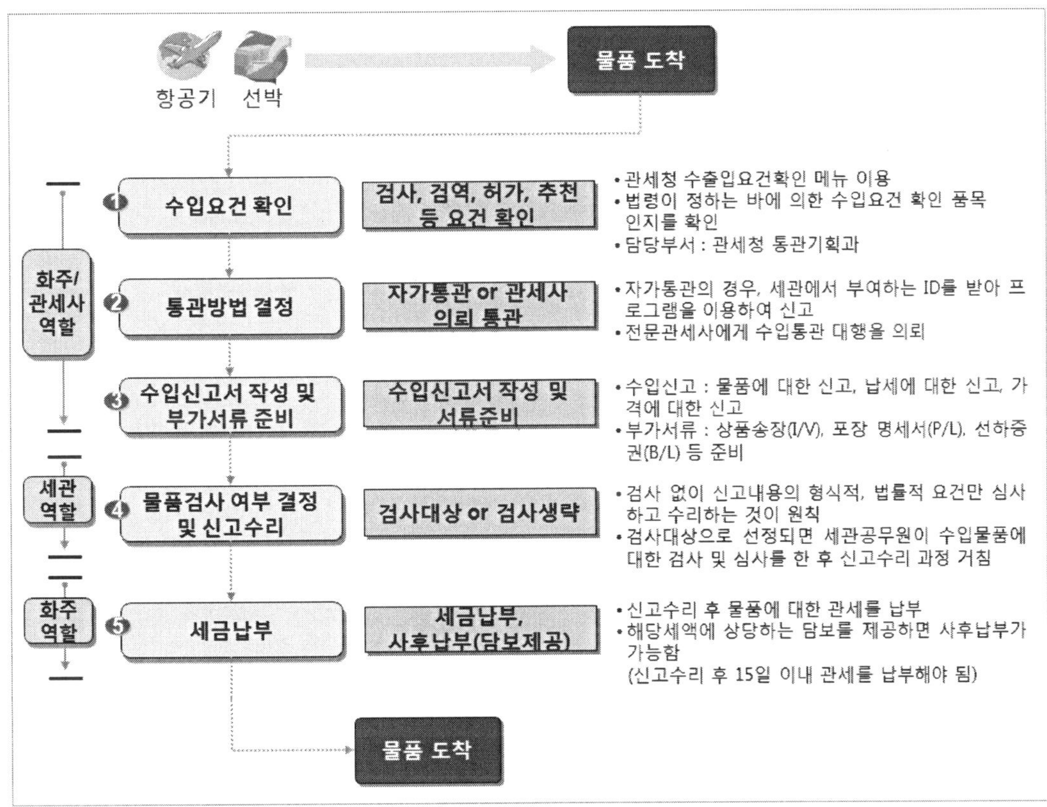

• 수입신고 업무의 진행절차

수입신고는 우리나라에 물품이 도착되기 전 뿐만 아니라 선박(항공기)이 도착한 후 보세 구역에 도착하기 전, 보세구역에 장치한 후 어떠한 시점에서도 신고가 가능하다.

(1) 출항 전 신고

출항 전 신고는 수입하고자 하는 물품을 적재한 항공기 또는 선박이 당해 물품을 적재한 공항 또는 항구를 출발하기 전에 수입신고를 하는 것을 말하는데 항공기로 수입되는 물품 또는 일본, 중국, 대만, 홍콩으로부터 선박으로 수입되는 물품은 출항 전 신고가 가능하며, 수입물품을 적재한 선박이 도착할 입항예정지 세관장에게 수입신고를 하여야 한다.

(2) 입항 전 신고

입항 전 신고는 수입하고자 하는 물품을 적재한 항공기 또는 선박이 선적지 공항 또는 항구에서 출항한 후 우리나라 항구(공항)에 입항하기 전에 수입신고 하는 것을 말하는데 출항 전 신고와 같이 수입물품을 적재한 선박(항공기)이 도착할 입항예정지 세관장에게 수입신고를 하여야 한다.

(3) 보세구역 도착 전 신고

보세구역 도착 전 신고는 수입하고자 하는 물품이 우리나라 항구 또는 공항에 도착한 후 보세창고에 입고하기 전에 수입신고 하는 것을 말하는데, 이때의 보세구역이란 보세창고는 물론 부두 밖 컨테이너 보세창고 및 컨테이너 내륙통관기지, 선상도 포함하여 지칭한다.

(4) 보세구역 도착 후 신고

보세구역 도착 후 신고는 수입하고자 하는 물품이 우리나라 항구 또는 공항에 도착한 후 보세창고에 반입한 이후에 수입신고 하는 것을 말한다. 수입물품을 반입한 보세구역 관할 세관장에게 수입신고를 하여야 한다.

▌수입신고 시점▐

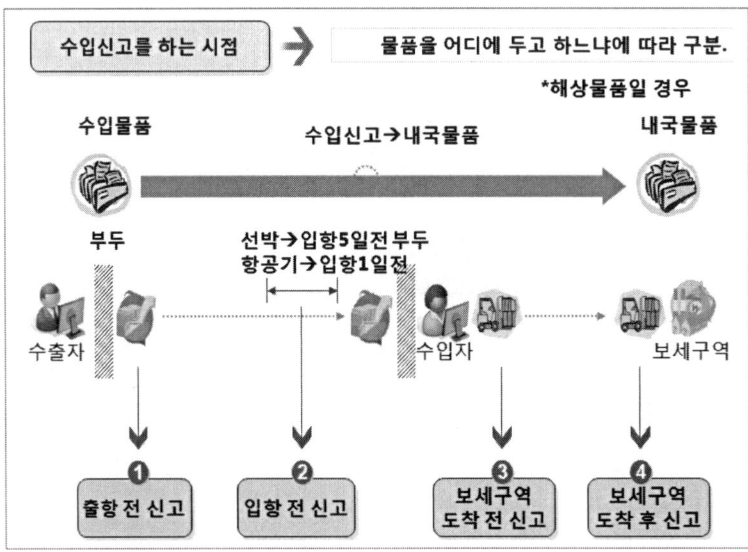

- **수입통관의 일반적인 업무 프로세스**

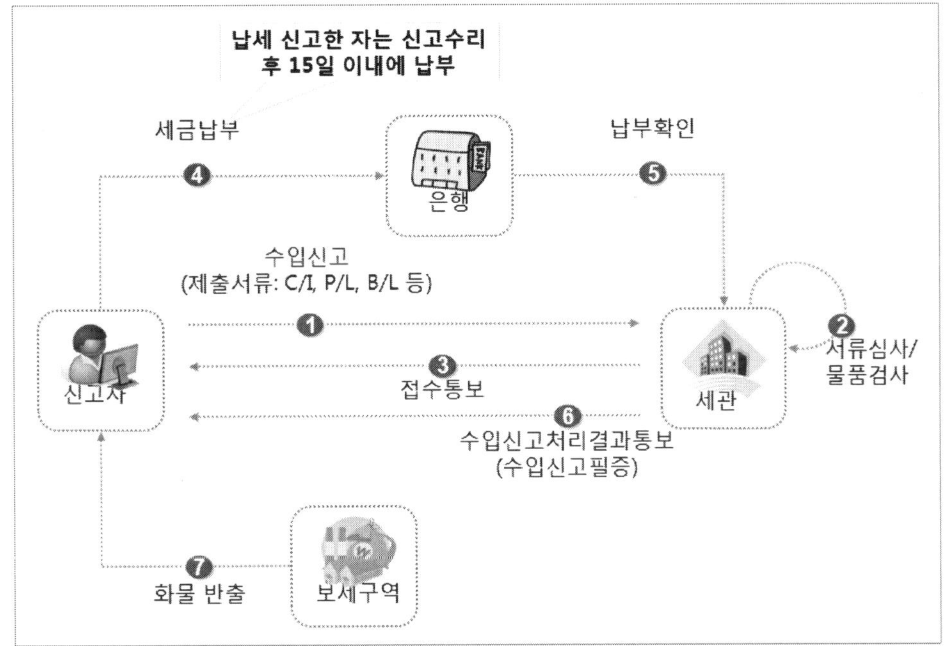

① 신고자(화주 또는 관세사)는 수입신고서를 작성하고 제출서류(C/I; 상업송장, P/L; 패킹리스트, B/L; 선하증권 등)를 준비하여 관할지 세관에 전송한다.

② 수입신고서를 수신 받은 해당 세관은 관세청 통관시스템에서 전송 받은 수입신고서에 대해 서류심사 및 물품검사를 한다.

③ 관세청 통관시스템에서 해당 수입신고 건에 대해 접수통보를 신고자에게 전송한다.(오류시 오류통보 전송)

④ 신고자는 은행을 통해 해당 수입신고건의 세금을 납부한다.

⑤ 은행은 수입신고 세금납부 내역을 세관에 전송한다.

⑥ 세금납부 내역을 확인한 세관은 수입신고처리결과(수입신고필증)를 통보한다.

⑦ 보세구역에 있는 화물을 반출한다.

수입신고의 취하는 원칙적으로 할 수 없으나 수입된 물품이 위약물품이나 우리나라에서 수입 금지조치를 내렸거나 운송도중에 손상, 변질 등이 일어났을 경우에 한하여 세관장의 승인을 얻어 취할 수 있다(관세법 제250조). 그러나 장치장에서 물품을 반출한 이후에는 정당한 이유가 있다고 하더라도 취하할 수 없으며 수입신고 수리된 물품이라도 수입신고 취하승인을 얻으면 그 신고수리의 효력이 상실된다.

• 서류심사 대상일 경우의 프로세스

관세청 전산시스템에서 서류심사 건을 선별하여 서류제출대상으로 확정하면 신고인에게 서류제출통지를 한다. 신고인은 관련 서류를 취합하여 세관에 직접 방문해서 관련 서류에 대한 확인을 받는다.

▌서류심사 건의 프로세스▐

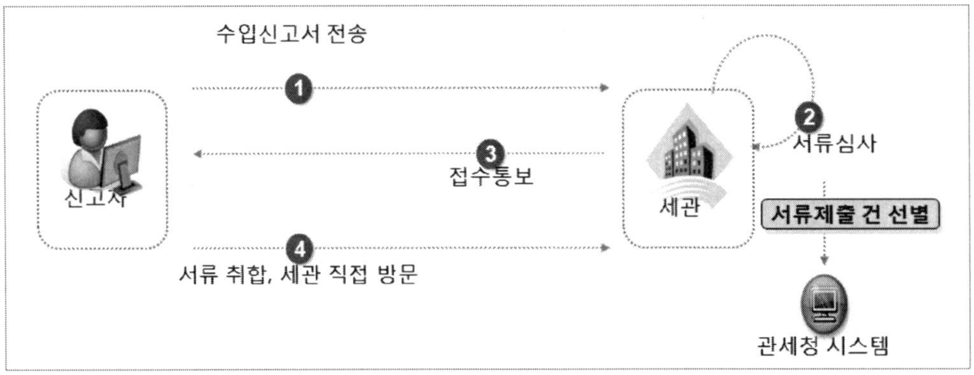

• 가격신고서

관세의 납세의무자는 수입신고를 하는 때에 세관장에게 당해 물품의 가격에 대한 신고를 하여야 하며, 이러한 가격신고는 가격신고서에 의하여야 한다. 관세법은 수많은 수입자의 거래관계내용을 일일이 확인할 수 없는 문제점과 대부분의 수입자가 성실한 납세를 할 것을 예견하여 수입자가 스스로 자기의 거래 내용을 밝히고 법령에 적합한 세액을 신고하도록 규정하고 있다. 그러나 모든 수입물품에 대해서 가격신고를 해야 되는 건 아니며 가격신고 제출 생략가능 물품을 경우, 가격신고의 제출이 생략된다.

(1) 가격신고 제출 생략 가능 물품

① 과세가격이 미화 1만 불 이하인 물품(단, 특별소비세, 주세, 교통세가 부과, 분할 신고한 물품은 제외)

② 성실자율심사업체로 지정된 업체가 수입하는 물품

③ 수입통관 사무 처리에 관한 고시상의 수입신고 생략물품, 간이신고 대상물품, 목록통관 특송 물품, 간이신고 특송물품

④ 종량세 적용 물품(단, 가격에 따라 세율이 달라지는 물품은 제외)

⑤ 정부 또는 지방자치단체가 수입하는 물품, 정부조달물품, 정부투자기관이 수입하는 물품

⑥ 관세와 내국세 등이 모두 부과되지 않은 무세 또는 면세인 물품

⑦ 방위산업용 기계, 그 부분품 및 원재료

⑧ 수출용 원재료

⑨ 특정연구기관이 수입하는 물품

(2) 가격신고 제출 필수 물품

① 법 제30조 제1항 제1호 내지 제5호의 규정에 의하여 가산할 금액이 있거나 법 제30조 제2항 제1호 내지 제4호 규정에 의하여 공제할 금액이 있는 물품

② 법 제31조 내지 제35조 의한 과세가격을 결정하는 물품(2방법 이하) 다만, 수입신고생략 물품, 간이신고대상물품, 목록통관 특송 물품은 제출을 생략

③ 법 제39조에 의한 부과고지 대상 물품(단, 이사화물은 해당 없음)

④ 잠정가격신고물품

⑤ 수입신고수리 전 세액심사대상 물품(체납업체, 불성실 신고인, 농수산물 등 가격변동이 심한 물품 중 관세청장이 지정한 물품)

• 가격신고서의 기초가 되는 과세가격 결정

원칙적으로 거래가격을 기초로 하며, 이와 같이 거래가격으로 과세가격을 결정하는 관세평가 방법을 제1방법이라고 한다.

과세가격의 제1차적인 기초가 거래가격이라는 것은 상업상의 가격에 관한 당사자간의 의사결정을 가능한 한 수용한다는 것이다.

• 관세감면 및 분할납부 제도

일반적으로 수입물품에 대하여는 국가재정 수입확보 및 국내산업보호 육성을 위하여 관세가 부과되는 것이 원칙이다. 그러나 특정한 국가정책 목적을 달성하기 위하여 일정한 요건을 갖춘 특별한 경우에 관세의 일부 또는 전부를 면제하는 것을 관세의 감면이라 하며, 또한 특정한 물품에 대하여 부과된 관세를 일정기간 분할하여 납부할 수 있는 분할납부 제도가 있다.

관세는 수입신고 수리 전 또는 수리 후 15일 이내에 관세의 전액을 납부하여야 하나, 중요산업에 소요되는 시설기계류 등의 관세납부에 따른 수입자의 자금부담을 완화시켜 설비투자를 촉진하기 위하여 이 제도가 마련된 깃 이다.

관세감면과 분할납부 대상은 학술연구용품, 종교용품/장애인용품, 정부용품, 시설기계류, 중소제조업체 물품 등이 있다.

• 관세청 통관단일창구

관세청은 UNI-PASS를 활용하여 수출 및 수입통관, 요건확인업무 등을 서비스로 하고 있다. 수입통관과 요건확인업무의 연계를 통해서 수입요건확인 대상품목에 대해서는 CROSS CHECK

가 가능하도록 적용되었으며, 공인인증서를 활용한 XML문서를 주고받고 있다.

▌관세청 통관시스템 개념도▐

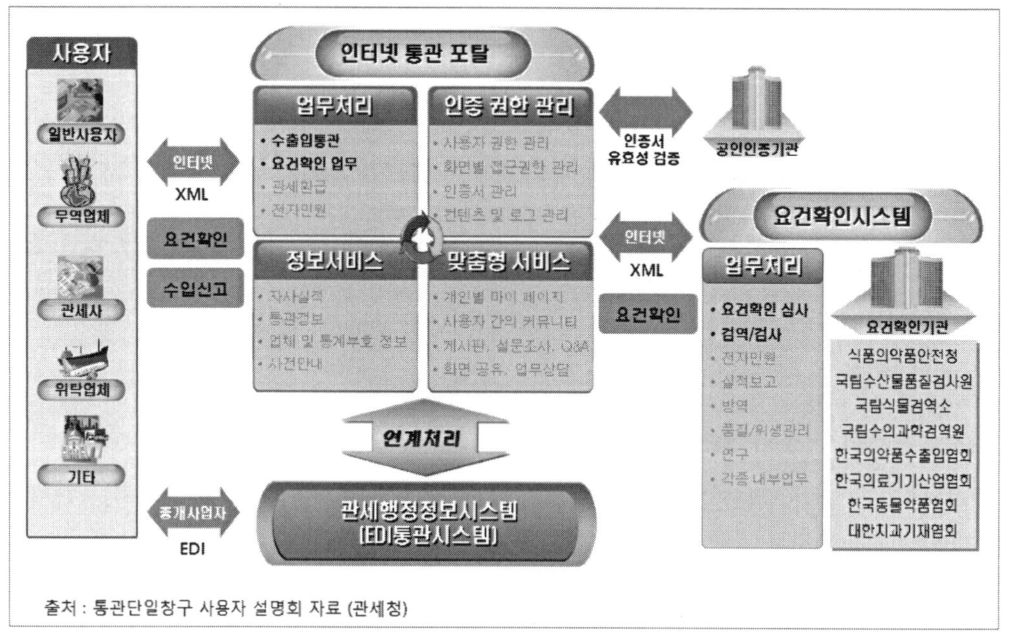

출처 : 통관단일창구 사용자 설명회 자료 (관세청)

▌이용신청 방법▐

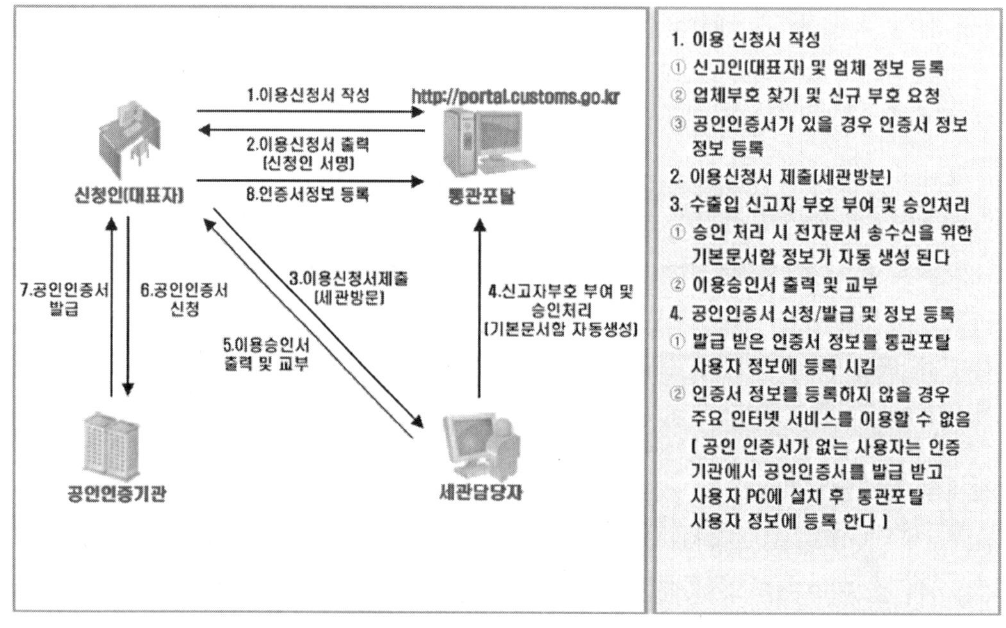

3 수입물류업무

수입물류는 외국화물을 적재한 선박이나 항공기가 국내에 입항하여 하선 또는 하기, 보세운송, 보관, 통관 등의 절차를 거치면서 최초의 수입화물이 중간과정에서 불법 유출됨이 없이 적법하게 통관되어 화주에게 인도될 수 있도록 하는 과정이다. 수입물류는 일반적으로 입항, 하선(하기), 입항지 보세구역 반입, 보세운송, 내륙지 보세구역 반입 등 5단계를 거치면서 진행된다. 적하목록 신고 후에 세관에서 부여 받는 화물관리번호를 기초로 관세청의 화물추적정보시스템에 모든 내용이 기록되기 때문에 화주는 화물관리번호만 알면 시스템을 이용하여 쉽게 화물의 현재상태(보세운송 중, 도착완료 여부)를 알 수 있다.

▌수입 물류 흐름▐

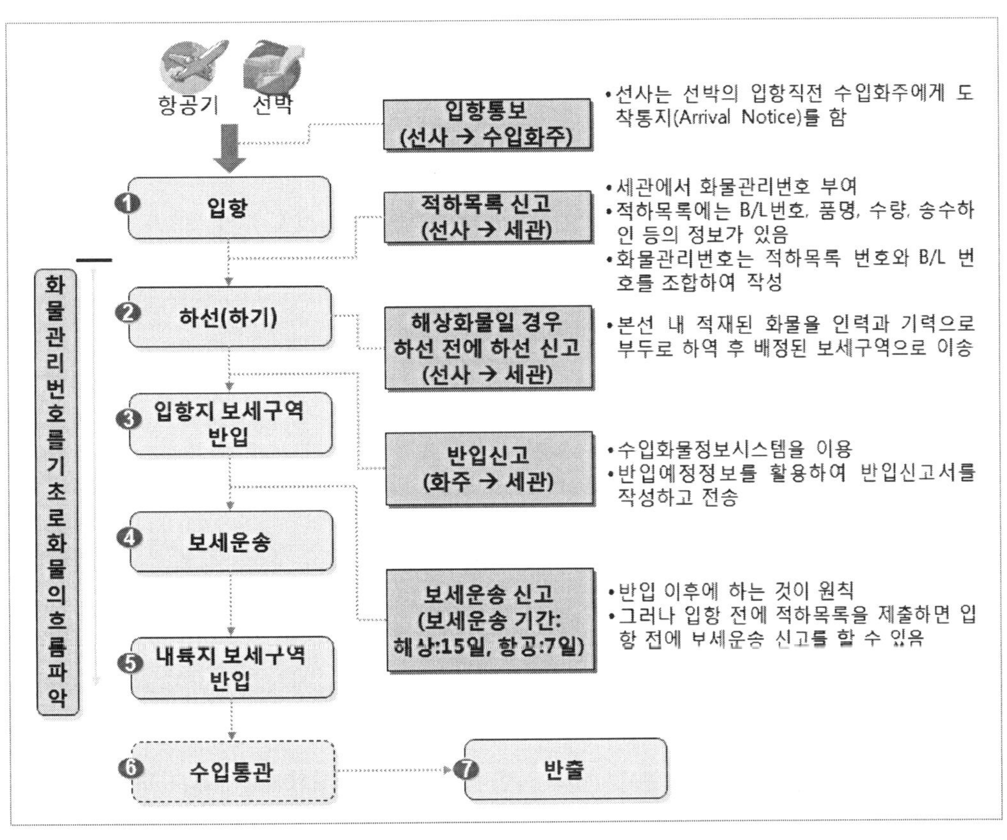

- **보세운송업무**

보세운송이란 외국으로부터 수입하는 화물을 입항지에서 통관하지 아니하고 세관장에게 신고하거나 승인을 얻어 외국물품상태 그대로 다른 보세구역으로 운송하는 것을 말한다. 이러한 보세운송은 수입화물에 대한 관세가 유보된 상태에서 운송되는 것이므로 운송에 제약이 있다.

▌보세운송방법▐

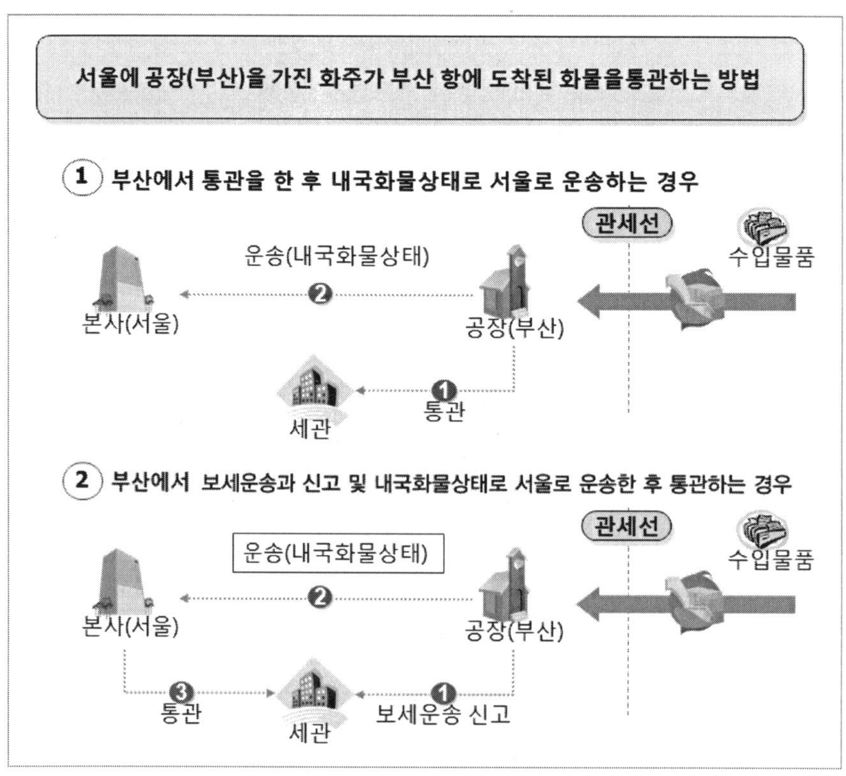

이와 같이 보세운송을 하여 서울에 물품을 옮겨 놓은 후에 통관을 하게 되면 화주에게 편리한 면이 있지만, 보세운송할 물품을 세관에 신고(승인신청)를 한 후 보세운송하여 목적지 세관의 보세구역 등에 반입한 후에 관할세관장에게 도착보고를 해야 하는 번거로움이 있다.

그러나 보세운송신고(승인신청)와 도착보고 등의 업무가 수입화물 전산시스템에 의하여 이루어지고 있으며 적하목록 등을 사전에 입수하면 하선(기)전에 보세운송신고가 가능하므로 보세운송으로 인한 수입화주의 불편사항은 거의 없다.

제 7 장 uLocal업무

한국은행 무역금융 세칙에 의해 2013년 2월부터 내국신용장 개설 및 통지업무가 전자무역을 통한 적용이 의무화되고, 2014년 2월부터는 매입신청이 의무화된다. 이에 따라 내국신용장 개설/발급에서 공급자통지, 물품공급, 대금회수(매입의뢰), 사후관리에 이르는 Local거래 전 업무의 유통전자화 및 절차가 서비스 된다.

▌현행 Local업무 흐름도▐

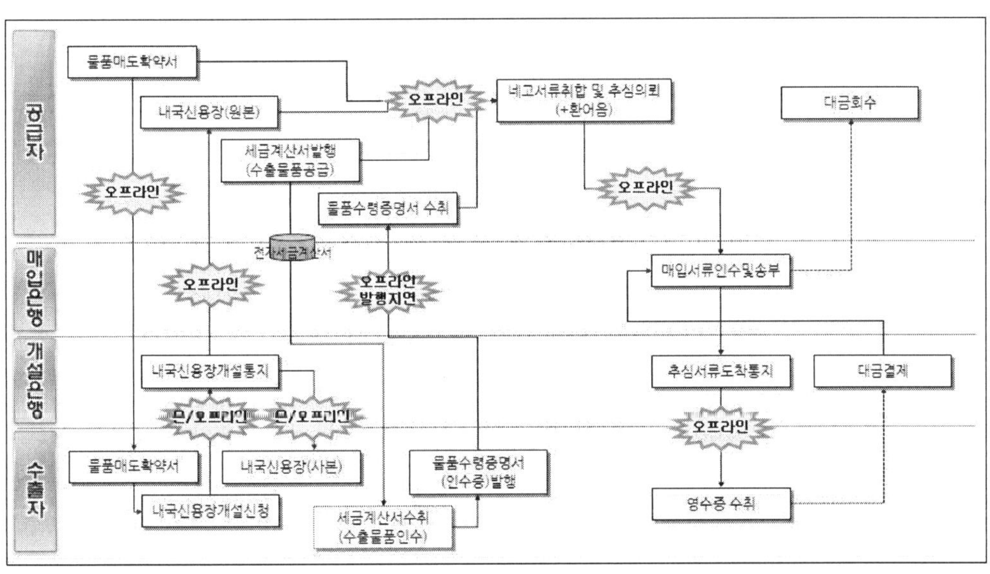

현재는 전자무역 적용 분야와 오프라인 적용 분야가 혼재되어 이루어지고 있다. 이에 따라 영세한 내국신용장 이용업체가 온·오프라인 병행에 따른 이용 혼란이 가중되고, 내국신용장 전체 업무절차의 오프라인(은행창구, 우편 등) 처리로 인해 공급자의 대금회수가 지연되고 있다.

• 내국신용장 주요업무 절차

NO	업무 절차	From	To	비고
1	수출자와 국내 공급자 간의 물품공급 계약체결	구매자	공급자	
2	외국환거래 약정	구매자	개설은행	외국환거래약정서
3	수출자가 개설은행에 내국신용장 개설신청	구매자	개설은행	
4	개설은행이 공급자에게 내국신용장 통지	개설은행	공급자	내국신용장 유효기일은 물품인도일로부터 10일 이내
5	공급자가 수출자에게 물품공급	공급자	구매자	
6	공급자가 수출자에게 세금계산서 발행	공급자	구매자	(D)
7	수출자가 공급자에게 물품수령증명서(영수증) 발행	구매자	공급자	계산서 발행일로부터 10일 이내 발급(D+10)
8	공급자가 매입은행에 판매대급 추심의뢰	공급자	매입은행	물품수령증명서 발급일로부터 제시기일 내에 매입의뢰(D+15)
9	매입은행이공급자에게 매입처리결과통지	매입은행	공급자	
10	공급자 매입은행이 환어음 매입과 대금지급(D일)	매입은행	공급자	매입은행이 공급자에게 대금지급(D+17)
11	공급자 매입은행이 개설은행에 추심의뢰	매입은행	개설은행	
12	개설은행이수출자에게 추심의뢰서 도착통지	개설은행	구매자	
13	수출자가 개설은행에 무역금융차입, 자기자금결제(D+3일)	구매자	개설은행	지급지시 및 출금통지
14	수출자 개설은행이 매입은행에 환어음 결제(D+3일)	개설은행	매입은행	

* 2012년도 전자정부지원사업 글로벌 물류·무역 정보망 구축(4단계) 제안요청서

현재 전자무역 적용부문과 off-line 적용부문에 대해서 분석하고, 전체적인 업무처리가 전자화가 가능하도록 Local거래 유통관리 서비스, Local거래 종합정보 서비스, Local거래 관리 3가지 방향으로 시스템을 구성한다.

▌시스템 구성내역▐

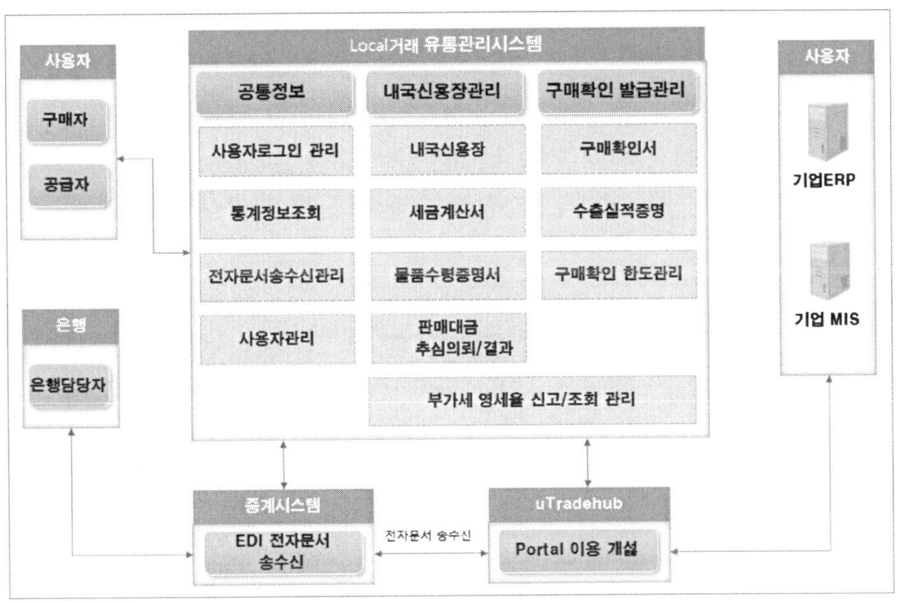

• Local거래 유통관리 서비스

로컬거래(구매확인서/내국신용장) 통합 유통관리를 통한 업무 조건별 종합적 조회/관리, 업무 프로세스 거래별로 종합관리, 내국신용장 개설정보 관리 및 공급자 자동 통지 서비스를 제공한다.

또한 물품수령증명서, 세금계산서 유통 및 관리, 매입신청 관련문서 상호검증 및 유효성 검증, 로컬거래 영세율 신고 등 사후관리를 적용한다.

• 로컬거래 종합정보 서비스

업종별, 거래처별 통계정보제공, 산업통상자원부에 로컬거래 통계정보제공, 국세청 영세율 신고, 부가세영세율 신고 등 사후관리를 한다.

• Local거래 관리

송수신문서현황 및 시스템현황 모니터링 제공, 로컬거래 통계, 오류통계, 사용자통계 등 다양한 정보를 제공한다.

uLocal은 인터넷을 활용하여 One-Stop 서비스 지원, 업무처리 간소화를 통한 높은 효율성과 사용자 중심의 단일화된 작업공간을 제공하여 내국신용장 개설에서 대금지급까지의 전 업무과정을 서비스 하는 것이다.

▌uLocal 업무 흐름도▐

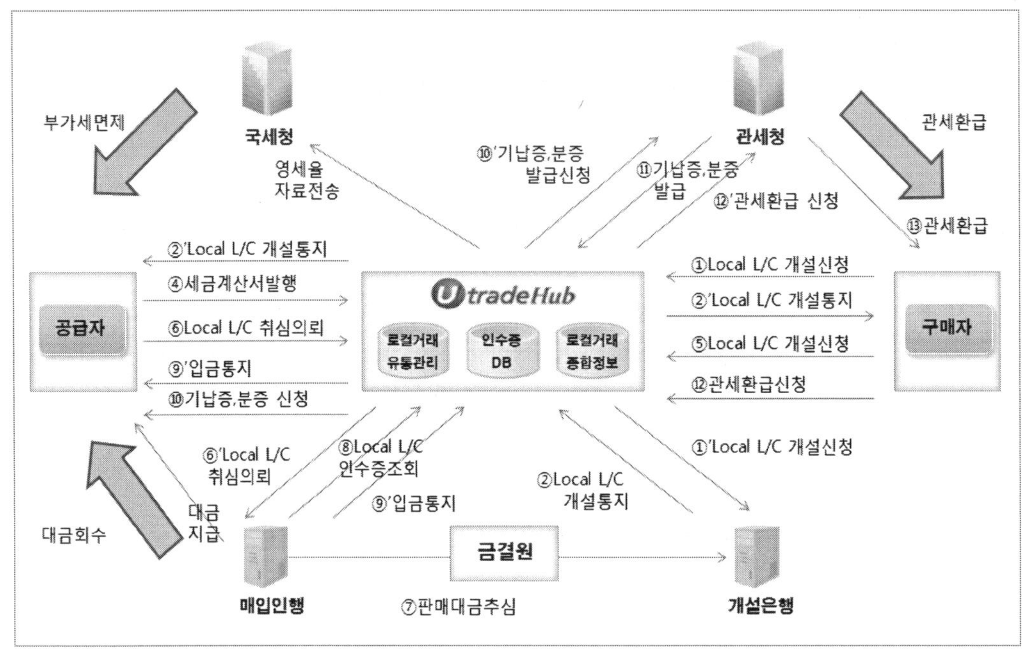

제8장 관세환급

1 관세환급이란?

관세환급이란 세관에 납부한 관세를 어떠한 사유로 되돌려 받는 것을 말하며 그 종류는 되돌려 받는 사유에 따라 여러 가지가 있으나 일반적으로 관세환급이라 지칭되고 있는 환급특례법에 의한 관세환급은 우리나라 수출물품에 대한 국제 가격경쟁력을 제고시키기 위한 수출지원제도로서 수출용원재료를 수입하는 때에 납부하였거나 납부할 관세 등을 관세법 등에 불구하고 수출 등에 제공하였을 경우 수출자 또는 수출물품의 생산자에게 되돌려 주는 제도를 말한다. 일종의 수출을 활성화하기 위한 보조금 정책으로 기업들에게는 매우 유익한 제도이다.

• **관세환급 신청방법**

관할지 세관에 관세환급 방법에 대하여 신청이 되었는지 확인해야 한다. 관세환급 업무를 하는데 있어 최초에 신청 시 관할지 세관에 방문하여 간이정액환급 적용 또는 비적용 승인 신청을 해야 한다. 승인신청이 안 된 경우 아래 사항을 확인한 후, 본 신청서 및 소요량산정 방법을 관할지 세관에 신고 해야 한다.

간이정액 환급은 간이정액환급율표에 의하여(관세청에서 확인) H.S별로 1만 원당 환급액이 정액으로 고시된다. 개별환급의 경우 수출신고서에 기재된 품목을 생산하는데 있어 원자재를 직접 수입하거나, 구매승인서 및 내국신용장으로 구매를 할 경우 물품거래증명서(인수증)를 받게 되는데 각 소요되는 원자재를 각각 소요량을 계산하여 관세환급을 받는다.

적용 분야	주요내용
간이정책환급 적용 대상	• 중소기업기본법 제2조의 규정에 의한 중소기업자로서 전년도 총 환급실적(기초원재료납세 증명서 발급실적 포함)이 3억 원 이하인 자가 제조한 수출물품은 국가가 정한 수출품 H.S코드에 따라 일정한 금액을 환급 받을 수가 있다.
개별환급 적용 대상	• 정액환급율표의 적용대상이 되지 않는 수출품목이나, 간이환급율표상의 금액에 비하여 현저히 차이가 날 경우, 물품에 제조하는데 소요된 원재료의 수입 시 납부한 관세 등의 세액을 소요 원재료별로 확인, 합계하여 환급금을 산출하는 방법이다.

• 관세환급 효과

1) 외국으로부터 수입되는 원재료가 수출 등에 제공된 후 환급시까지 관세 등의 금액에 상당한 자금 부담을 주게 되므로, 이런 자금 부담이 없는 국산원재료의 사용 개발을 촉진할 수 있다.
2) 수입물품에 부과하는 관세 부담을 제거하여 수출 물품의 국제경쟁력을 높이고, 수출지원 및 촉진의 효과를 볼 수 있다.
3) 현행 관세환급제도가 실시됨에 따라 사전면세제도는 폐지되었고, 모든 수입물품에 대하여 수입 시에 관세를 부과, 징수함으로써 사후관리절차가 필요 없게 되어 환급업무에 대한 절차가 간소화되었다.

즉 수출하는 기업의 입장에서는 수출을 하기위한 원부자재의 조달을 하는데 있어 수출용 원부자재를 수입할 때 관세를 환급해 주어 수출 경쟁력을 강화할 수 있는 장점이 있다. 또한 직접 수출하지 않고 완제품을 수출하는 기업에게 수출용으로 납품을 할 경우에도 관세환급을 받을 수 있고 영세율 적용 및 수출실적으로 인정을 받는 부가적인 장점이 있다.

• 관세환급 종류

관세환급 업무는 관세환급, 기초원재료 납세증명, 수입세액 분할증명, 평균세액증명으로 나눠진다.

관세환급은 간이정액환급과 개별환급으로 나눠지며, 개별환급의 경우 수출물품을 생산하는데 소요되는 각각의 원재료별 소요량을 산출하고 각 원재료를 수입하는 때에 납부하였거나 납부할 관세 등을 수입신고서 등에 의해 계산하여 환급하는 방법으로 납부세액을 정확하게 환급할 수 있는 장점이 있는 반면 수출물품에 대한 원재료별 소요량 계산 및 환급금 산출이 어렵고 환급 시 관리하는 서류가 복잡하다.

구분	내용
개별환급	• 환급액이 비교적 많고 복잡하여 간이정액환급으로 환급액을 받기 어려운 경우 • 수출신고서 대비 관련 수입신고서, 물품수령증명서를 활용하여 수출용 원부자재를 수입하거나 수입한 것을 납품 받아서 수출신고서를 하는 경우 • 관련 원부자재에 대한 환급을 신청함 • 환급BOM, 소요량증명서, 수입원부자재에 대한 분할사용기록표 등을 관리
기초원재료 납세증명서	• 외국으로부터 수입한 원재료를 제조, 가공한 후 이를 수출물품 제조업체에 수출용원재료로 공급하는 때(중간원재료를 제조·가공하여 공급하는 경우 포함) • 국내거래 공급자의 신청에 의거 동 공급물품에 포함되어 있는 기초원재료의 수입 시 납부세액과 동 물품의 공급사실을 증명하는 제도 • 양수자가 개별환급방법에 의한 관세환급 또는 기초원재료납세증명서(기납증) 발급신청 시 납부세액증빙서류(수입신고필증과 동일한 효과)로 사용함
수입세액 분할증명서	• 외국으로부터 수입한 원재료를 제조·가공하지 않고 수입한 상태 그대로 수출용 원재료로 국내 공급하는 경우 • 기초원재료 납세증명서와 차이는 수입한 원재료를 가공하지 않고 수출자에게 공급하는 방식임
평균세액증명서	• 환급신청을 할 때 수출신고서와 소요원재료에 대한 수입신고서를 첨부해야 하는 데 수출품의 원재료가 복잡하고 가공단계가 복잡한 경우 • 수출신고서의 원재료의 품목·규격과 수입신고서의 품목·규격이 합치하도록 서류를 갖추는 데는 많은 어려움이 있는 경우 • 이를 간소화하기 위해 원재료 수입자의 신청에 의거, 매월 수입한 원재료의 품명별 물량과 단위당 평균세액을 증명하는 서류 • 수입신고서 등의 대신하여 사용할 수 있도록 한 것이 평균세액증명제도임

• 세관으로 업무처리하는 방법

관세환급 업무는 수출자가 EDI로 처리방식과 UNIPASS를 활용하는 방법 그리고 관세사를 이용하여 대행하는 방법이 있다. 이 모든 방법은 전자문서를 이용하여 관세청에 보내고 받는 방식으로 세관에 방문하지 않고 적용한다.

전자문서	내용
관세환급신청서 (갑, 을, 병, 정)	• 갑 : 수출신고된 total 내용 및 환급신청 내역 • 을 : 수출신고서별로 수량, 금액을 사사 삭성 • 병 : 수입신고서 및 인수증 내역을 각각 작성 • 정 : 부산물 발생 시 부산물에 대한 명시
기초원재료납입증명서	• 갑 : 납품업체에 납품한 양도내역 • 을 : 수입신고에 관련된 계산근거내역 • 병 : 부산물 내역
분할증명서	• 분할 양도내역
평균세액증명서	• 갑 : 평균세액대상내역을 각각 작성 • 을 : 수입신고서 내역

현재 우리나라의 관세환급 업무는 100% 전산을 통해서 이루어지고 있다. 1997년 5월부터 EDI로 서비스를 시작하였고, 2000년대에 들어서 EDI서비스와 함께 관세청에서 인터넷통관포탈 서비스(UNIPASS)를 통해서 업무를 적용한다.

또한 관세환급 업무의 경우 업무의 표준화가 이루어져 있기 때문에 많은 기업들이 직접 관세환급 S/W를 활용하여 환급업무를 진행하고 있다.

개별환급의 경우 환급신청서 1건은 같은 HS번호와 같은 월에 발생한 수출신고서를 모아서 1건의 관세환급 신청을 한다. 또한 자재 및 제품을 등록하고 환급BOM을 구성하면 소요량계산서 및 조건표, 분할사용기록표, 관세환급 신청서(송신문서)가 자동으로 생성된다.

2 소요량 계산 및 환급신청

수출물품을 생산하는데 소요되는 원재료의 양인 단위실량과 생산 과정에서 정상적으로 발생되는 손모량을 포함한 양을 말하며 관세 환급금을 산출하는데 가장 기본적인 요소이다.

▮소요량 계산▮

생산 → 수출물품을 가공·조립·수리·재생 또는 개조하는 것

소요량 = 단위생산 + 손모량

- 단위생산: 수출물품을 형성하고 있는 원재료의 양
- 손모량: 수출물품을 정상적으로 생산하는 과정에서 발생하는 원재료의 손실량

소요량의 종류에는 자율소요량과 표준소요량이 있다.

자율소요량이란 환급신청자(수출자 또는 생산자)가 수출물품을 생산하는 데 소요되는 원재료의 소요량을 생산 현장에서 실제 사용되는 양을 기준으로 스스로 산정한 양을 의미한다. 수출물품의 생산에 소요되는 원재료의 종류별 양은 기업이 현실적으로 쉽고, 정확하게 산정할 수 있을 것이므로 이를 관세청에서도 수용한 것이며 관세청에서는 과다 환급 방지를 위하여 최소한의 산정 및 관리에 대한 기준과 절차만 정하고 있다.(손모량의 인정 범위, 산정 방법 신고 등)

표준소요량이란 소요량계산 업무의 간소화 등을 위하여 필요하다고 인정하는 경우 관세청장이 수출물품별 평균 소요량을 정하여 고시한 소요량을 말하며 현재는 표준 소요량을 별도로 고시하지 않고 있다.

• 소요량 산정 기준 및 방법

1) 단위실량 산정

수출물품을 구성하고 있는 실제 원재료의 양인 단위실량만으로 소요량을 산정하는 방법 즉, 단위실량은 수출물품(견본)을 분해하여 실측하거나, 수출물품 1단위를 생산하는데 사용되는 설계도면상의 원재료의 실면적이나 부품내역서상의 실량 등을 의미한다. 손모량이 적은 기계류, 전자제품 등 부품조립에 의해 생산되는 수출물품에 적합한 방법, 손모량에 대한 환급을 포기하고 단위실량만 환급을 받는다.

2) 단위설계 소요량 산정

수출물품을 생산하는 데 있어 가장 기본이 되는 자료인 제조사양서의 원재료 중 환급을 받고자 하는 원재료의 종류별 양을 의미한다. 제조사양서의 손모량이 표시된 경우 계산 근거가 객관적이고 확인이 가능해야 한다. 제조사양서에 의해 자재의 수급량이 결정되는 업체로 손모량이 안정적인 비료, 염료, 페인트 등 화약제품 류를 생산하는 업체에 적합한 방법이다.

3) 수출 건별 등 총소요량 산정

수출계약 건별 또는 수출 건별로 수출 물품을 생산하는 데 사용한 원재료의 종류별 총량으로 소요량을 산정하는 방법으로 당해 수출 물품의 실제 소요량을 의미하며, 소요량이 불안정한 농·림·축·수산물 가공업체, 시제품 생산단계 업체, 수출 계약서 별 생산 관리가 용이한 업체에 적합한 방법이다.

4) 일정기간 별 단위소요량 산정

일정기간(1~6개월)동안 생산된 수출물품 1단위에 대한 단위실량과 평균 손모량으로 소요량을 산정한다. 수출물품을 생산한 기간이 1년 미만인 업체, 제품 수명 주기가 비교적 단기간인 품목을 생산하는 업체에 적합하다.

일정 기간별 단위 소요량은 수출물품에 원재료가 물리적으로 결합되거나, 화학적으로 분해되어 통합되는데 따라 산정 방법이 구분된다.

5) 1회계연도 단위소요량 산정

1회계연도 동안 생산된 수출 물품 1단위에 대한 단위실량과 평균손모량으로 소요량을 산정한다. 제품의 수명 주기가 장기적인 석유화학제품, 철강제품, 타이어, 피혁 등을 생산하는 업체, 환급액이 많은 대기업, 국세청 생산 수율 및 원단위보고서 제출업체에 적합하다. 1회계연도 단위 소요량도 수출물품에 원재료가 물리적으로 결합되거나 화학적으로 분해되어 통합 되는데 따라 산정 방법이 구분된다.

가. 개별환급 프로세스

개별환급에서 소요량 산출은 수출물품을 생산하는 데 소요되는 원재료의 양인 단위실량과 생산과정에서 정상적으로 발생되는 손모량을 포함한 양을 말하며 관세 환급금을 산출하는데 가장 기본적인 요소이다.

개별환급을 신청할 때 대상 수출신고서를 먼저 선택하고 수출신고서를 수출형태별, H/S번호별, 월별로 분류를 한 후 소요량을 계산하고 환급액을 계산한다. 환급액 계산 후 관련 환급신청을 갑, 을, 병, 정지로 작성하여 관세청으로 전송한다.

• 환급신청서 구성내용

환급신청서(갑)은 환급신청인과 수출물품의 총환급액의 기재 및 환급을 신청하는 수출신고건(수출 신고필증 또는 수출에 갈음하는 서류)이 10건 이하일 경우에 그 내역까지 기재할 수 있는 서식이다.

환급신청서(을)은 환급을 신청하는 수출신고 건이 10건을 초과할 경우 환급신청서 (갑)지에 이어서 추가로 기재하는 서식이다.

환급신청서(병)은 환급을 신청하는 수출신고건의 갑, 을지의 수출물품에 대한 소요원자재별로 환급금의 계산근거와 잔량을 기재하는 서식으로 소요량계산서의 소요원자재별로 란을 구분하여 작성한다.

환급신청서(정)은 수출물품 제조과정에서 부산물이 발생되는 경우 발생된 부산물의 내역과 환급신청서(병)지의 계산근거 내역에서 부산물에 대하여 공제된 금액을 기재하도록 하여 추후 부산물이 수출 등에 제공되었을 경우 환급금을 산출할 수 있도록 작성하는 서식이다.

▌환급신청서 작성 프로세스▐

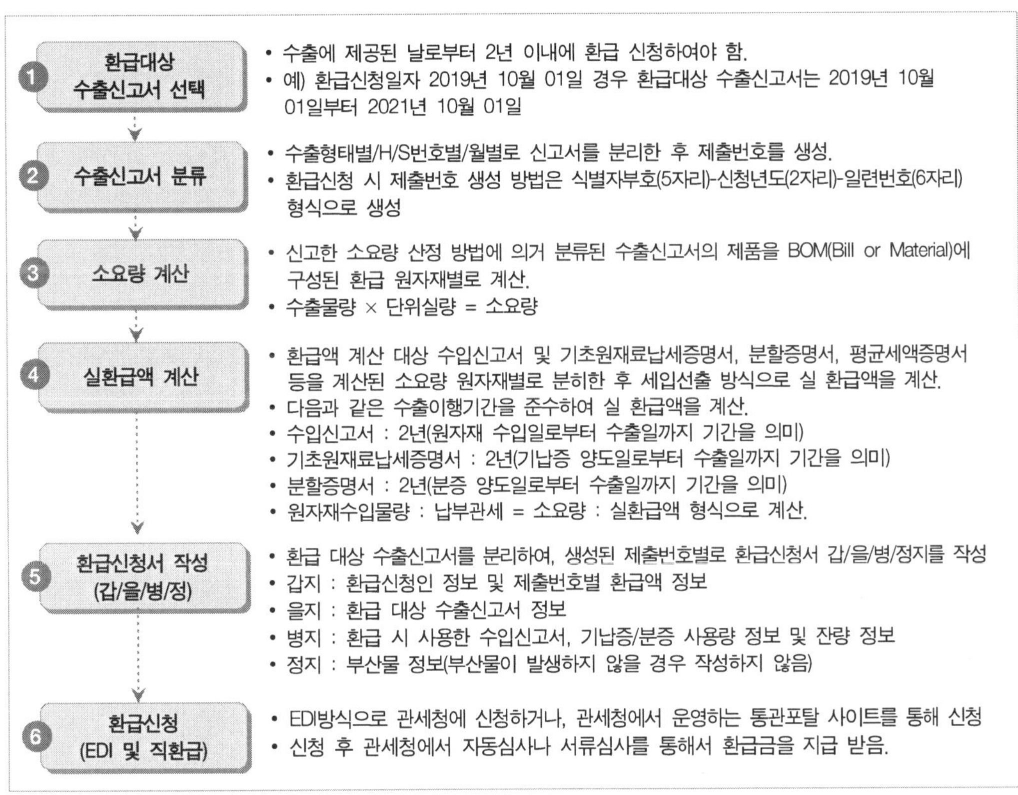

나. 기납증/분증발급신청 프로세스

기납증과 분증의 차이점은 수입한 물품의 가공 유무에 따라 기납증과 분증을 작성하며, 기납증은 수입한 자재를 가공하여 내국신용장 개설업체는 구매확인서 개설업체에게 납품을 할 경우 기납증을 작성하고, 분증은 수입한 자재를 가공하지 않고 일부만 나눠서 납품을 할 경우 분증을 사용한다.

• 기초원재료납세증명신청서 구성내용

기초원재료납세증명서(갑) : 내국신용장(구매확인서)에 의해 공급하는 물품의 내역 및 총 양도세액을 기재하는 서식이다.

기초원재료납세증명서(을) : 공급물품의 소요원재료별로 산출한 세액 및 수입신고필증 등의 원재료에 대한 잔량을 기재하는 서식이며, 기초원재료납세증명서는 품목별(HS 10단위)로 구분하여 작성한다.

1건의 내국신용장 등에 의하여 거래되는 물품이 2회 이상 분할하여 공급되는 경우에는 최초물품의 거래된 날에 당해 수출용원재료가 전량 거래된 것으로 보아 신청서류를 작성하여야 하나 신청인이 원하지 않을 경우에는 양도일별로 별개의 건을 신청할 수 있다.

2건 이상의 내국신용장등에 의하여 원재료가 공급되었으나 그 양도일자가 같은 경우에는 1건으로 발급을 신청할 수 있다. 다만 내국신용장 등의 건별로 물품인수증이 발행될 경우에는 각각 별건으로 신청해야 한다.

▌기초원재료납세증명신청서 작성 프로세스▐

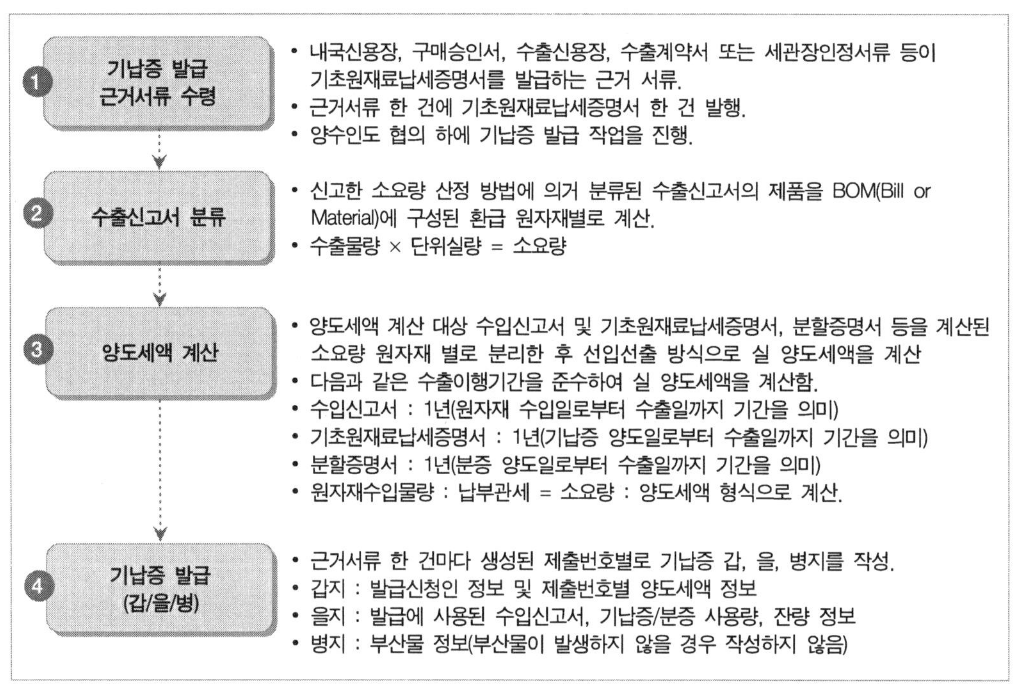

• 분할증명신청서 구성내용

수입(구매)한 원재료를 제조·가공 없이 수출품등을 제조·가공하고자 하는 자에게 양도하거나 관세환급 또는 기납증 발급을 신청하는데 수입신고필증(기초원재료납세 증명서 및 평균세액증명서 포함)의 분할이 필요한 경우 사용되는 서식이다.

수입신고필증(기초원재료납세증명서 및 평균세액증명서 포함)란별 양도일별로 각각 구분하여 작성하되, 여러 계약 건(환급사무처리에 관한 고시 제3-6조 제2항에서 규정한 서류)으로 물량이 양도되었으나 양도일이 같은 1건의 수입신고필증 등을 분할하고자 하는 경우에는 1건으로 발급을 신청한다.

▌분할증명신청서 작성 프로세스▐

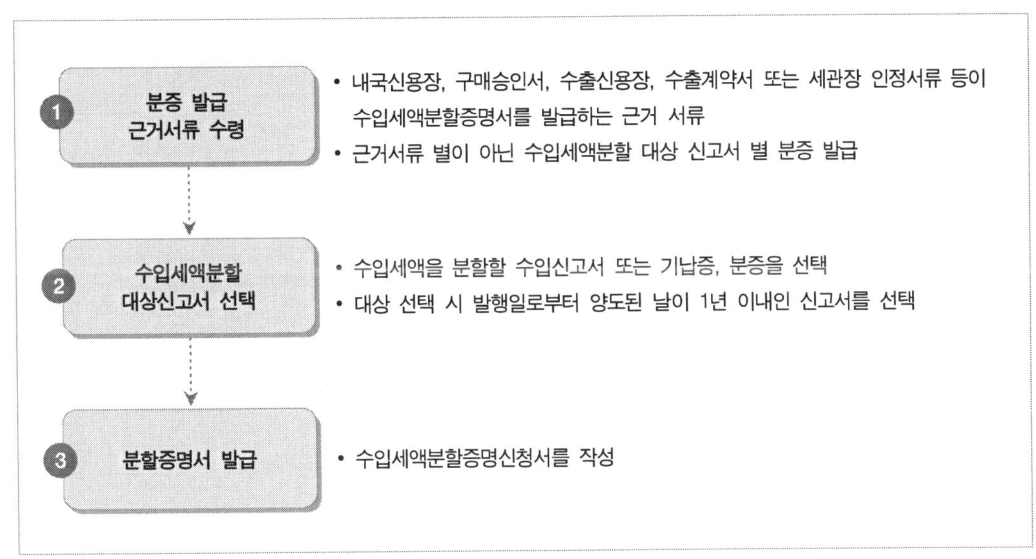

전자무역의 진화 및 발전방향

전자무역은 지속적으로 발전하여 계약 이후 발생하는 프로세스에 대해서 많은 발전을 가져왔다. 그러나 아직은 수출입 대금결제에 대한 방향설정이 미비한 실정이다.

이에 대금결제의 가능한 다양한 방법들을 살펴보고, 전자무역 시스템에 대한 해외수출에 대해서 알아보자.

제1장 전자무역 결제모델

1 KOPS를 활용한 무역 e-MP 결제모델

무역 e마켓플레이스를 통한 온라인 대금결제는 아직까지는 비대면거래, 보안문제, 거래규모, 결제수단 등의 제약으로 부분적으로 이루어지고 있는 실정이다.

이에 KOTRA에서 운영하고 있는 수출대금카드결제 서비스를 이용한 결제모델을 살펴보자.

• KOPS(수출대금카드결제 시스템)

수출 대금의 안정적 회수로 수출대금 미회수방지와 수출입자간의 선적 전후 송금 다툼 해소, 소액수출거래 활성화로 인한 신규 수출 규모 확대 등의 방안으로 향후, 무역업계의 소액수출대금 결제 수단으로 활성화가 가능할 것으로 보인다.

Kotra Online Payment Service의 약자로 국내 수출업체가 샘플이나 소액 수출거래 시 수입자로부터 기존의 은행송금방식(T/T)으로 결제 받는 대신 수입자의 신용카드(Visa, MasterCard)로 손쉽고 안전하게 결제를 받을 수 있는 서비스이다.

KOTRA가 해외시장개척 지원사업의 일환으로 중소기업수출대금 회수 편의를 도모하기 위해 시행하고 있다.

• 이용 시 혜택

(1) 수출자

- 신속하고 안전한 수출대금 회수
- 저렴한 서비스 이용료 : 건당 결제금액의 2.6%
- 바이어 지급불능, 사고 시 수출보험 혜택(건당 미화 1만 불 이하 거래건에 한해, 월 누적 최대 미화 5만 불까지)

- KOPS회원을 위한 국제배송비 할인 서비스(EMS)
- 수입자 결제편의 제공을 통한 거래성사 가능성 높임

(2) 수입자

- 편리한 대금결제(은행방문 불필요, 결제시간 장소 제한 없음)
- 송금 수수료 부담 경감

• 주요 내용

구분	내용
서비스 대상 분야	샘플 및 소액수출
결제 가능 카드	Visa, MasterCard
결제 대금 지급	바이어의 카드결제 완료시점 + 5영업일 후 수출자가 지정한 은행계좌로 입금(원화지급)
수출 보험 대상	카드부도(사고 발생)시 미화 1만 불 이하 결제 건에 한해 월 누적 최대 미화 5만 불까지 수출보험 수혜 가능
서비스 이용료	건당 결제금액의 2.6%(수출보험료 및 부가세 포함, 원화정산)의 이용수수료, 회원가입비 및 연회비 무료

▌수출대금결제 흐름도▐

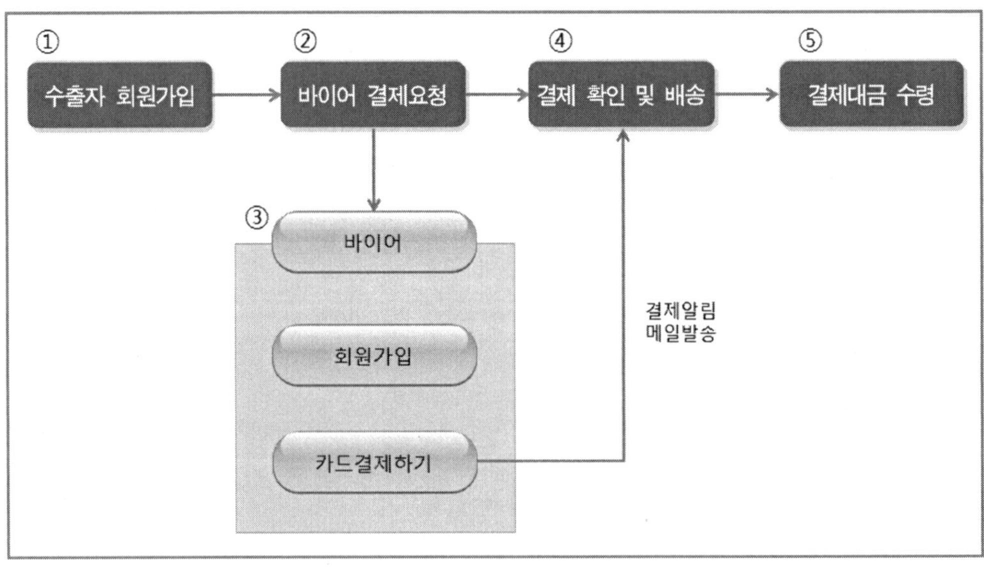

• KOPS 연계 수출보험

KOPS의 결제 안정선 확보를 위해 한국무역보험공사와의 특약을 통해 도입된 카드결제방식 전용 수출보험이다. 즉 수출대금 회수가 불가능할 때를 대비하여 수출보험을 통해서 수출대금의 보전을 받을 수 있다.

(1) **적용대상**

한국무역보험공사와의 특약에 의해 다음 각호 1에 해당하는 물품을 보험계약자가 KOPS사이트를 통해 신용카드 결제방식으로 수출하는 거래를 대상으로 한다.

1. 국내에서 생산·가공 또는 집하된 물품.
2. 국내기업의 해외현지법인이 생산·가공한 물품 또는 국내기업이 위탁하여 외국에서 가공한 물품

(2) **보상위험**

수입자의 지급거절, 물품 수령 거절(단, 수입자 비용으로 물품 수령 후 7일 이내 반품한 경우는 제외)

구분	주요내용
비상위험	• 수입국에서 실시되는 수입의 제한 또는 금지 • 수입국에서의 전쟁, 혁명, 내란 또는 천재지변으로 인한 수입국의 수입불능 • 대한민국 밖에서 발생한 사유로 인한 수입국으로의 수송불능
신용위험	• 수입자에 의한 수출물품(선적서류 포함)의 인수거절 또는 인수불능 • 수입자의 지급거절

(3) **전자무역 수출보험 혜택 시 제외대상 항목**

1. 미화 1만 불 초과 결제건(초과인 경우 금액불문, 결제건 자체가 보험 혜택 불가)
2. 아프리카 소재 신용카드 발급기관이 발급한 신용카드에 의한 거래
3. 동일 신용카드(바이어 신용카드)에 대해 월 5회를 초과하는 거래
   (동일 바이어가 여러 수출자와 결제한 횟수 모두 포함)
4. 동일 바이어(수출계약 상대방)에 대해 월 5회를 초과하는 거래
   (동일 바이어가 여러 수출자와 결제한 횟수 모두 포함)
5. 동일 보험 계약자(수출자)에 대해 월 누적 최대 미화 5만 불 초과하는 결제
6. 매입은행 앞으로 부도통보가 접수된 바이어나 신용카드 거래
7. 이 특약을 통해 3건의 보험금이 지급된 보험계약자의 거래
8. 본·지사간에 신용위험으로 발생된 손실

9. 물품의 멸실, 훼손 또는 기타 물품에 대해 발생된 손실
10. 바이어가 수출물품 인수 후 7일 이내 자기비용으로 수출물품을 반송한 경우 (다만, 반품 시 손상이나 변질 우려가 있는 식품은 제외)
11. 수출자의 고의나 과실로 부도접수가 되는 경우
12. 매입 은행의 부도접수 후 결제대행기관이 부도사유 파악을 위해 관련 서류제출 (배송장, 매매계약서 등) 요청 시 이를 거부하거나 고의나 과실로 회피하는 경우
13. 결제시점에 한국무역보험공사가 지정하는 불량등급 수출입자인 경우 (수출자 불량등급 여부의 평가의뢰는 한국무역보험공사에서 확인 가능)

2 e-Nego를 활용한 전자무역 결제모델

TradeCard, 볼레로 등이 대표적인 서비스 모델이나, 한국에서는 외면 받고 있는 실정이다. 이유는 최초 가입비, 년간 회비 등 비용이 너무 고액이고, 실제 거래를 요청하는 무역업체들이 사용의 어려움으로 인해 외면하고 있다. 즉 국내에서 시스템을 설치하고 활용하는데 있어 고객지원 조직이 없기에, 사후 운영관리를 하는데 어려움이 많은 실정이다.

▌Nego 업무 흐름▐

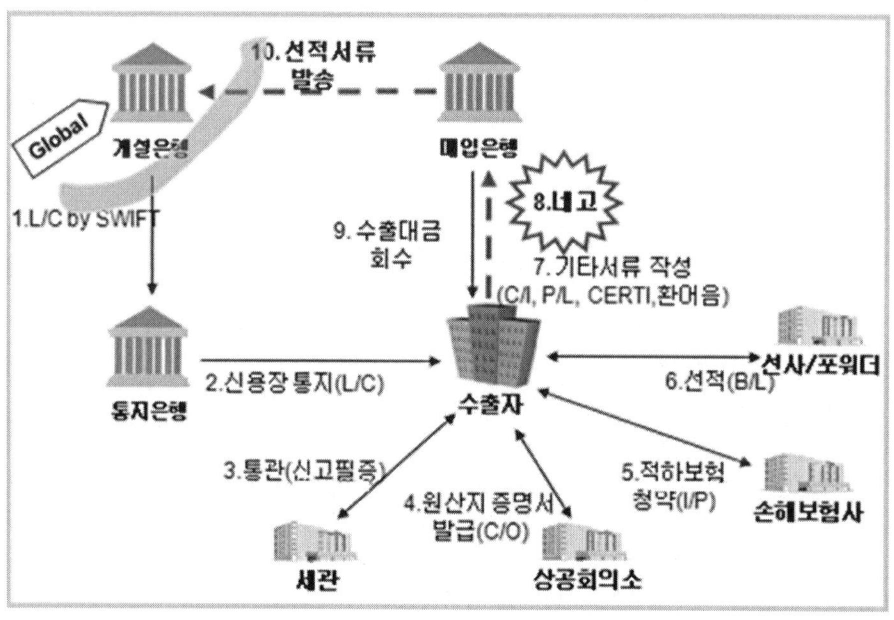

이에 산업통상자원부 추진하고 현재 시범적으로 서비스를 하고 있는 E-Nego업무를 살펴보자.

전자무역으로 업무를 처리하는대 있어 Nego부문이 이루어질 수 있도록 uTradehub에 도입이 되어 시범 서비스 중에 있다. 즉 수출물품 선적 후 환어음, 선하증권(B/L) 등의 매입서류를 은행에 전자적으로 제출함으로써 수출대금을 회수하는 업무이다.

• e-Nego 업무 Flow

uTradeHub를 통하여 환어음 매입신청서 뿐만 아니라 e-L/C, e-B/L, e-I/P, e-C/O, 자체매입서류를 전자적으로 발행 및 유통한다.

즉 uTradeHub에 Nego처리가 가능한 프로세스 및 DB를 구축하여 수출업체가 eNego를 신청하면 관련 B/L(선하증권), Invoice, Packing List, C/O, 적하보험 등 매입 관련 서류를 보관하고 Nego은행은 uTradeHub를 통해서 관련 서류를 확인 후 Nego를 처리해 준다.

▌e-Nego 시스템 적용 흐름도▐

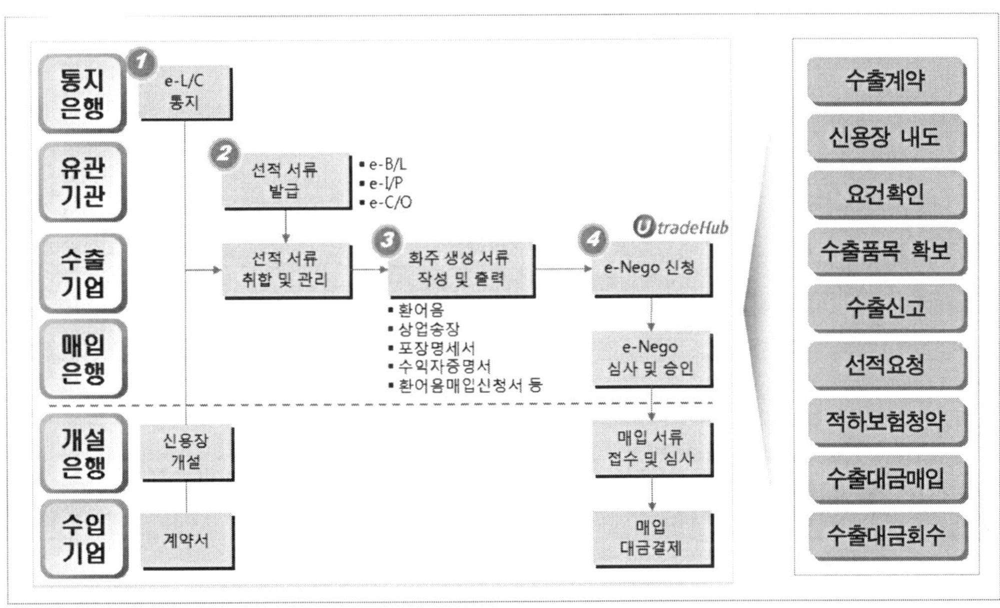

• e-Nego 관련 기관 및 역할

e-Nego를 진행하기 위해서는 무역업체, 금융결제원, 보험개발원, 은행, 선사, 보험사, 상공회의소 등의 대외기관들과의 협의에 의해 uTradeHub를 활용하여 보관, 증명을 통한 원본을 인정하고 수출매입업무를 진행하는 것이다.

구분	업무	세부내용
무역업체	매입신청	외부발급서류 전자적 발행 신청 및 자체발급서류 전자적 발행
uTradeHub	e-Nego 관리	e-Nego 프로세스 진행현황 및 총괄 관리
금융결제원	e-L/C 한도관리	e-L/C 한도관리 시스템 운영
보험개발원	e-I/P 중계	e-I/P 중계 업무 수행
은행	매입신청 승인	매입신청 심사 및 승인
선사	e-B/L 발행	선적요청서(S/R) 수신 및 e-B/L 발행
보험사	e-I/P 발행	e-I/P 발행 및 uTradeHub 전송
상공회의소	e-C/O 발행	e-C/O 발행 및 uTradeHub 전송

• **e-Nego의 효과**

첫 번째 수출대금 회수의 전체 과정을 전자화하여 수출기업/은행/선사 등 유관기관을 포함한 국내의 수출업무단계에서 종이 없는 무역 프로세스 구현함으로써 종이 없는 무역(Paperless Trade)절차가 실현되었다.

두 번째 단위업무(e-L/C, e-B/L 등) 중심으로 구축된 전자무역 시스템을 e-Nego로 통합하여 시스템 효율성 제고 및 단절 없는 프로세스 제공하여 진정한 One Stop 서비스가 가능하였다.

세 번째 종이문서 발행/유통의 비용 절감을 통한 경쟁력 강화에 기여하고 신속한 자금회수, 서류 위변조 방지를 통한 업무 효율성 제고를 통한 수출기업 비용절감 및 경쟁력 강화에 기여한다.

3 글로벌 구매카드를 활용한 수입대금결제

해외 기업간 B2B규모 증대로 무역대금 결제상품 필요성 증대되고 있고, 전자무역 활성화 기여 및 수입업체에 대한 needs에 충족하는 서비스이다.

글로벌 구매카드는 국내 수입업체의 해외 수출업체에 대한 수입대금 결제전용 신용카드를 활용하여 서비스 하는 것이다.

• 글로벌 구매카드 vs L/C거래, 글로벌 체크카드 vs T/T거래와 비교

구분	글로벌 구매카드	글로벌 체크카드
신용공여	은행이 무역당사자에게 수입결제대금에 대한 신용공여를 제공	신용공여 미제공
성 격	여신성	수신성
개념	국내 기업구매카드를 무역결제용도로 확대 → 해외 수출업체가 가맹점	체크카드를 무역결제 전용카드로 확대
특징	카드 실물발급없이 전자적 방식(웹방식)에 의한 거래은행에 선적서류 제출의무가 없다.	
대체상품	신용장(L/C)거래	전신환 당발송금(T/T)
장점	신용 한도 내에서 자유롭게 이용 가능하며 은행의 지급보증기능으로 거래안전성 다양한 결제방법 선택이 가능한 유연성이 있다.	이체성(직불형) 결제

• 도입효과

(1) **수출업체**

- 수입업체 은행의 지급보증으로 거래안전성 확보
- Buyer의 높은 신용도를 바탕으로 유리한 자금조달 가능
- 빠른 현금화로 운용자금 효율성 극대화
- 전자거래에 따른 효율성 증가

(2) **수입업체**

- L/C수수료 대비 금융수수료 절감
- 편리한 현금성 결제기능
- 전자거래에 따른 효율성 증가
- 선적서류 취급에 따른 비용 및 불편 해소

글로벌구매카드(체크카드)는 수입업체에서 수입대금에 대한 결제를 신용카드의 기능과 유사하게 결제를 하는 방법으로 L/C거래, T/T거래에 비해서 저렴한 수수료 및 대금결제의 유연성을 가지고 있다.

또한 이러한 글로벌 거래를 위해 e-MP를 활용하여 수입업체가 대금지급에 대한 결제를 하고, 다양한 방식으로 상환을 하는 거래 방식이다.

▌글로벌 구매카드 업무 흐름도▐

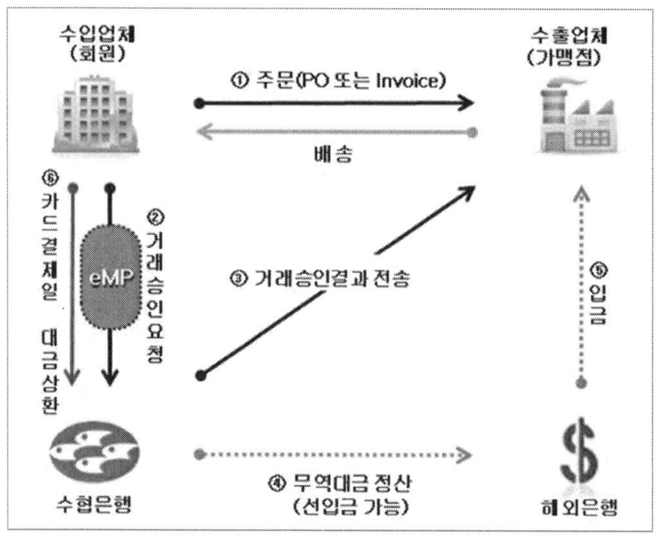

• Banker's usance L/C와 비교 적용 예시

주요 거래조건은 원금은 US달러 10만, 기준환율 1,200원, 전신환매도율 1,211.76원, 가산 Spread 3개월, Libor 3개월, Corres spread 1.0%의 경우

원금($)	100,000	인수수수료	0.1%
기준율	1,200원	Corres spread	1.0%
전신환매도율	1,211.76원	지급보증수수료/Term Chg	0.1%

G/P카드 가산spread		libor	
	1M : 1.0%		1M : 0.27594
	3M : 1.2%		3M : 0.37625
	6M : 1.3%		6M : 0.59406

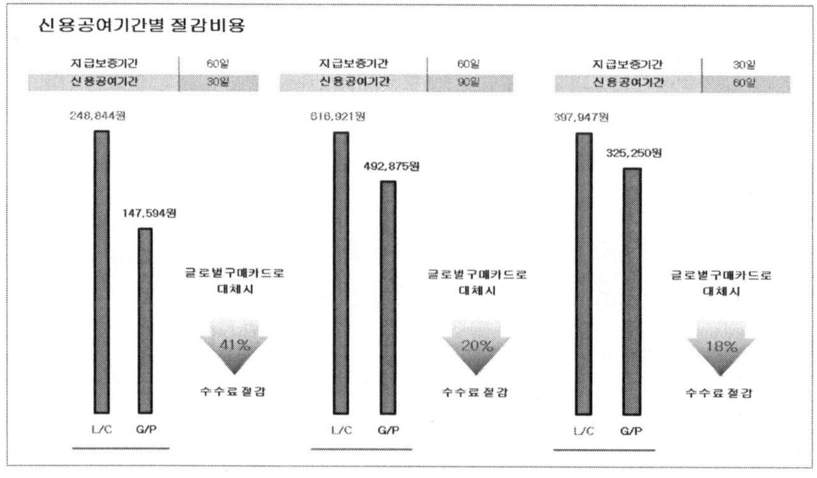

L/C거래에 비해 최소 18%에서 최대 41%까지의 수수료 절감효과가 있다. 이에 많은 기업들이 수수료 절감와 대금결제의 유연성 확보 측면에서 장점이 있어 활용도가 점점 높아가고 있는 실정이다.

- At Sight L/C와 비교

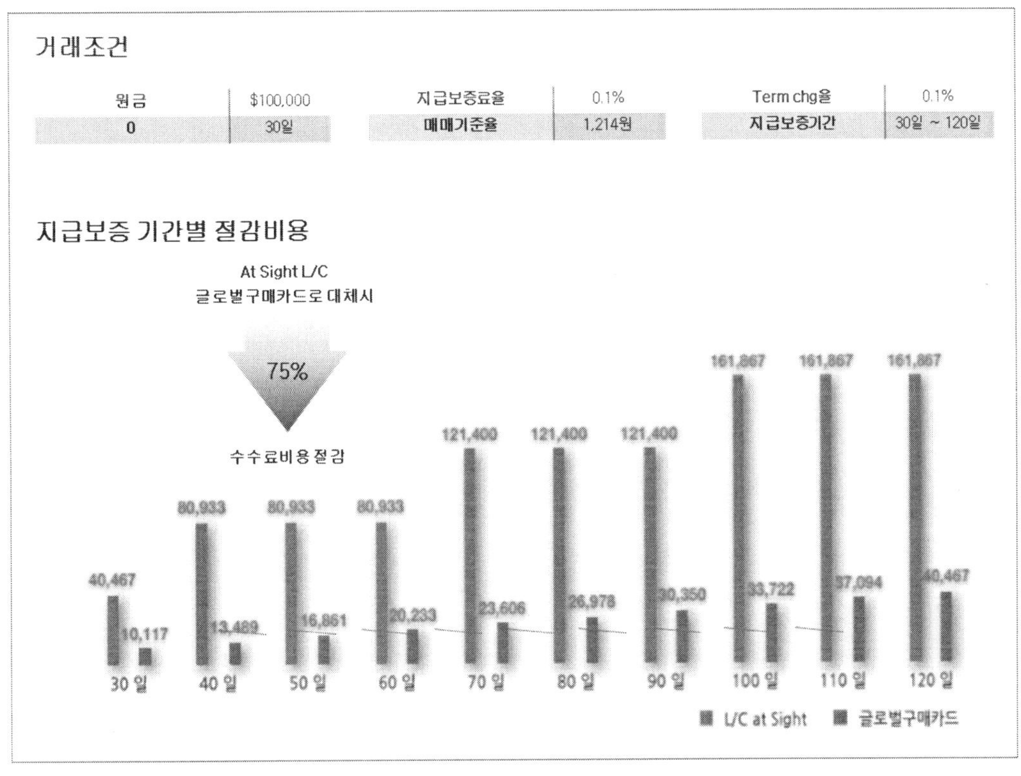

제2장 전자무역 수출모델

1 ODA 활용 전자무역 수출 방안

ODA(Official Development Assistant)는 '정부개발원조' 또는 '공적개발원조'라 불리는 것으로, 선진국의 정부 또는 공공기관이 개도국의 경제 사회발전과 복지증진을 주목적으로 하여 개도국(또는 국제기구)에 공여하는 증여(Grant) 및 양허성차관을 말한다.

우리나라는 개도국에 대한 양허성차관을 지원코자 정부가 출연, 한국수출입은행에 대외경제협력기금(EDCF)을 설치하고 유상협력을 집행하고 있으며, 1991년에 외교통상부 산하기관으로 설립된 한국국제협력단(KOICA)을 통해 무상협력사업을 수행하고 있다.

한국은 1995년 세계은행의 차관 졸업국이 돼 원조 수원국에서 온전한 원조 공여국으로 전환한 데 이어 2009년 OECD개발원조위원회(DAC)에 24번째 회원국으로 가입함으로써 '선진공여국 클럽'의 멤버로 지위가 격상되었으며, 정부는 이어 2010년을 'ODA 선진화 원년'으로 선포하고, 국민순소득(GNI) 대비 ODA 규모를 현재 0.1%에서 2012년까지 0.15%, 2015년까지 0.25%로 점진적으로 증대한다는 계획이다.

• ODA를 활용한 전자무역 수출 분야

원조 형태 중 프로젝트 및 프로그램 원조(Project and Program aid)와 기술협력(Technical Co-operation) 부분을 활용하여 전자무역 솔루션 및 서비스를 수출하고 있다.

적용 분야	주요내용
프로젝트 및 프로그램 원조 (Project and Program aid)	• 특정 사업에 대한 기술 및 자금 공여를 통해 수원국의 유형 자본 증대 및 개선이 목적. 설비투자 프로젝트 등이 대표적 • 재원의 사용에 대한 특별한 제한 없이 수원국의 일반적인 개발목적 및 농업, 교육, 운송 등의 특정부분을 위해 제공되는 원조로 특정한 프로젝트 활동에 포함되지 않는 예산지원, 국제수지지원, 자본재 및 물자의 재정적 지원을 포함. 포괄적인 의미에서 명확히 정의된 정책목표, 거시 경제적 또는 분야별 프로그램을 지원하는 데에도 활용
기술협력 (Technical Co-operation)	• 수원국 경제 및 사회개발에 대한 기여를 목적으로 전문가 및 자원봉사자, 각종 기자재 등을 통하여 수원국에게 지식 및 기술 등을 제공하는 원조입니다. 기술협력의 가장 중요한 목표 중 하나는 제도발전(Institutional development)이고 제도발전의 필요조건은 인적 자원 개발임. 교육훈련, 전문가 파견, 정책 및 기술 자문, 조사 및 연구 준비를 위한 지원, 그리고 과학연구 및 기술개발을 위한 기여금이 모두 기술협력에 해당

- **ODA 대상국가와 한국의 수출현황**

한국국제협력단(KOICA)의 무상협력사업 지원대상 국가는 우리나라가 수출구조 개선을 위하여 진출을 확대하여야 할 신흥시장이다. 현재 몽골, 도미니카공화국 등에 ODA자금으로 F/S (Feasibility Study), 전자무역 시스템 구축 사업이 활발이 진행되고 있다.

▌ODA대상국에 대한 수출현황▐

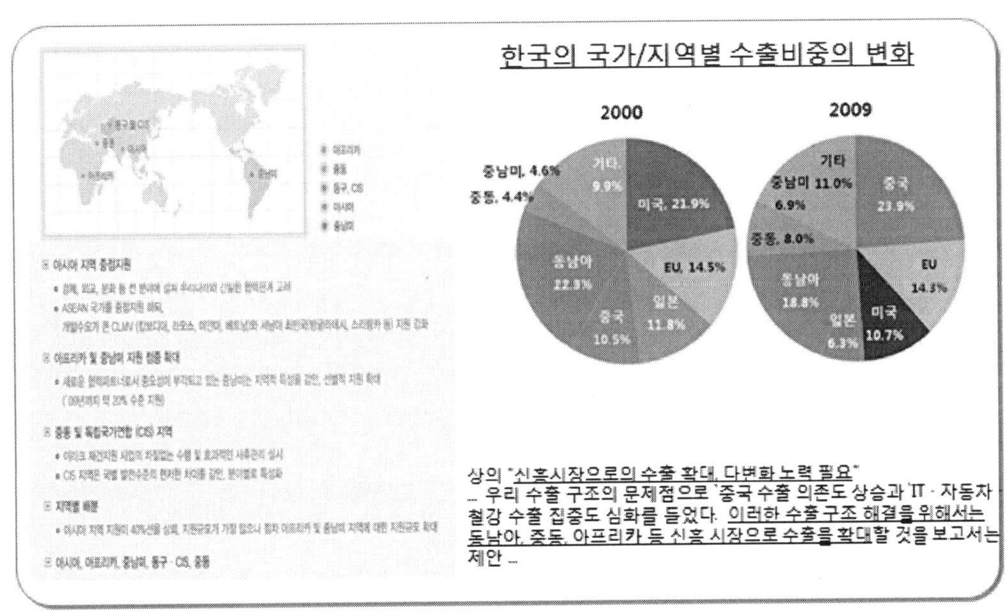

• ODA 연계를 통한 무역 e-MP 수출

F/S 시 한국의 World Best 상품인 전자무역시스템 구축까지 범위를 확장하여 RoadMap을 제시하고, 무역 e-MP 구축 후 이를 Trigger로 활용하여 EDCF 차관을 통한 전자무역 시스템을 동반 수출하는 전략으로 수행하고 있다.

▌ODA자금 자금연계를 통한 전자무역 및 E-MP수출안▌

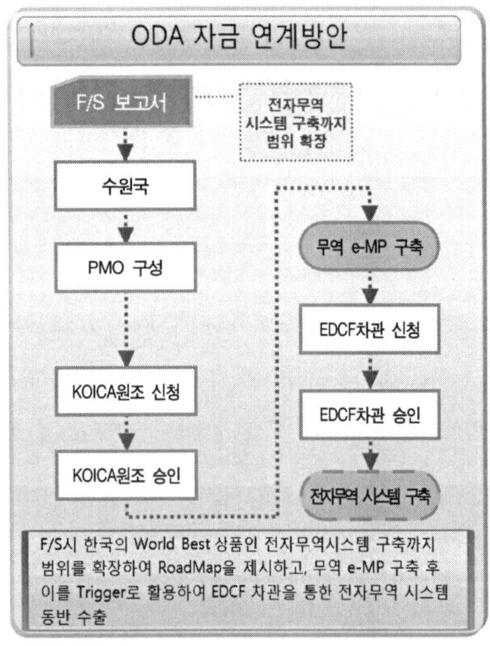

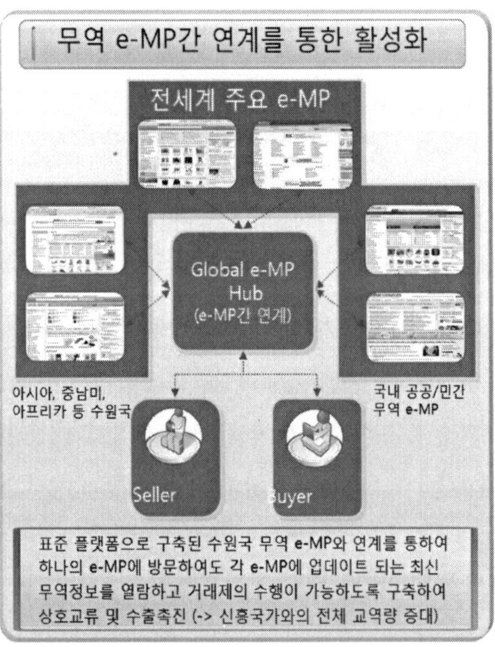

2 F/S(feasibility study)를 통한 전자무역모델 수출

IT 강국 KOREA의 World Best 상품인 전자무역플랫폼과 서비스 시스템의 수출상품화로, 범국가적 전자무역 인프라 조성과 선도를 통한 국제적 위상 강화와 표준 선점 및 새로운 수출동력을 확보하고자 F/S(feasibility study)를 진행하였다.

• F/S(사업타당성조사)

다년간 정부 간 협력사업의 일환으로 전자정부 해외진출을 위한 Feasibility Study(타당성분석)를 실시하고 있다. 이러한 Feasibility Study의 보고서는 이후 개발 사업을 진행하기 위해 ODA원조 중 EDCF차관을 신청하여 활용을 하였다.

• 전자무역 분야에서의 F/S 정의

Feasibility Study와 관련된 용어로 사업성분석, 사업타당성분석 등의 용어가 일반적으로 사용되는데, 사업이라는 용어의 일반적인 의미상 수익성에 치중된 느낌을 가지고 있어, NIPA에서는 추구하는 국가 간 협력사업의 취지에 벗어나므로 여기서는 '타당성분석(이하 F/S)'이란 용어를 사용한다.

이를 위해 F/S 보고서는 기술적 타당성분석, 경제적 타당성분석 그리고 정책적 타당성분석으로부터 도출된 결과를 종합하여 사업추진의 타당성 여부를 종합적으로 판단할 수 있도록 하는 보고서이다.

▌전자무역 분야의 F/S 정의▌

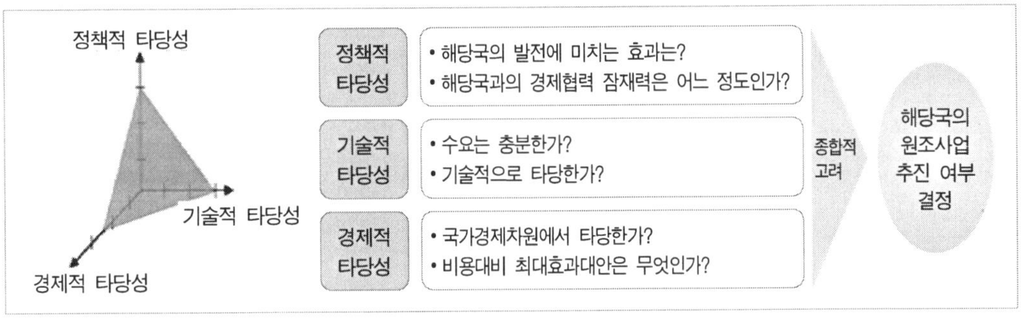

정책적 타당성
기술적 타당성
경제적 타당성

정책적 타당성	• 해당국의 발전에 미치는 효과는? • 해당국과의 경제협력 잠재력은 어느 정도인가?	종합적 고려	해당국의 원조사업 추진 여부 결정
기술적 타당성	• 수요는 충분한가? • 기술적으로 타당한가?		
경제적 타당성	• 국가경제차원에서 타당한가? • 비용대비 최대효과대안은 무엇인가?		

• Feasibility Study Framework 수립 범위

Feasibility Study Framework은 Feasibility Study Consulting 이후 시스템 구축 사업을 추진함에 있어 한국수출입은행의 EDCF 차관, 한국국제협력단의 프로젝트 사업 및 MDB의 사업 발굴 등을 위한 자료로 활용할 수 있는 컨설팅 보고서의 목차 및 주요 작성 방안을 제공하는 것이다.

Multilateral Development Bank(다자간개발은행) : 개발도상국 빈곤퇴치 및 경제발전을 위해 개도국 정부에 차관 및 보조금을 공여하는 국제기구들을 의미하는 것으로 우리나라는 2005년 미주개발은행(IDB)에 가입함으로써 5대 개발은행(WB, ADB, AfDB, EBRD, IDB) 가입을 완료하였다.

• Feasibility Study Framework 적용 예시

유사 분야 또는 동일 국가 F/S 추진 시 재활용할 수 있는 보고서 Contents 체계와 방향성을 정의한다. 또한 연관된 사업 개발 문서에 활용 가능한 형태의 F/S Framework을 수립하고 연관된 사업 실시 기관의 검토 및 보완 사항을 적용한다.

이를 통해 수립된 F/S Framework은 F/S 컨설팅 수행에 활용한다.

▌F/S 프레임워크 적용화 예시▐

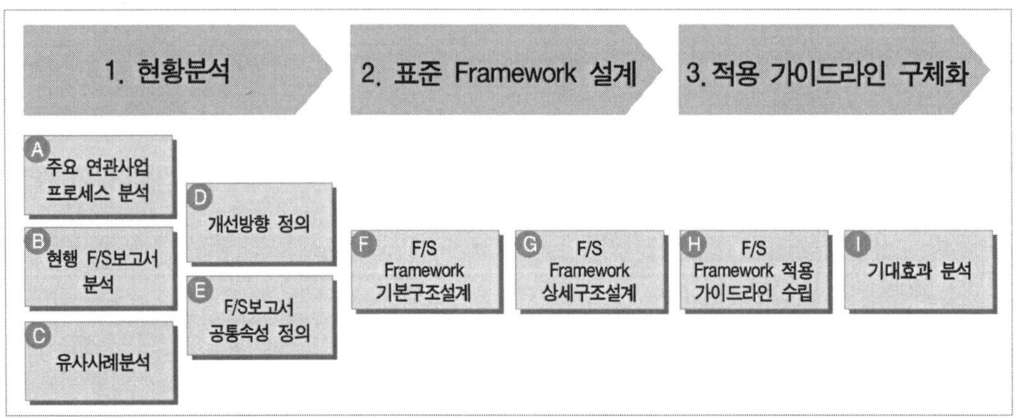

• 전자무역 F/S 적용 예시

유관 기관의 관련문서, 기존 수행 F/S Report 등을 활용하여 공통 속성을 정의하고 이를 AHP를 통해 중요도 및 필요성 등을 분석하여 F/S Framework 목차를 정의한다.

전자무역의 F/S를 수행하기 위해서 각 수행내역의 완료보고를 아래와 같은 표준 프레임워크 방식을 참조하여 보고서를 작성, 제시한다.

구분	내용
Part 1. Outline of Project	본사업의 추진배경, 필요성, 목적, 추진전략, 추진조직 등에 대해서 기술한다.
Part 2. Country Profile	해당 사업의 대상국가의 전반적인 현황을 분석한다. 즉 지리적 위치, 주요생산품목, 수출입 물동량, 주력산업, 정보 인프라 현황 등에 대해서 조사 및 분석정보를 기술한다.
Part 3. Political Analysis	대상국가의 정보화 의지, ICT 현황 등 해당 국가 관련 부처의 전자무역 도입의 대한 의지 및 협조, 지원사항에 조사한다. 국가적인 지원이 없으면 F/S 및 시스템 구축은 실패한다.
Part 4. Technical Analysis	무역업무의 프로세스 현황분석, 정보화 현황분석, 법/제도에 대한 분석 등을 통해서 시사점을 도출하고 이에 따른 시스템 구축 모델을 제시한다.
Part 5. Technical Plan	분석된 결과를 토대로 전자무역 도입 분야를 선정하고 목표시스템의 전반적인 구성도를 확인한다. 또한 필요한 IT솔루션 및 개발 분야 등에 대해서 상세히 기술한다.
Part 6. Financial Plan	전자무역 시스템을 구축하기 위해 각 분야별로 소요비용을 산출하고 우선순위를 선정하여 단계별 개발에 대한 소요비용을 산정한다. 또한 실제 구축 완료 후 ROI의 시점을 확인하고 또한 ODA 등 국제자금의 조달방안을 제시한다.

이러한 방식으로 F/S 보고서를 작성하기 위해서 해당 국가에 방문 관련 부처 및 유관기관 그리고 무역업체를 방문하여 인터뷰 및 정보화 현황에 대한 조사가 매우 중요하다. 실제 업무의 흐름을 파악하여 적용이 가능한 모델인지 분석을 통해 목표시스템을 구성한다.

해당 국가의 자금조달능력, 전자무역시스템의 구축에 대한 추진력, 법/제도를 분석하여 법/제도의 변경 등 다양한 분야의 의지력을 확인하고 F/S를 수행하고, 수행 이후 실제 전자무역 시스템 구축을 할 때 실질적인 도움이 될 수 있도록 BPR/ISP 수준의 보고서를 제공한다.

세부 구성에 대한 주요 내용을 살펴보면 전자무역에 대한 전반적인 컨설팅에 대한 방법을 알 수 있을 것이다.

구분	주요 내용
Part 1. Outline of Project 사업의 취지, 배경, 목적, 범위, 구성조직에 대해서 제시	• Project Background : 추진 배경 및 추진 경과, 정부 간 협력 사업에 의해 실시되는 것만큼 정부 간 협력 사업의 취지설명, 사업의 특성 등을 설명 • Project Objectives : 전자무역 구축의 목적과 방향성을 명확하게 작성 'ODA의 활용을 계획하고 있을 시 정부 간 협력과 공여의 취지를 부각할 수 있는 목적을 기술' 또는 취득할 수 있는 경제적 사회적 이득 등을 제시 • Project Scopes : 프로젝트 범위 설정 시 F/S 컨설팅에서 수행하는 범위뿐만 아니라 F/S 이후의 지원 일정도 제시 • Project Organization : 대상국가 추진 실시기관 조직 및 협력 체계, ODA 및 MDB 자금 집행 관련 기관의 정보 분석, 컨설팅 추진 주체 및 조직
Part 2. Country Profile 국가적, 지역적 위상과 의의를 파악하기 위해 해당지역 및 해당 국가의 인문, 지리, 경제, 인국 등의 현황을 파악	• Geography : 지리, 위치, 면적, 기후 등 국가 개황, 주변 국가와의 문화적, 경제적, 사회적인 관계 • Society & Economy : 인구 현황, 경제적 상황, 정치적 환경, 정부 조직 구성 및 현황, 사회적 주요 이슈, 사업 시행과 관련한 수요예측, 경제성 분석, 정책적 분석, 기타 영향분석에 필요한 기초적인 정보를 제공
Part 3. Political Analysis 국가ICT분석, 국가차원의 정보화 추진전략파악, 전자무역을 추진하기 위한 정보화 수준분석, 한국의 전자무역 벤치마킹을 제시	• Master Plan for National ICT Development : 국가 전반에 대한 ICT 현황 자료, 국가 정보화 정책 및 전략, 전자정부 관련 정보시스템의 목록 및 기능, 국가 전자무역 구축 관련 정보를 중심으로 추진 경과 및 현황 그리고 향후 계획 관련 자료를 조사 분석 • Strategy Plan for(Sector) Development : 국가 차원의 전략 분야 추진 계획 및 전략 분야 실행 기관의 정보화 계획 및 추진 경과 확인 • Related Business Area with(Sector) System : F/S 추진 분야의 시스템과 관계있는 전자무역 시스템 및 업무에 대한 소개, 전략 분야별 추진 시스템 설계에 활용할 수 있는 수준으로 작성 및 유관 업무 분야 및 연계 정보에 대한 내용을 기술 • Related System and Function with(Sector) System : 향후 전자무역 통합 시스템 또는 정보연계에 활용 및 주요 연계 정보 형태, 기능 등을 분석하여 기술 • Case Study(Korea) : 한국의 전자무역 구축 사례 및 주요 성과, 전략 분야의 한국 사례 소개, 한국에서 추진한 시스템의 로드맵 제시

구분	주요 내용
Part 4. Technical Analysis 전자무역추진에 따른 관련 기관, 인프라 현황, 현행 서비스 조사 및 무역업무 흐름, 정보화 현황 등의 기술적인 요소분석	• The Present State of e-Government : 전자정부 추진 과제별 규모, 주관 부처 조사, 전자무역 프로그램에 대한 현황조사, 각 부처별 정보화 구축에 대한 자금조달, 규모, 플랫폼, 솔루션 및 구축 업체에 대한 조사 • e-Government Ranking and National Readiness : 국제기구의 조사자료(국가 정보화 수준, 국가 전자정부 수준 등), F/S 컨설팅의 부문과 무관하게 국가 전반에 대한 ICT 현황을 조사 분석, 또한 국제기구에서 제공되는 국가별 보고서(Country Report)와 같은 공신력 있는 자료를 활용하여 분석 • The e-Government infrastructure : 범국가 정보통신망 구성 및 현황, 보유 시스템에 대한 시스템 명, 플랫폼, 솔루션, 구축시기 등의 단위 시스템 아키텍처 상세 조사, 향후 각 시스템별 발전 구축계획의 상세 조사 • The e-Government service : 각 부처별 정보화 서비스에 대한 소개, 대상국가에서 서비스 중인 대국민 서비스 현황 소개 • Business Function Analysis of(Sector) : 전자무역 분야의 업무 프로세스 및 현황 분석, 대상국가의 전략분야 비즈니스 흐름을 확인하고, 개선기회를 도출 • Current Service environment status of(Sector) : 전자무역 분야의 정보화 서비스 현황에 대한 분석 • Current infrastructure environment status of(Sector) : 전자무역 분야 정보 시스템의 infra 현황 분석(플랫폼, 시스템소프트웨어, 네트워크, 보안/통제 등)
Part 5. Technical Plan 조사한 as-is를 바탕으로 전자무역의 적용 분야, 방법, 계획수립, risk관리, 운영관리 등 실제 전자무역 구축에 필요한 정보화 계획수립	• Policy Directive : 전자무역구축사업을 통해 추구하는 목표를 장/단기적으로 구분하여 기술하는데 장기목표는 기본계획 목표와 일관성을 유지하도록 기술하며, 단기목표는 최대한 계량화하여 구체적으로 기술하여 사업의 추진목표가 조직의 전략 및 성과목표 등 상위목표의 어떤 부분을 어떻게 달성할 수 있는지 연관관계를 명시 • Informatization Vision of(Sector) : 일반 환경, 정보 환경 및 As-Is Architecture 분석결과를 바탕으로 향후 전자무역의 비전 및 목표, 방향성을 설정하며, 정보시스템 운영에 필요한 정보시스템 부문의 조직구조, 기능 및 역할을 간략하게 정의 • Strategy for Development : 적용 기술의 적합성은 IT 시장 성숙도 및 트렌드 부합성, 정보기술 인프라, 상호 운용성, 재사용성 등을 중심으로 작성 • Scope of the Development : 전자무역구축사업의 명확한 범위를 설정하고 목표 시스템별 구축 목표와 범위를 파악하여 시스템의 구성을 구체화한 후 이것을 토대로 범위를 선정 • Business Architecture : Enterprise Architecture 방향 및 원칙 수립 단계에서 정의된 Business Architecture 원칙을 고려하며, 초기에 확정된 프로젝트 범위에 따라 목표 아키텍처를 설계 • Technical Architecture : Technical Architecture 원칙을 고려하며, 확정된 프로젝트 범위에 따라 기술적 구조 목표를 설계

구분	주요 내용
	• Application Architecture : 응용시스템 구조의 원칙을 고려하며, 확정된 구축범위에 따른 응용시스템 구조 설계 • Risk Factors and Undertakings : 추진되는 과정에서 예상되는 위험요인이 어떤 것이 있으며, 발생가능성은 어느 정도이고 또 그러한 위험요소들에 대한 대응방안에 대하여 작성 • Implementation Tasks Definition : 계획된 신규 시스템을 개발 및 운영을 위한 주요 사업관리 항목을 도출하고 그 방안을 제시 • Project Implementation Schedule : 계획된 전자무역 시스템의 구축을 위한 전반적인 일정 계획을 수립 • Implementing Organization : 계획된 신규 시스템의 준비, 개발, 운영을 위한 조직 구성 방안 및 R&R을 제시 • Training Plan : 개발 현장에서의 교육, 시스템 이관 시 교육 및 정책 입안자과 시스템 운영관리 책임자의 한국 초청 연수 프로그램 등을 제안 • An Operation and Maintenance Plan : 안정적인 시스템 개발 및 운영을 위한 표준화된 정책 및 방법론 보유, 안정적인 운영환경 구축 방안에 대한 계획제시
Part 6. Financial Plan H/W, S/W, 내부인건비, 금융비용 등 발생할 제반 비용 분석 및 ROI분석 제시 또한 구축에 소요되는 자금조달 방안 제시	• Qualitative Benefits of implementation : 대상국가의 경제적 편익 효과, 사회적 편익인 정책적 기대 효과 등을 기술하는 것으로 해당 국가 또는 전자무역 분야에 미치는 파급 효과, 사업의 지속 가능성, 대상국가의 사업 추진 의지 • Total Project Cost Estimates : 소프트웨어, 데이터, 하드웨어, 통신 및 인프라 구조에 대한 분야를 분리하여 비용 제시 • Cost Breakdown by Project Components : 총 소요 비용에는 H/W, S/W, 내부인건비뿐만 아니라 금융비용, 사용자 관련 비용 등 제반 비용이 모두 포함 • Proposed Funding Source : 계획된 목표 시스템의 개발을 위한 비용 조달 방안 및 ODA 자금인 KOICA, KEXIM의 자금 활용 방안 및 MDB의 자금 활용 방안에 대해 제시

• 최근 F/S를 활용한 전자무역 컨설팅

해당국가	시기	수행 F/S
도미니카공화국	2009	the Establishment of the CIBAO Trade Center in the Dominican Republic
몽골	2008	몽골 관세행정 현대화 사업
루마니아	2009	Paperless Trade System Establishment
우즈베키스탄	2008	Uzbekistan Paperless Trade Platform Establishment
칠레	2010	For Chilean e-Trade System Implementation
페루	2011	For Peruvian Paperless Foreign Trade System Implementation

• 우즈베키스탄의 전자무역 TO-BE 시스템 구성도

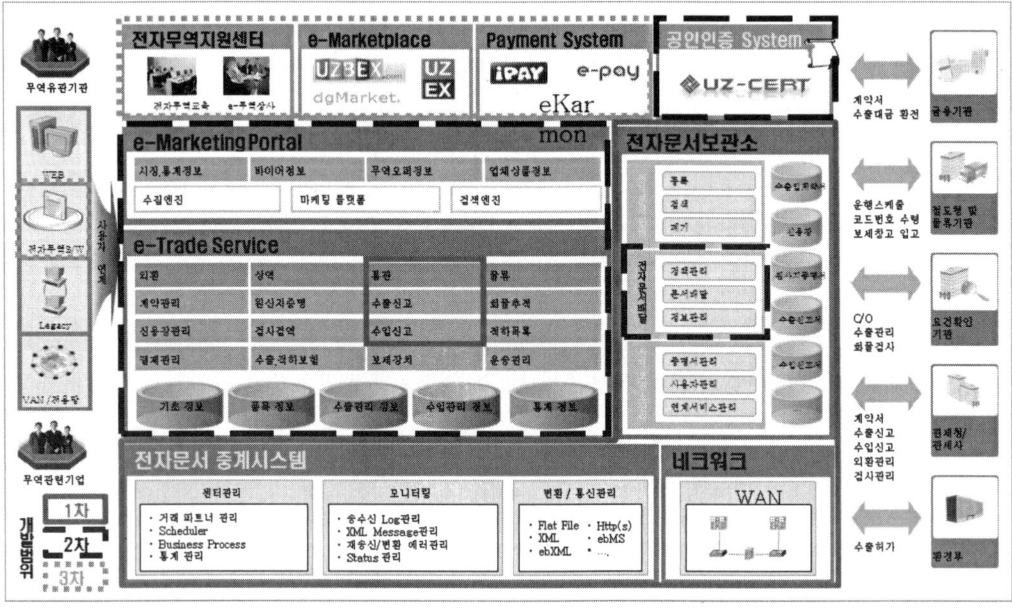

• 루마니아 TO-BE 시스템 구성도

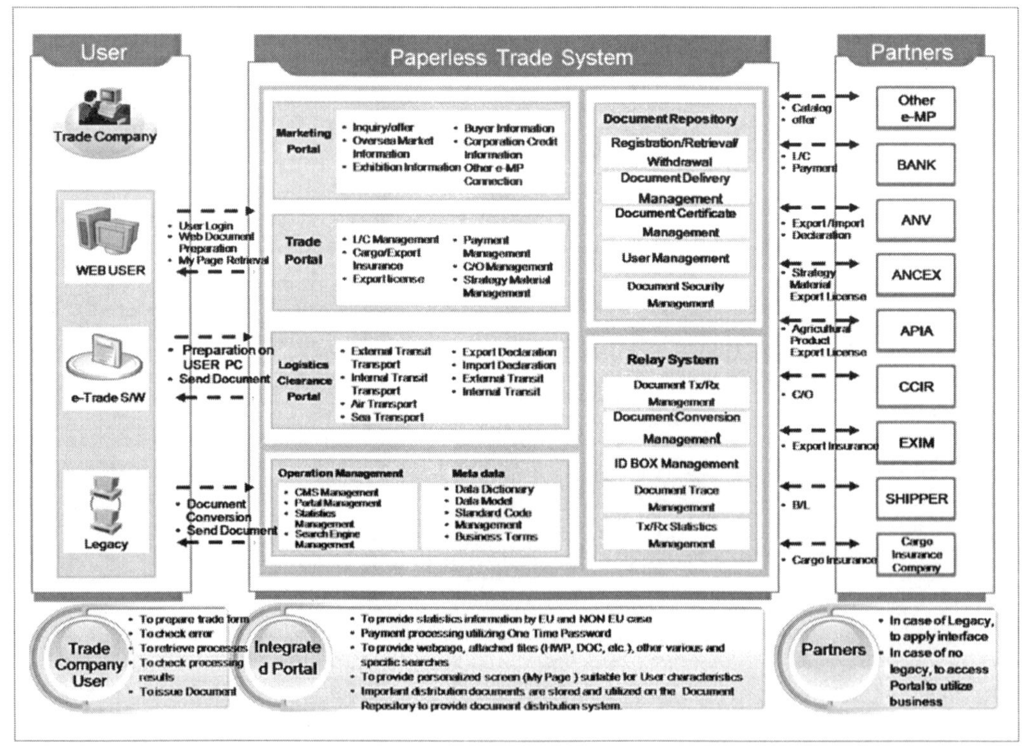

• 칠레 TO-BE 시스템 구성도

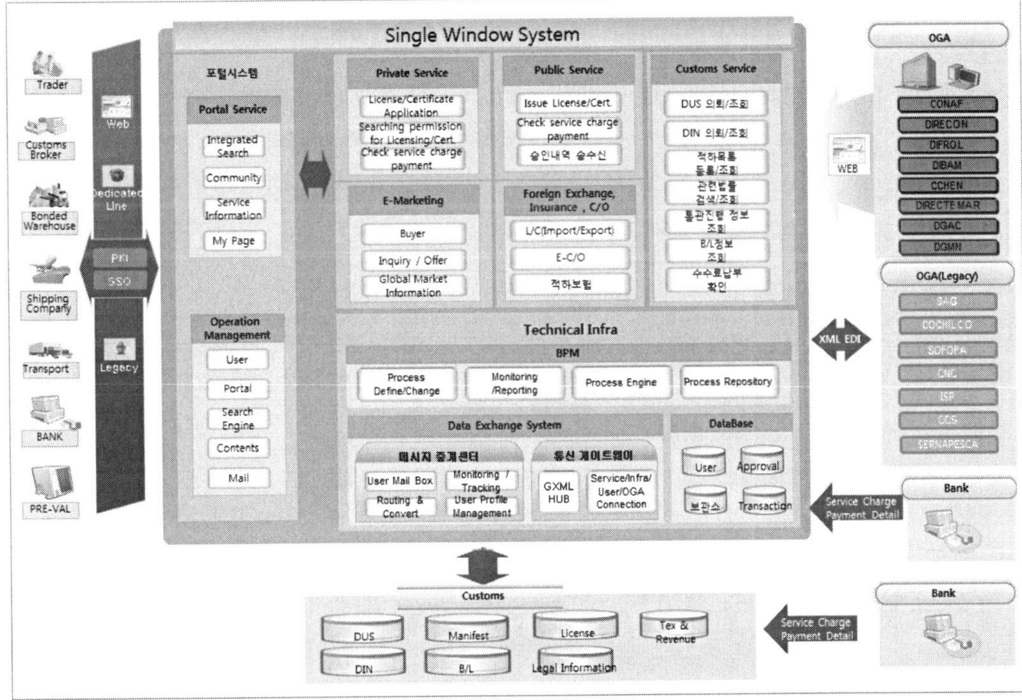

• 칠레 TO-BE G2G 구성도

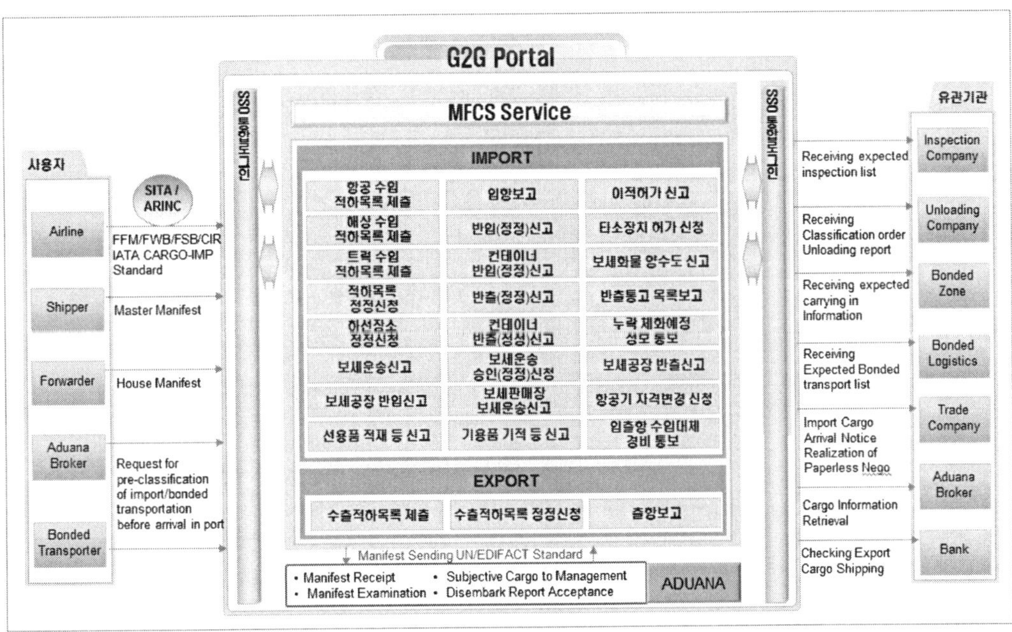

3 블록체인 기반의 글로벌B2B 전자상거래

전 세계의 무역규모는 지속적으로 성장하고 있으나, 초기 Global B2B e-Marketplace(이하 B2B) 내에서 온라인 무역거래를 완성하겠다는 목표는 기술적, 법·제도적 한계로 큰 진전을 이루지 못한 상태이다.

또한 현재의 B2B는 거래수수료 모델은 미약하고, Listing 수수료와 광고료 형태의 수익 모델로 한정되게 되었다. 그러나 2009년 비트코인이 등장한 이후, 블록체인을 통해 이 문제가 해결될 가능성이 열리게 되었다.

B2B는 태생적으로 Cross-Border Trade(CBT)가 기본 전제여서, 특정 지역에 소재하는 B2B 단독으로는 모든 국가간 B2B 이슈를 해결하기란 사실상 불가능하고, 이러한 이유로 역량 있는 현지 B2B 파트너와의 제휴와 협업이 절실하다. 이에 블록체인을 활용한 국가별 B2B와의 분산형 협업체계를 통해 CBT 이슈를 공동 해결할 수 있다.

가. 글로벌 B2B 현황

전 세계에 1,000여 개의 B2B가 서비스 제공 중에 있으며, 각 국가별, 업종별, 취급 품목별로 매우 다양하다. 그러나 사실상 Alibaba.com이 독과점으로 점유하고 있다. 그리고, 대부분은 중국업체 위주로 노출되고 있어, 결과적으로는 중국 제품 위주의 수출창구 역할을 하고 있는 실정이다.

나머지 글로벌B2B들은 상대적으로 규모가 작아서 좋은 제품을 가지고 있어도 Buyer와 비즈니스 매칭이 자체적으로는 어렵기 때문에, 상호 긴밀한 협업을 통한 상생발전 필요성이 제기되고 있다.

▮전 세계 주요국 B2B 현황▮

기반 국가	명칭	URL
중국	Alibaba	Alibaba.com
	DHgate	www.dhgate.com
	Made-in-China	www.made-in-china.com
	Gongchang	Gongchang.com
미국	Global Sources	www.globalsources.com
	Ioffer	Ioffer.com
	Panjiva	Panjiva.com
	Thomasnet	Thomasnet.com
	Business.com	Business.com

기반 국가	명칭	URL
독일	Wer liefert was?	www.Wlw.de
일본	Export Japan	www.export-japan.co.jp
	Foods1.com	www.foods1.com
네덜란드	groothandel.net	groothandel.net
	Koopkeus.nl	www.koopkeus.nl
	nexMart	www.nexmart.com
한국	ECPlaza	ecplaza.net
	TradeKorea	TradeKorea.com
	Gobizkorea	Gobizkorea.com
	BuyKorea	BuyKorea.org
홍콩	HKTDC	www.hktdc.com
	TradeBIG.com	TradeBIG.com
	Tradeeasy.com	Tradeeasy.com
	Tradelink-eBiz	Tradelink-eBiz.com
프랑스	Kompass	www.kompass.com
	Europages	Europages.com
이탈리아	OfficeBit	www.officebit.com
	Pagine Tessili	paginetessili.it
	Tutto Stampi	www.tuttostampi.com
영국	Imexbb	Imexbb.com
	Approvedbusiness.co.uk	Approvedbusiness.co.uk
벨기에	Bedrijfsauto.com	bedrijfsauto.com
	LeGuide.com	www.leguide.com
	Docu-AIS	www.ais-online.de
캐나다	Ctidirectory.com	Ctidirectory.com
	Toboc.com	Toboc.com
멕시코	PTplace.com	www.ptplace.com
싱가포르	Exporters.SG	www.exporters.sg
	The Green Book	Thegreenbook.com
러시아	Rusbiz.com	Rusbiz.com
	RusMarket.com	RusMarket.com
	Aftrade	Aftrade.com
스페인	Solostocks.com	Solostocks.com
대만	Taiwantrade	www.taiwantrade.com.tw
	Commerce.com.tw	Commerce.com.tw
	Allproducts.com	Allproducts.com
	eTradeAsia.com	eTradeAsia.com
스위스	Beschaffung.de	www.beschaffung.de

기반 국가	명칭	URL
인도	IndiaMart	www.indiamart.com
	Tradeindia	www.tradeindia.com
	Cybex	Cybex.in
	Go4worldbusiness	Go4worldbusiness.com
태국	Quinl.COM	Quinl.COM
	Thaitrade	Thaitrade.com

초기 글로벌B2B의 수익모델은 거래알선 및 중개를 통한 거래수수료를 추구했으나, 현재 글로벌B2B의 수익모델은 회원가입에 따른 회원가입비, 광고료로 수익을 창출하고 있는 수준에 머물러 있다. 즉 글로벌B2B에서 Buyer와 Seller의 비즈니스 매칭이 성사되고 나면, 실제 이행단계에서는, 외국환은행을 활용한 신용장(L/C) 방식이나 T/T, D/A, D/P 등으로 무역결제가 이루어지고 있다.

글로벌B2B 내에서 제공할 수 있는 무역대금 결제시스템이 없고 거래 안전성을 보장 할 수 없는 등의 이유로, 무역계약 체결 이전의 거래선 발굴 단계까지만 글로벌B2B가 활용하고 있다.

무역거래선 발굴 이후에는 각 국가별 내부절차에 따라 무역프로세스가 진행되며, 한국과 중국, 홍콩, 호주 등에서는 국가가 무역인프라차원서 무역, 통관, 물류 업무 전부 또는 일부를 처리하는 자동화시스템을 구축 및 운영 중에 있다.

나. Documents & UN/CEFACT

현재 대부분의 B2B는 바이어와 셀러간 주고 받는 B2B 문서로 RFQ(Request For Quotation)와 Quotation 정도만 다루고 있다. 그러나 바이어와 셀러가 적은 규모의 첫 무역거래를 하게 되더라도, 많은 수의 B2B 문서를 작성하고 전달하게 된다.

이러한 B2B 문서 관리는 별도 솔루션이나 문서 작성 프로그램(Excel, Word 등)으로 관리하게 되며, 원본 서류는 국제 특송업체(EMS, DHL, FedEx 등)를 통해 전달된다. 이때 많은 시간과 비용이 발생하게 되는데, UNECE에서 진행 중인 블록체인 기반 전자문서교환(Electronic Data Interchange) UN/CEFACT 표준이 제정되면, 참여 B2B의 기능이 거래파트너 단순 매칭에서 무역이행 문서교환으로 그 기능이 대폭 확대될 것으로 예상하기 때문에, 각국의 무역인프라로서 발전할 수 있을 것이다.

▌Context Model – Blockchain▐

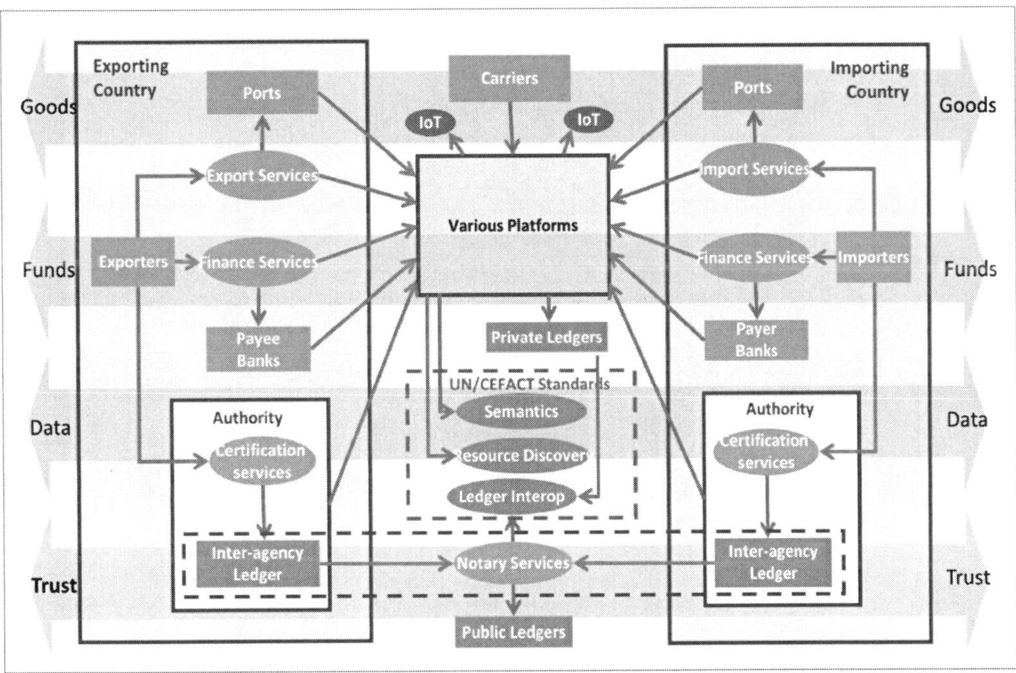

〈UN/CEFACT, White Paper on Blockchain and Facilitation, www.unece.org/in dex.php?id=48318〉

전 세계 e마켓플레이스를 운영하는 B2B를 블록체인기반의 협업체계로 참여를 이끌어내어, 각 B2B사이트에서 활동하는 전 세계 Player(바이어, 셀러, 3rd Party)가 공동 플랫폼에서 활동을 하여 리워드를 제공 및 획득하고, 해당 플랫폼에 참여하는 B2B에게는 블록체인 기반의 수익모델을 제공하여 생태계가 활성화할 수 있다.

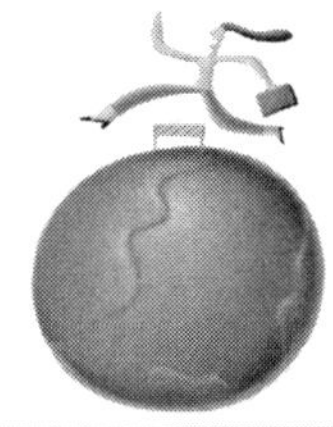

참 고 문 헌

- 관세청 보도자료, 블록체인 기반 수출통관 물류서비스 시범사업 참여기업과 업무협약 체결, 2018.9.12.
- 김연동·이준호 저, 무역실무의 모든 것, 2009.6.
- 김연동·최경주 저, e-Trade시대의 무역공급망관리, 2012.8.
- 산업통상자원부, 2012년도 전자정부지원사업 제안요청서, 2012.05.
- 이상진, 전자무역론, 2011.6.
- 이씨플라자(주), 검색엔진마케팅 & 소셜네트워크 서비스 활용, 2012.11.
- 이씨플라자㈜, 무역 e-마켓플레이스 현황과 발전방향, 2010.11.
- 전자무역추진위원회, 중소기업 수출경쟁력 강화를 위한 전자무역마케팅 혁신 마스터플랜 수립, 2007.3.
- 조원길, 유비쿼터스 시대를 대비한 전자무역실무, 2007.8.
- 조원길·김연동, 전자무역실무 학습교재, 2008.8.
- 한국무역정보통신, 쉽게 배우는 EDI, 2007.8.
- 한국무역정보통신, PAA 동아시아 전자무역 구축 소개, 2004.11.
- 한국무역협회, 전자적 수출환어음 매입(e-Nego) 서비스, 2011.2.14.
- IBM 발표자료, 산업생태계를 변화시킬 블록체인의 글로벌 동향 및 사례, 2018.3.14, Blockchain Innovation Conference 2018.

- 대한상공회의소 무역인증서비스센터 http://cert.korcham.net
- 수출대금카드결제 http://kops.buykorea.org/index.jsp
- 수협은행 글로벌구매카드 서비스 소개
- 원산지관리시스템 http://www.ftapass.or.kr/index.do
- 외교통상부 자유무역협정FTA http://www.fta.go.kr/new/index.asp

- 이씨플라자(주) http://ecplaza.net
- 전자무역 포털 https://www.utradehub.or.kr
- 한국무역정보통신 http://homepage.ktnet.co.kr/ktnet
- FTA종합지원포털 http://www.ftahub.go.kr

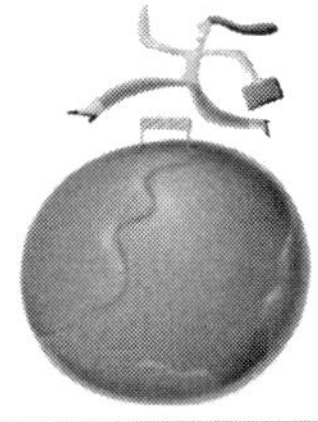

찾 아 보 기

공저자 약력

■ 김 연 동

- 광운대학교 무역학 학사, 남서울대학교 국제통상학 석사
- (주)지머스정보기술 대표이사
- 이씨플라자(주) 전략사업본부 본부장/이사
- 국제지식서비스학회 이사
- 국제이비즈니스학회 이사
- 한국통상정보학회 이사
- 국가과학기술위원회 과학기술인 지정
- 이러닝지도사

〈저서 및 논문〉

- 전자무역(e-Trade) 실습, 한국전자거래진흥원, 2007.7
- 전자무역실무 학습교재, 보명BOOKS, 2008.8
- 무역실무의 모든 것, 원앤원북스, 2009.6
- e-Trade시대의 무역공급망관리, 도서출판 두남, 2012.8 김연동/최경주 공저
- 통상EDI 실무, 오티엠네트웍스, 2013.1
- 무역경영의 이해, 에이드북, 2014.3, 김연동/이주섭 공저
- 중소기업의 글로벌경쟁력 강화를 위한 전자적 무역대금결재 방식에 관한 연구, 남서울대, 2015.2

〈연구활동〉

- BPM기반의 전자무역 지능형 시뮬레이터 개발, 한국산업기술평가원, 2008.6
- 중소기업 정보화 정책 개편방안연구, 중소기업기술정보진흥원, 2009.7
- 1인 무역기업 창업을 위한 시뮬레이션 개발, 한국산업기술평가원, 2010.11
- 두산, 대림산업, 대림코퍼레이션, CJ, 한솔제지, 태평양, 새한, 도레이새한, 한국바스프, 에스콰이아 등 전자무역 컨설팅
- 전자무역 해외F/S 컨설팅
  우즈베키스탄 Feasibility Study on Uzbekistan Paperless Trade Platform Establishment, 2009.1
  루마니아 Paperless Trade System Establishment, 2009.9
  칠레 F/S Consulting for Chilean e-Trade System Implementation, 2010.11

■ 박 승 민

- 명지대학교 전자공학과 졸업
- 이씨플라자(주) 전략사업본부, 전략사업팀 팀장
- 검색엔진최적화 컨설턴트
- 정보처리기사

〈연구〉

- 고급 소비재 수출 활성화를 위한 해외시장 연계용 지식기반 O2O 협업 플랫폼 구축, 한국산업기술평가원, 2017.09
- 수출형 스마트 BMS(Business Matching Service) 서비스 개발, 중소기업기술정보진흥원, 2016.11

〈프로젝트〉

- Development Knowledge Open Acess, 한국개발원대학원대학교, 2017.12
- 웹사이트 전환 지원, 한국인터넷진흥원, 2016.12
- 한국발전경험데이터베이스 개편, 한국개발원대학원대학교, 2015.12
- buyKOREA 검색엔진최적화(SEO), 대한무역투자진흥공사, 2014.07
- DB Open API 개발 및 유통 지원 사업, 한국데이터베이스진흥원, 2013.10

전자무역 이론과 실무 - 개정2판

초　판 1쇄 발행 —— 2013년 2월 10일
초　판 2쇄 발행 —— 2015년 2월 25일
초　판 3쇄 발행 —— 2016년 5월 10일
개정판 1쇄 발행 —— 2018년 2월 25일
개정2판 1쇄 발행 —— 2020년 2월 25일
개정2판 2쇄 발행 —— 2021년 8월 20일
지은이 —— 김 연 동·박 승 민
펴낸이 —— 전 두 표
펴낸곳 —— 도서출판 **두남**
서울시 강동구 성내로6길 34-16 두남빌딩
신 고 : 제25100-1988-9호
TEL : 02) 478-2065~7, 2311
FAX : 02) 478-2068
E-mail : dunam1@unitel.co.kr
http://www.dunam.co.kr

정가 20,000원

ISBN 978-89-6414-877-8 93320